陕西省房地产业发展研究报告（2020）
——陕西省租赁住房发展研究

西安建筑科技大学丝绸之路住房研究所
陕西省房地产业发展研究中心　　　　　　著
新时代陕西人居环境与美好生活共建共享重点研究基地

中国建筑工业出版社

图书在版编目（CIP）数据

陕西省房地产业发展研究报告.2020：陕西省租赁
住房发展研究/西安建筑科技大学丝绸之路住房研究所，
陕西省房地产业发展研究中心，新时代陕西人居环境与美
好生活共建共享重点研究基地著. —北京：中国建筑工
业出版社，2021.10
ISBN 978-7-112-26552-7

Ⅰ.①陕⋯ Ⅱ.①西⋯ ②陕⋯ ③新⋯ Ⅲ.①房地产
业-经济发展-研究报告-陕西-2020 Ⅳ.
①F299.274.1

中国版本图书馆 CIP 数据核字（2021）第 185180 号

责任编辑：周方圆 张 晶
责任校对：姜小莲

陕西省房地产业发展研究报告(2020)
——陕西省租赁住房发展研究
西安建筑科技大学丝绸之路住房研究所
陕西省房地产业发展研究中心 著
新时代陕西人居环境与美好生活共建共享重点研究基地

*

中国建筑工业出版社出版、发行（北京海淀三里河路 9 号）
各地新华书店、建筑书店经销
北京科地亚盟排版公司制版
北京建筑工业印刷厂印刷

*

开本：787 毫米×1092 毫米 1/16 印张：15½ 字数：368 千字
2021 年 10 月第一版 2021 年 10 月第一次印刷
定价：**58.00** 元
ISBN 978-7-112-26552-7
（38115）

本书编委会

主　任：韩一兵　陕西省住房和城乡建设厅党组书记、厅长

　　　　刘晓君　新时代陕西人居环境与美好生活共建共享重点研究基地

　　　　　　　　首席专家　陕西省房地产业发展研究中心主任

副主任：王树声　西安建筑科技大学校长、党委副书记

　　　　任　勇　陕西省住房和城乡建设厅副厅长

成　员：胡汉利　陕西省住房和城乡建设厅总规划师

　　　　赵　鹏　陕西省住房和城乡建设厅房地产市场监管处处长

　　　　陈　弢　陕西省住房和城乡建设厅住房改革与发展处处长

　　　　殷赞乐　陕西省住房和城乡建设厅住房保障处处长

　　　　李玲燕　陕西省房地产业发展研究中心副主任

　　　　刘　卉　陕西省住房和城乡建设厅房地产市场监管处一级调研员

　　　　张漫岭　陕西省住房和城乡建设厅住房改革与发展处二级调研员

　　　　康保林　陕西省住房和城乡建设厅房地产市场监管处四级调研员

　　　　刘佳　陕西省住房和城乡建设厅房地产市场监管处科员

编撰人员：刘晓君　李玲燕　郭晓彤　段蜜蜜　陈　茜　张程凯

　　　　　余明奇　高园园　范芳梅　何盛林　董　杰　王晓航

　　　　　宇文泽　陶　进

前　言

2020 年是中华人民共和国历史上极不平凡的一年,面对突如其来的新冠肺炎疫情,全国各族人民顽强拼搏,疫情防控取得重大战略成果。2020 年中央经济工作会议在重点工作任务部署中指出:要解决好大城市住房突出问题,坚持房子是用来住的、不是用来炒的定位。高度重视保障性租赁住房建设,加快完善长租房政策,逐步使租购住房在享受公共服务上具有同等权利,规范发展长租房市场。土地供应要向租赁住房建设倾斜,单列租赁住房用地计划,探索利用集体建设用地和企事业单位自有闲置土地建设租赁住房,国有和民营企业都要发挥功能作用。要降低租赁住房税费负担,整顿租赁市场秩序,规范市场行为,对租金水平进行合理调控。

当前,陕西省大中城市面临着多重叠加的重大历史机遇。习近平总书记在陕西考察时强调"陕西要有勇立潮头、争当时代弄潮儿的志向和气魄"。总书记的讲话为陕西省实施西部大开发战略坚定了信心、指明了方向、提供了强大的思想武器、注入了可持续发展的动力。一方面,陕西省省会西安市已确立国家中心城市、国际门户枢纽城市、内陆改革开放高地、具有历史文化特色的国际化大都市等战略定位,吸引各类资源不断向省内聚集,促使经济社会加速发展,人口快速增长。另一方面,住房需求也不断增加,住房租赁市场的发展潜力巨大。群众的客观需求和城市的发展规律决定了只有大力培育和发展租赁市场,有效增加租赁房源,稳步提高租赁品质,规范租赁行为,才能主动适应新时代"租购并举"的住房发展趋势,才能满足各类人群多样化的居住需求,才能不断增强人民群众的居住幸福感和获得感。

经过二十多年的城镇住房制度改革和建设,陕西省绝大多数城市已经形成了相对成熟的商品住房供应和流通制度、住房保障供应和分配制度,但租赁住房制度建设相对滞后。长期以来,住房市场重购轻租现象较为明显,不能适应居住需求多层次、多样化发展趋势。存量市场的闲置住房由于缺乏必要的激励与约束机制,存在资源浪费、效率递减等问题,降低了住房市场的有效供给效率。培育和发展多元化的租赁住房供给模式,必将有效补足住房消费渠道单一的短板,有利于构建多主体供给、多渠道保障、租购并举的供应体系,满足新市民等群体的阶段性住房需求。

基于此,本系列报告的第四册以陕西省租赁住房发展研究为主题,在把握陕西省房地产市场运行情况、比较国内外租赁住房制度的基础上,从市场供给和政府保障两方面着手,通过对各地市住房租赁市场供给、需求宏观—微观分析,明确当前陕西省亟须发展市场性租赁住房的地区,并挖掘出租赁市场发展过程中的"卡脖子"问题;通过对各地市公共租赁住房建设、分配情况进行剖析,识别出公共租赁住房建设、运营困境,并基于收入线、人口流入等关键指标建立住房保障面估计模型,科学预测全省未来几年的保障需求;基于当前关中城市群的人口流动性,租赁住房应在城市群尺度上协同供给的现实,系统梳理国际国内典型都市圈、城市群的租赁住房供给模式和成功做法,提出租赁市场和公共租赁住房优化发展路径，以及各类租赁住房协同供给的对策建议。同时持续追踪陕西省房地产市场动态、深入解析陕西省房地产市场行情，为推动房地产市场平稳健康发展、有效防控房地产领域风险提供借鉴参考。

本书共分六篇：

第一篇：2020年陕西省房地产市场运行分析。本篇详细剖析2020年陕西省各地市（区）房地产市场的月度、季度、年度的供需情况、现存问题及下一步任务与措施，具体包括2020年1月至11月的各月度陕西省房地产市场供需现状，2020年一季度、2020年上半年、2020年三季度及2020年房地产市场运行分析报告。

第二篇：国内外住房租赁制度分析及借鉴。本篇选取了纽约都市圈、德国都市圈、东京都市圈3个国际著名都市圈，及首都都市圈、上海都市圈、深圳都市圈、杭州都市圈4个国内著名都市圈，从供给主体、供给模式、租赁制度等方面进行租赁住房发展情况和成果经验剖析。最后，结合我省住房租赁市场和公共租赁住房发展实际，对租赁住房供给端、需求端及发展环境分别提出了相应对策建议。

第三篇：陕西省房地产租赁市场的专题研究。本篇首先梳理了住房租赁市场政策体系，介绍了"十三五"以来与鼓励住房租赁企业发展相关的政策；从人口、经济、产业方面概述了住房租赁市场的发展背景及基本特征。同时通过分析供给情况、需求情况、租金水平以及市场运行情况，对陕西省住房租赁市场发展现状做出了科学准确的评价。最后根据对现状的分析，发现了住房租赁市场现存的五大问题及其解决思路。

第四篇：陕西省保障性租赁住房的专题研究。本篇遵循挖掘保障对象租赁住房需求特征、进行对象需求偏好确定及空间聚类分析、分析保障房供给主体优劣势与损失效率、分析保障房供给模式、构建保障房多主体协同供给演化博弈模型、梳理陕西省保障房政策支持体系这一技术路线，从供需两个角度对陕西省保障性租赁住房进行科学全面的研究。

第五篇：陕西省公共租赁住房的专题研究。本篇概括了陕西省公共租赁住房建设成就和存在问题，分析了陕西省总体公租房建设和分配情况，同时依照"一城一策"的研究思路，针对西安、宝鸡、渭南、铜川、咸阳、榆林、延安、安康、汉中、商洛、杨凌、韩城、西咸新区共13个地市（区），分11部分深入剖析各地市（区）公租房建设和分配现状，并进一步将各地市按照实物保障覆盖率、市本级实物覆盖率、区县实物保障覆盖率、租金收入比等指标进行对比分析，将陕西省与各省进行对比分析。预测陕西省各地市城镇常住人口和收入线，估计各市公租房的合理保障面，对未来陕西省公共租赁住房发展提出对策建议。

第六篇：2020年全国及陕西省房地产市场资讯。本部分详细盘点分析2020年各月度的全国房地产市场重要资讯、陕西省各地市（区）房地产市场重要资讯，涵盖土地、金融、税收、户籍政策、市场调控等重要资讯信息。

本书是基于陕西省住房和城乡建设厅房地产信息管理系统、国家统计局、陕西省统计局公布的相关数据进行数据挖掘、数据统计与分析后而得，数据权威、资料丰富、统计科学、分析翔实，同时通过专业的数据统计分析，对房地产市场运行现状进行科学统计与剖析，对房地产市场风险进行深度研究。作为陕西省住房和城乡建设厅咨询项目的部分内容，感谢国家统计局、陕西省统计局给予的巨大支持与帮助。本书编委会期待各界领导和朋友能够继续关心我们的发展，并对我们的工作提出宝贵建议。

目　　录

第四篇 陕西省保障性租赁住房的专题研究

第五篇　陕西省公共租赁住房的专题研究

第六篇　2020年全国及陕西省房地产市场资讯

第一篇
2020 年陕西省房地产市场运行分析

2020 年 2 月陕西省房地产市场运行分析❶

一、房地产开发投资增速明显下降

因受疫情影响，截至 2 月底，陕西省房地产累计完成开发投资 191.97 亿元，同比下降 16.1%，增速比 2019 年同期下降 26.5 个百分点，如图 1-1-1 所示。2020 年 2 月投资额较 2019 年 12 月下降 169.96 亿元。

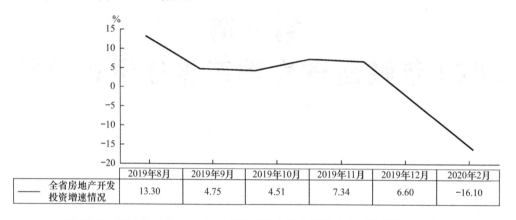

	2019年8月	2019年9月	2019年10月	2019年11月	2019年12月	2020年2月
——— 全省房地产开发投资增速情况	13.30	4.75	4.51	7.34	6.60	-16.10

图 1-1-1　2019 年 8 月-2020 年 2 月陕西省房地产累计完成开发投资增速情况

分区域来看，房地产开发投资仍呈现较为明显的不均衡状态。西安市 2 月房地产累计开发投资 134.00 亿元，占全省投资总量的 69.80%，同比下降 16.5%，增幅比 2019 年同期下降 14.50 个百分点（表 1-1-1）。

2 月陕西省各市（区）累计完成房地产开发投资情况　　　　表 1-1-1

地区	房地产开发投资完成额		增速与 2019 年同期相比升降百分点	占全省比重（%）
	总量（万元）	同比增速（%）		
陕西省	1919716	−16.1	−21.72	—
西安市	1339996	−16.5	−14.50	69.80
宝鸡市	152952	47.2	26.93	7.97
咸阳市	39490	−27.3	−18.83	2.06
铜川市	26500	32.2	22.31	1.38
渭南市	116216	−14.2	−2.81	6.05
延安市	1022	−83.8	−83.80	0.05
榆林市	34095	−2.8	−2.80	1.78

---

❶　2020 年 1 月因疫情影响，数据不全面，故本书未进行统计分析。

续表

地区	房地产开发投资完成额		增速与2019年同期相比升降百分点	占全省比重（%）
	总量（万元）	同比增速（%）		
汉中市	85154	−31.3	−204.59	4.44
安康市	87759	−42.4	−49.90	4.57
商洛市	14539	−8.1	−12.20	0.76
杨凌	21993	−39.2	−72.53	1.15

二、施竣工面积均同比增长

截至2月底，陕西省房屋累计施工面积22358.75万m²，同比增长7.7%，较2019年同期下降0.7%；商品房累计新开工面积157.39万m²，同比下降43.5%，较2019年同期下降34.6个百分点。

截至2月底，陕西省房屋累计竣工面积235.18万m²，同比增长23.5%，增幅比2019年同期上涨63.2%。如图1-1-2所示。

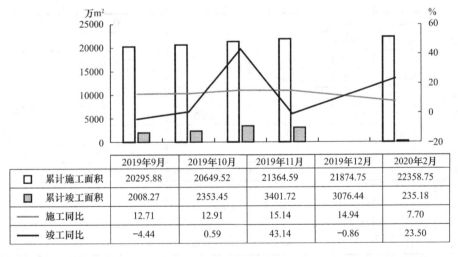

	2019年9月	2019年10月	2019年11月	2019年12月	2020年2月
□ 累计施工面积	20295.88	20649.52	21364.59	21874.75	22358.75
▨ 累计竣工面积	2008.27	2353.45	3401.72	3076.44	235.18
—— 施工同比	12.71	12.91	15.14	14.94	7.70
—— 竣工同比	−4.44	0.59	43.14	−0.86	23.50

图1-1-2　2019年9月-2020年2月陕西省房地产累计施工、竣工面积及其同比情况

三、商品房销售面积略有下降

截至2月底，全省商品房销售面积为41.68万m²，环比下降87.4%，如图1-1-3所示。

从用途上来看，2月全省商品住房累计销售面积为307.74万m²，同比下降50.93%，全省二手房累计交易面积为64.55万m²，同比下降42.5%。其中，二手住房累计交易面积为55.95万m²，同比下降45.95%。

分区域看，2月全省仅除咸阳外，其他城市商品房累计销售面积均同比下降。其中，安康市同比降速最大，为73.00％。西安市商品房累积销售面积占全省比重最多，占比为39.60％，具体见表1-1-2。

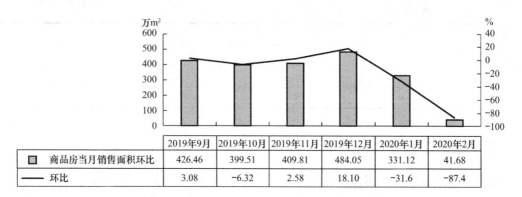

	2019年9月	2019年10月	2019年11月	2019年12月	2020年1月	2020年2月
商品房当月销售面积环比	426.46	399.51	409.81	484.05	331.12	41.68
环比	3.08	−6.32	2.58	18.10	−31.6	−87.4

图 1-1-3　2019 年 9 月-2020 年 2 月陕西省商品房当月销售面积及环比情况

2 月陕西省各市（区）商品房累计销售情况　　　　表 1-1-2

地区	商品房累计销售面积				增速与2019年同期相比升降百分点	占全省比重（%）
	总量（万 m²）	增速（%）	其中商品住房累计销售			
			总量（万 m²）	增速（%）		
陕西省	372.8	−48.5	307.74	−50.93	−81.92	—
西安市	147.63	−59.16	102.5	−64.7	−64.62	39.60%
宝鸡市	51.24	−26.4	48.32	−27.4	−16.76	13.74%
咸阳市	61.9	1.2	57.33	−0.5	−13.76	16.60%
铜川市	5.46	−27.8	3.1	−37.4	18.38	1.46%
渭南市	34.60	−23.92	32.66	−23.66	−16.70	9.28%
延安市	6.11	−51.4	5.56	−53.3	−231.97	1.64%
榆林市	12.46	−54.7	11.21	−55.9	−136.28	3.34%
汉中市	30.13	−55.1	26.17	−57.1	−92.91	8.08%
安康市	10.90	−73	9.68	−74.7	−98.99	2.92%
商洛市	3.48	−68	3.39	−66.89	−79.16	0.93%
杨凌	4.25	−65.2	3.35	−69.1	−113.94	1.14%
韩城市	4.64	−41.0	4.46	−39.6	−139.78	1.24%

四、商品住房销售价格同比上涨

截至 2 月底，陕西省新建商品住房销售均价为 8702 元/m²，同比上涨 12.62％，环比上涨 16.23％；二手住房交易均价为 5285 元/m²，同比下降 20.34％，环比下降 36.56％。如图 1-1-4 所示。

从各地市来看，渭南市、延安市、汉中市、安康市、商洛市、杨凌以及韩城市的新建住房销售价格环比均有所下降，其余城市均环比上涨，榆林市环比上涨最高为 25.34％。从西安市来看，2 月商品住房销售均价为 14045 元/m²，环比增长 14.81％，具体见表 1-1-3。

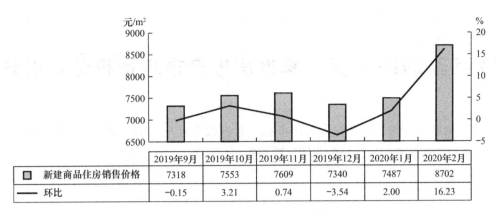

	2019年9月	2019年10月	2019年11月	2019年12月	2020年1月	2020年2月
新建商品住房销售价格	7318	7553	7609	7340	7487	8702
环比	−0.15	3.21	0.74	−3.54	2.00	16.23

图 1-1-4　2019 年 9 月-2020 年 2 月陕西省商品住房当月销售价格及增速情况

2 月陕西省各市（区）新建商品住房平均销售价格及涨幅情况 表 1-1-3

地区	价格位次	平均价格（元/m²）	同比涨幅（%）	环比涨幅（%）
西安市	1	14045	21.38	14.81
榆林市	2	7850	53.90	25.34
咸阳市	3	6540	14.08	6.25
杨凌	4	5351	−19.58	−3.17
宝鸡市	5	4954	2.80	12.32
铜川市	6	4932	5.89	12.19
汉中市	7	3874	−11.20	−17.9
韩城市	8	3701	−35.66	−15.0
渭南市	9	0	−100	−100
延安市	10	0	−100	−100
安康市	11	0	−100	−100
商洛市	12	0	−100	−100

五、商品住房去化周期保持稳定

本月因疫情原因数据不全面，未统计去化周期。

陕西省 2020 年第一季度房地产市场运行分析报告

2020 年第一季度，陕西省房地产市场呈开发投资速度回升、商品房销售面积回暖、销售价格有所上涨、商品住房去化周期增加的运行态势。

一、基本情况

（一）房地产开发投资速度回升

2020 年第一季度，陕西省房地产累计完成开发投资 518.58 亿元，较 2019 年同期下降 0.1%，增速比 2019 年同期下降 24.6 个百分点，如图 1-2-1 所示。2020 年第一季度投资额较 2019 年第四季度减少 605.16 亿元。

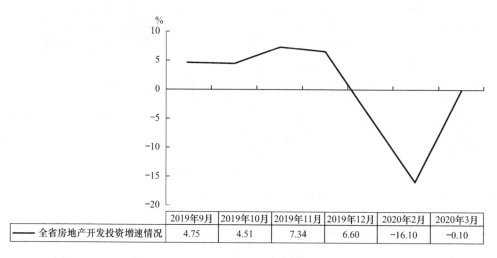

	2019年9月	2019年10月	2019年11月	2019年12月	2020年2月	2020年3月
全省房地产开发投资增速情况	4.75	4.51	7.34	6.60	−16.10	−0.10

图 1-2-1　2019 年 9 月-2020 年 3 月陕西省房地产累计完成开发投资增速情况

分区域来看，房地产开发投资仍呈现较为明显的不均衡状态。西安市第一季度房地产累计开发投资 351.89 亿元，占全省投资总量的 67.86%，同比下降 1.6%，增幅比 2019 年同期下降 1.25 个百分点，具体见表 1-2-1。

第一季度陕西省各市（区）累计完成房地产开发投资情况　　表 1-2-1

地区	房地产开发投资完成额		增速与2019年同期相比升降百分点	占全省比重（%）
	总量（万元）	同比增速（%）		
陕西省	5185812	−0.1	−8.45	—
西安市	3518860	−1.6	−1.25	67.86
宝鸡市	58507	27.0	59.81	10.00

续表

地区	房地产开发投资完成额		增速与2019年同期相比升降百分点	占全省比重（%）
	总量（万元）	同比增速（%）		
咸阳市	518827	52.1	22.84	2.64
铜川市	137023	6.0	−70.12	1.13
渭南市	313522	−1.4	−36.49	6.05
延安市	65027	50.2	−100.10	1.32
榆林市	68603	24.1	−10.70	1.52
汉中市	198949	−29.3	−165.99	3.84
安康市	78735	8.2	−45.61	3.84
商洛市	199391	−27.5	−51.91	0.56
杨凌	28791	−35.1	73.86	1.25

（二）施竣工面积均同比增长

2020年第一季度，全省房屋累计施工面积23026.44万m²，同比增长7.4%，较2019年同期下降2.7%。其中，累计新开工面积749.19万m²，同比下降0.4%，较2019年同期下降38.2个百分点。

2020年第一季度，全省房屋累计竣工面积316.20万m²，同比增长23.3%，增幅比2019年同期增长69.3%，如图1-2-2所示。

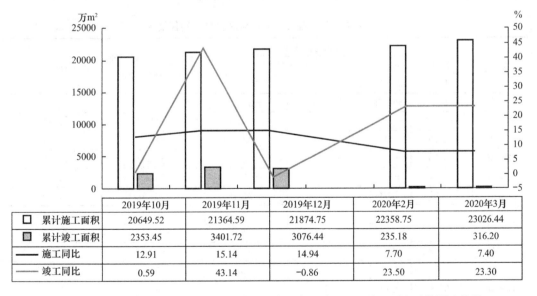

	2019年10月	2019年11月	2019年12月	2020年2月	2020年3月
□ 累计施工面积	20649.52	21364.59	21874.75	22358.75	23026.44
▨ 累计竣工面积	2353.45	3401.72	3076.44	235.18	316.20
—— 施工同比	12.91	15.14	14.94	7.70	7.40
—— 竣工同比	0.59	43.14	−0.86	23.50	23.30

图1-2-2 2019年10月-2020年3月陕西省房地产累计施工、竣工面积及其同比情况

（三）商品房当月销售面积有所回升

2019年10月至2020年3月全省商品房当月销售波动较为明显。其中，3月商品房销售面积为467.7万m²，环比上涨36.9%，如图1-2-3所示。2020年第一季度全省商品

房累计销售面积为 840.5 万 m^2，同比下降 34.89 个百分点，较 2019 年第四季度减少 452.87 万 m^2。

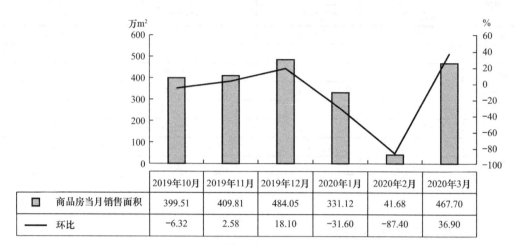

	2019年10月	2019年11月	2019年12月	2020年1月	2020年2月	2020年3月
商品房当月销售面积	399.51	409.81	484.05	331.12	41.68	467.70
环比	−6.32	2.58	18.10	−31.60	−87.40	36.90

图 1-2-3　2019 年 10 月-2020 年 3 月陕西省商品房当月销售面积及环比情况

从用途上来看，第一季度全省商品住房累计销售面积为 630.27 万 m^2，同比下降 36.45%；全省二手房累计交易面积为 113.2 万 m^2，同比下降 49.3%。其中，二手住房累计交易面积为 102.88 万 m^2，同比下降 48%。

分区域看，第一季度全省所有城市商品房累计销售面积均同比下降。西安市商品房累积销售面积占全省比重最多，占比为 41.98%，具体见表 1-2-2。

第一季度陕西省各市（区）商品房累计销售情况　　　　表 1-2-2

地区	商品房累计销售面积				增速与2019年同期相比升降百分点	占全省比重（%）
	总量（万 m^2）	增速（%）	其中商品住房累计销售			
			总量（万 m^2）	增速（%）		
陕西省	744.0	−34.89	630.27	−36.45	−38.36	—
西安市	312.3	−49.36	232.80	−54.0	−46.55	41.98%
宝鸡市	87.29	−22.1	83.29	−22.9	−19.11	11.73%
咸阳市	89.50	−11.7	84.88	−11.1	−10.06	12.03%
铜川市	10.44	−9.4	7.66	−5.1	33.23	1.40%
渭南市	59.97	−23.69	56.51	−24.15	−7.91	8.06%
延安市	15.03	−33.2	13.70	−34.5	−291.10	2.02%
榆林市	27.75	−49.5	23.79	−52.1	−128.67	3.73%
汉中市	67.48	−29.7	59.10	−32.2	−47.89	9.07%
安康市	50.50	−24	46.51	−25.7	−53.22	6.79%
商洛市	6.28	−74	6.19	−72.56	−86.14	0.84%
杨凌	7.93	−59.9	6.77	−61.6	−80.02	1.07%
韩城市	9.5	−24.2	9.07	−24.1	−122.49	1.28%

（四）商品住房销售价格有所上涨

第一季度全省新建商品住房销售均价为 7664 元/m^2，二手住房交易均价为 7916 元/m^2。

其中 3 月，全省新建商品住房销售均价为 7850 元/m²，同比上涨 5.80%，环比下降 9.79%，如图 1-2-4 所示。3 月，全省二手住房交易均价 8464 元/m²，同比上涨 18.9%，环比上升 60.2%。

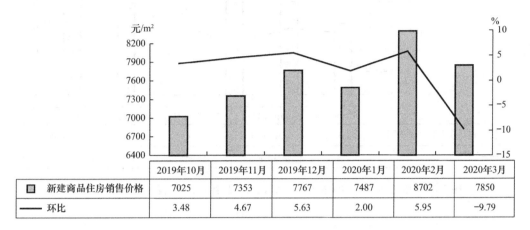

	2019年10月	2019年11月	2019年12月	2020年1月	2020年2月	2020年3月
新建商品住房销售价格	7025	7353	7767	7487	8702	7850
环比	3.48	4.67	5.63	2.00	5.95	-9.79

图 1-2-4　2019 年 10 月-2020 年 3 月陕西省商品住房当月销售价格及增速情况

从各地市来看，除西安市、延安市、汉中市、杨凌市、韩城市和商洛市新建住房销售价格环比有小幅下降外，其余城市均环比上涨。从西安市来看，第一季度商品住房销售均价为 12274 元/m²，其中 3 月份商品住房销售均价为 12910 元/m²，环比下降 2.42%，如表 1-2-3 所示。

3月陕西省各市（区）新建商品住房平均销售价格及涨幅情况　　　　　　表 1-2-3

地区	价格位次	平均价格（元/m²）	同比涨幅（%）	环比涨幅（%）
西安市	1	12910	6.92	-2.42
咸阳市	2	6676	12	2.07
榆林市	3	6392	21.69	-18.57
延安市	4	6285	14.34	—
安康市	5	5556	-1.04	18.73
杨凌	6	5536	9.40	3.5
渭南市	7	5085	20.75	—
铜川市	8	4722	0.63	-4.27
韩城市	9	4667	0.76	3.0
汉中市	10	4582	2.35	18.3
宝鸡市	11	4432	-2.43	-10.54
商洛市	12	3821	2.31	

（五）商品住房去化周期增加

截至 3 月底，全省商品住房累计待售面积为 3909.03 万 m²，同比上涨 24.9%。陕西省商品住房去化周期为 10.93 个月，较 2019 年年底增加 0.43 个月。如图 1-2-5、图 1-2-6 所示。

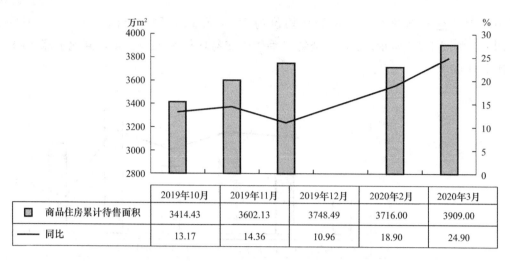

	2019年10月	2019年11月	2019年12月	2020年2月	2020年3月
▢ 商品住房累计待售面积	3414.43	3602.13	3748.49	3716.00	3909.00
—— 同比	13.17	14.36	10.96	18.90	24.90

图 1-2-5　2019 年 10 月-2020 年 3 月陕西省商品住房累计待售面积及同比情况

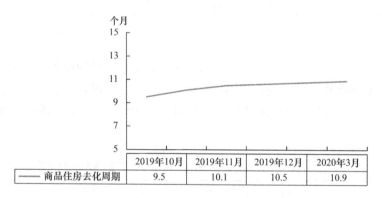

	2019年10月	2019年11月	2019年12月	2020年3月
—— 商品住房去化周期	9.5	10.1	10.5	10.9

图 1-2-6　2019 年 10 月-2020 年 3 月陕西省商品住房去化周期情况

（因疫情原因缺少 1、2 月去化周期数据）

从各地市来看，大多数城市去化周期逐步减小，但差异较大，全省 12 个城市中商品住房去化周期大于 12 个月的城市有宝鸡市、咸阳市、铜川市、延安市，分别为 16.27 个月、14.32 个月、15.77 个月、12.57 个月；韩城市去化周期最小，为 4.26 个月，如表 1-2-4 所示。

截至 3 月底陕西省各市（区）商品住房累计待售面积及去化周期情况　　　　表 1-2-4

地区	待售面积		增幅与2019年同期相比升降百分点	占全省比重（%）	去化周期（个月）
	总量（万 m²）	同比增速（%）			
陕西省	3909.03	24.90	22.7	—	10.93
西安市	1338.8	21.14	35.3	34.25	8.40
宝鸡市	640.15	43.41	−7.6	16.38	16.27
咸阳市	603.22	41.36	33.8	15.43	14.32
铜川市	67.16	6.37	−14.6	1.72	15.77
渭南市	381.43	3.61	−49.5	9.76	10.65
延安市	87.84	−10.16	26.8	2.25	12.57

续表

地区	待售面积		增幅与2019年同期相比升降百分点	占全省比重（%）	去化周期（个月）
	总量（万 m²）	同比增速（%）			
榆林市	221.11	−4.88	4.5	5.66	10.25
汉中市	295.60	28.47	2.1	7.56	10.6
安康市	155.60	37.78	42.8	3.98	8.3
商洛市	36.39	263.60	359.5	0.93	5.50
杨凌	54.48	117.83	59.7	1.39	7.30
韩城市	27.25	31.96	60.8	0.70	4.26

二、房地产市场存在的主要问题

一是一季度成交量同比急剧萎缩。2020年第一季度楼市进入传统淡季，房企推盘力度下降，春节期间新冠肺炎疫情突然发生，交易活动暂停，成交量为近3年最低。2020年第一季度西安商品住宅月均成交50万 m²。累计来看，2020年第一季度累计成交155万 m²，同比下降50%。

二是区域成交分化明显。从成交价格上看，高新区商品住宅成交均价最高，为19041元/m²，莲湖区、未央区、新城区、曲江新区成交均价均超15000元/m²，分列2～5位，经开、西咸、港务、浐灞、航天基地成交均价相对较低，不到12000元/m²。

从成交变化上来看，高新、雁塔、未央、莲湖、浐灞、曲江等全部区域成交均价较2019年均有不同程度上涨，其中，高新、未央、莲湖成交均价同比涨幅达到10%，航天基地成交均价跌幅超过25%。

三是土地及房产市场均呈量缩价涨。供应方面，土地供应及成交量下滑，出让金总额上涨；房产市场因疫情影响，供销量环比下滑显著，受高价盘集中入市影响，价格有所上涨。需求方面，人才政策对楼市的边际作用逐渐减弱，叠加疫情影响，置业意向偏弱。开盘项目平均去化率持续走低，项目备案价上涨与开发商打折优惠并存，意向登记显示刚需与改善需求分化加剧，供需错位明显。

三、下一步任务和措施

一是调控政策以稳为主。在疫情期间，西安降低土地保证金，房企可分期缴纳土地出让金；西安加强监管，秦岭范围内，禁止地产开发，建设经营性公墓、高尔夫球场，暂停受理外地购房者申请公积金贷款，西安市场支撑面不断升高，人口流入量全国前列，政策将保持收紧态势，防止市场大幅上涨。

二是增加房地产土地供给。供给方面．改革和完善土地供给制度，落实新增常住人口与土地挂钩的政策。通过合理增加土地供应，调整用地结构，提高住宅用地比例，合理确定保障房和商品住房占比，稳定住房价格。需求方面：通过实施相应人才就业等补贴政策，逐步增强其对楼市的边际作用，逐渐削弱疫情的叠加影响。

2020 年 4 月陕西省房地产市场运行分析

一、房地产开发投资增速回升

截至 4 月底，陕西省房地产累计完成开发投资 821.01 亿元，同比增长 5.3%，增速比 2019 年同期下降 13.27 个百分点，如图 1-3-1 所示。2020 年 4 月投资额较 2020 年 3 月减少 24.17 亿元。

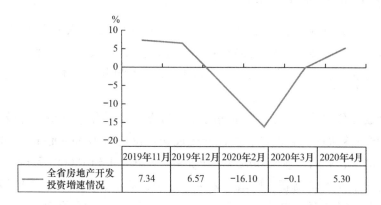

	2019年11月	2019年12月	2020年2月	2020年3月	2020年4月
全省房地产开发投资增速情况	7.34	6.57	−16.10	−0.1	5.30

图 1-3-1　2019 年 11 月-2020 年 4 月陕西省房地产累计完成开发投资增速情况

分区域来看，房地产开发投资仍呈现较为明显的不均衡状态。西安市 4 月房地产累计开发投资 533.92 亿元，占全省投资总量的 65.03%，同比上升 0.6%，增幅比 2019 年同期升高 9.01 个百分点（表 1-3-1）。

4 月陕西省各市（区）累计完成房地产开发投资情况　　　　　表 1-3-1

地区	房地产开发投资完成额		增速与2019年同期相比升降百分点	占全省比重（%）
	总量（万元）	同比增速（%）		
陕西省	8210171	5.30	−13.27	—
西安市	5339183	0.60	9.01	65.03
宝鸡市	786111	71.90	−32.51	9.57
咸阳市	287634	39.90	42.91	3.50
铜川市	79646	29.20	−71.67	0.97
渭南市	571764	26.90	−17.29	6.96
延安市	160918	−28.10	−17.07	1.96
榆林市	197573	18.40	38.41	2.41
汉中市	322661	−18.60	−162.40	3.93
安康市	304684	−21.70	−30.33	3.71

地区	房地产开发投资完成额		增速与2019年同期 相比升降百分点	占全省比重（％）
	总量（万元）	同比增速（％）		
商洛市	58621	−7.60	−114.72	0.71
杨凌	101376	42.40	−15.15	1.23

二、施工面积及竣工面积均同比上升

截至4月底，陕西省商品房累计施工面积23606.31万 m^2 ，同比增长7.61％，较2019年同期上涨0.2个百分点；商品房累计新开工面积1299.3万 m^2 ，同比增长18.9％，较2019年同期上升19.3个百分点。

截至4月底，陕西省商品房累计竣工面积390.57万 m^2 ，同比增长28.92％，增幅比2019年同期上涨5.6个百分点，如图1-3-2所示。

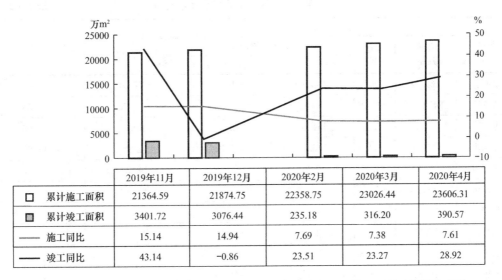

	2019年11月	2019年12月	2020年2月	2020年3月	2020年4月
□ 累计施工面积	21364.59	21874.75	22358.75	23026.44	23606.31
▨ 累计竣工面积	3401.72	3076.44	235.18	316.20	390.57
—— 施工同比	15.14	14.94	7.69	7.38	7.61
—— 竣工同比	43.14	−0.86	23.51	23.27	28.92

图1-3-2　2019年11月-2020年4月陕西省房地产累计施工、竣工面积及其同比情况

三、商品房销售面积有所上升

截至4月底，全省商品房销售面积为467.7万 m^2 ，环比上升36.9％，如图1-3-3所示。

从用途上来看，受2020年疫情影响，4月全省商品住房累计销售面积为1041.07万 m^2 ，同比下降26.9％，全省二手房累计交易面积为218.2万 m^2 ，同比下降33.8％。其中，二手住房累计交易面积为201.15万 m^2 ，同比下降33％。

分区域看，4月全省除宝鸡、咸阳、韩城以外，其他城市商品房累计销售面积均同比下降。其中，杨凌市同比降速最大，为−60.1％。西安市商品房累计销售面积占全省比重最多，占比为39.58％，具体见表1-3-2。

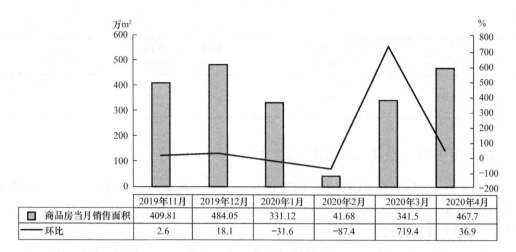

	2019年11月	2019年12月	2020年1月	2020年2月	2020年3月	2020年4月
☐ 商品房当月销售面积	409.81	484.05	331.12	41.68	341.5	467.7
—— 环比	2.6	18.1	−31.6	−87.4	719.4	36.9

图 1-3-3　2019 年 11 月-2020 年 4 月陕西省商品房当月销售面积及环比情况

4 月陕西省各市（区）商品房累计销售情况　　　　　　表 1-3-2

地区	商品房累计销售面积				增速与 2019 年同期相比升降百分点	占全省比重（%）
	总量（万 m²）	增速（%）	其中商品住房累计销售			
			总量（万 m²）	增速（%）		
陕西省	1211.7	−26.9	1041.07	−28.59	−27.01	—
西安市	479.6	−42.96	358.97	−48.3	−33.70	39.58
宝鸡市	157.92	5.9	151.66	5.0	4.86	13.03
咸阳市	153.29	9.2	145.89	11.2	14.80	12.65
铜川市	17.27	−2.5	13.33	−4.4	29.17	1.43
渭南市	109.98	−1.10	104.53	−1.13	9.74	9.08
延安市	24.21	−16.9	22.33	−16.8	−92.82	2.00
榆林市	57.92	−31.9	51.87	−33.2	−112.59	4.78
汉中市	99.36	−19.8	87.84	−22.5	−38.06	8.20
安康市	70.61	−18	65.84	−18.9	−50.98	5.83
商洛市	12.38	−58	11.56	−59.30	−67.73	1.02
杨凌	11.24	−60.1	9.93	−61.0	−77.40	0.93
韩城市	17.9	7.8	17.32	8.8	−54.23	1.48

四、商品住房销售价格下降

截至 4 月底，陕西省新建商品住房销售均价为 7518 元/m²，同比下降 8.9%，环比下降 4.24%；二手住房交易均价为 8927 元/m²，同比上涨 14.1%，环比上涨 5.5%。如图 1-3-4 所示。

从各地市来看，除西安、铜川、渭南、延安、榆林、安康新建住房销售价格环比均有所下降，其余城市均环比上涨，商洛市环比上涨最高为 14.92%。从西安市来看，4 月商品住房销售均价为 11987 元/m²，环比下降 7.15%，具体见表 1-3-3。

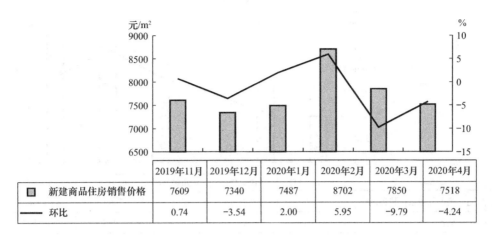

	2019年11月	2019年12月	2020年1月	2020年2月	2020年3月	2020年4月
☐ 新建商品住房销售价格	7609	7340	7487	8702	7850	7518
— 环比	0.74	-3.54	2.00	5.95	-9.79	-4.24

图 1-3-4 2019 年 11 月-2020 年 4 月陕西省商品住房当月销售价格及增速情况

4月陕西省各市（区）新建商品住房平均销售价格及涨幅情况   表 1-3-3

地区	价格位次	平均价格（元/m²）	同比涨幅（%）	环比涨幅（%）
西安市	1	11987	2.85	-7.15
咸阳市	2	7114	10.45	6.57
榆林市	3	6382	21.39	-0.16
延安市	4	5594	1.49	-11.00
杨凌	5	5566	14.41	0.55
安康市	6	5544	10.65	-0.21
宝鸡市	7	4908	2.48	10.75
汉中市	8	4853	-4.65	5.92
渭南市	9	4721	5.92	-7.16
韩城市	10	4713	-3.26	0.99
铜川市	11	4454	9.96	-5.66
商洛市	12	4392	4.14	14.92

五、商品住房去化周期上升

截至 4 月底，陕西省商品住房累计待售面积为 3962.4 万 m²，同比上升 18.7%，陕西省商品住房去化周期为 10.9 个月，较 2019 年 4 月增加 1.7 个月。如图 1-3-5、图 1-3-6 所示。

从各地市来看，全省 12 个城市中商品住房去化周期大于 12 个月的城市有宝鸡市、咸阳市、铜川市和延安市，分别为 17.99、12.65、15.85、12.72 个月；韩城市去化周期最小，为 4.35 个月（图 1-3-6、表 1-3-4）。

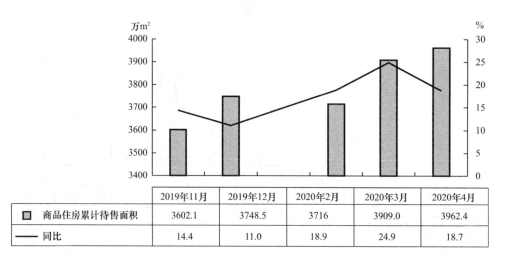

	2019年11月	2019年12月	2020年2月	2020年3月	2020年4月
▨ 商品住房累计待售面积	3602.1	3748.5	3716	3909.0	3962.4
—— 同比	14.4	11.0	18.9	24.9	18.7

图 1-3-5　2019 年 11 月-2020 年 4 月陕西省商品住房累计待售面积及同比情况

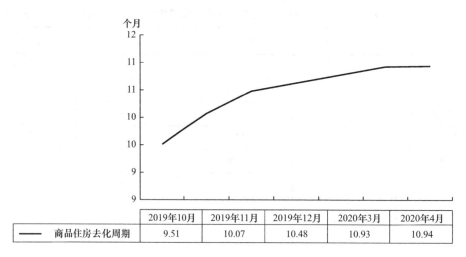

	2019年10月	2019年11月	2019年12月	2020年3月	2020年4月
—— 商品住房去化周期	9.51	10.07	10.48	10.93	10.94

图 1-3-6　2019 年 10 月-2020 年 4 月陕西省商品住房去化周期情况

（因疫情原因缺少 1、2 月去化周期数据）

截至 4 月底陕西省各市（区）商品住房累计待售面积及去化周期情况　　　　表 1-3-4

地区	待售面积		增幅与 2019 年同期相比升降百分点	占全省比重（%）	去化周期（个月）
	总量（万 m²）	同比增速（%）			
陕西省	3962.42	18.72	6.31	—	10.94
西安市	1349.41	13.60	22.34	34.06	8.84
宝鸡市	719.03	55.22	−1.91	18.15	17.99
咸阳市	548.33	37.19	25.16	13.84	12.65
铜川市	66.66	9.89	−17.92	1.68	15.85
渭南市	368.13	−3.00	−73.64	9.29	10.30
延安市	84.13	−17.87	11.41	2.12	12.72
榆林市	217.23	−4.98	−0.08	5.48	11.18

续表

地区	待售面积		增幅与2019年同期相比升降百分点	占全省比重（%）	去化周期（个月）
	总量（万 m²）	同比增速（%）			
汉中市	304.89	17.57	−41.05	7.69	11.84
安康市	173.30	32.10	39.07	4.37	9.91
商洛市	43.50	−35.40	−108.00	1.10	8.34
杨凌	59.48	60.32	−24.48	1.50	9.65
韩城市	28.33	37.52	66.38	0.71	4.35

2020 年 5 月陕西省房地产市场运行分析

一、房地产开发投资同比增长，同期增速下降

截至 5 月底，陕西省房地产累计完成开发投资 1192.16 亿元，同比增长 5.5%，增速比 2019 年同期下降 5.72 个百分点，如图 1-4-1 所示。2020 年 5 月投资额较 2020 年 4 月增加 68.71 亿元。

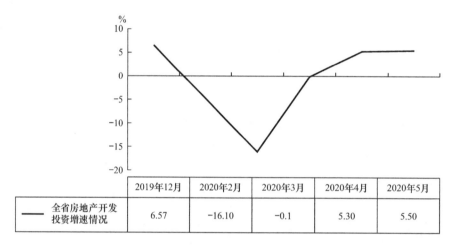

	2019年12月	2020年2月	2020年3月	2020年4月	2020年5月
—— 全省房地产开发投资增速情况	6.57	-16.10	-0.1	5.30	5.50

图 1-4-1 2019 年 12 月-2020 年 5 月陕西省房地产累计完成开发投资增速情况

分区域来看，房地产开发投资仍呈现较为明显的不均衡状态。西安市 5 月房地产累计开发投资 767.12 亿元，占全省投资总量的 64.35%，同比上升 1%，增幅比 2019 年同期上升 13.66 个百分点，如表 1-4-1 所示。

5 月陕西省各市（区）累计完成房地产开发投资情况　　　　　　　表 1-4-1

地区	房地产开发投资完成额		增速与 2019 年同期相比升降百分点	占全省比重（%）
	总量（万元）	同比增速（%）		
陕西省	11921621	5.50	-5.72	—
西安市	7671152	1.00	13.66	0.64
宝鸡市	908139	48.70	-41.47	0.08
咸阳市	580663	52.30	71.02	0.05
铜川市	100977	2.70	-75.13	0.01
渭南市	854931	37.60	7.69	0.07
延安市	254859	-30.80	-1.93	0.02
榆林市	302474	-1.70	0.83	0.03

续表

地区	房地产开发投资完成额		增速与2019年同期相比升降百分点	占全省比重（%）
	总量（万元）	同比增速（%）		
汉中市	534391	5.40	−116.15	0.04
安康市	469147	−19.90	−33.26	0.04
商洛市	90896	7.00	−71.51	0.01
杨凌	153992	15.10	−11.80	0.01

二、施工面积及竣工面积均同比增长

截至5月底，陕西省商品房累计施工面积24117.04万 m²，同比增长5.35%，较2019年同期上涨0.1%；其中本年累计新开工面积1799.3万 m²，同比下降5%，较2019年同期下降16.5个百分点。

截至5月底，陕西省商品房本年累计竣工面积446.43万 m²，同比上升34.52%，增幅比2019年同期增加68个百分点，如图1-4-2所示。

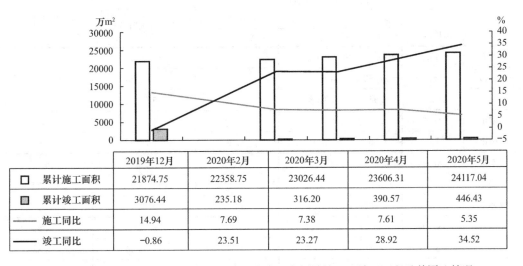

	2019年12月	2020年2月	2020年3月	2020年4月	2020年5月
累计施工面积	21874.75	22358.75	23026.44	23606.31	24117.04
累计竣工面积	3076.44	235.18	316.20	390.57	446.43
施工同比	14.94	7.69	7.38	7.61	5.35
竣工同比	−0.86	23.51	23.27	28.92	34.52

图1-4-2　2019年12月-2020年5月陕西省房地产累计施工、竣工面积及其同比情况

三、商品房销售面积小幅下降

截至5月底，全省商品房销售面积为446万 m²，环比下降4.6%，如图1-4-3所示。

从用途上来看，受2020年疫情影响，5月全省商品住房累计销售面积为1466.45万 m²，同比下降20.55%，全省二手累计交易面积为326.9万 m²，同比下降24.6%。其中，二手住房累计交易面积为304.36万 m²，同比下降23%（表1-4-2）。

分区域看，5月全省各城市商品房累计销售面积，西安、榆林、汉中、安康、商洛及杨凌同比下降，宝鸡、咸阳、铜川、渭南、延安及韩城同比上升。其中，咸阳市同比增速最大，为22.53%，杨凌同比降速最大，为−49.66%。西安市商品房累计销售面积占全省比重最多，占比为38.72%，杨凌占比最小，仅为1.04%。具体见表1-4-2。

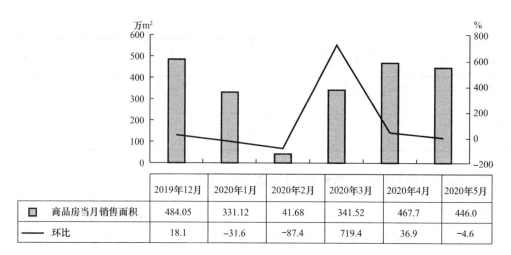

	2019年12月	2020年1月	2020年2月	2020年3月	2020年4月	2020年5月
商品房当月销售面积	484.05	331.12	41.68	341.52	467.7	446.0
环比	18.1	−31.6	−87.4	719.4	36.9	−4.6

图 1-4-3　2019 年 12 月-2020 年 5 月陕西省商品房当月销售面积及环比情况

5 月陕西省各市（区）商品房累计销售情况　　　　　表 1-4-2

地区	商品房累计销售面积				增速与2019年同期相比升降百分点	占全省比重（%）
	总量（万 m²）	增速（%）	其中商品住房累计销售			
			总量（万 m²）	增速（%）		
陕西省	1694.94	−19.12	1466.45	−20.55	−14.00	—
西安市	656.28	−37.92	495.54	−43.36	−20.58	38.72
宝鸡市	212.61	16.96	204.84	18.19	17.23	12.54
咸阳市	218.37	22.53	207.91	24.01	31.78	12.88
铜川市	27.26	15.56	22.19	16.30	45.79	1.61
渭南市	157.94	5.11	151.27	5.61	8.59	9.32
延安市	37.67	6.77	32.27	−0.59	−20.96	2.22
榆林市	89.73	−12.29	80.24	−14.86	−85.56	5.29
汉中市	133.04	−17.74	117.87	−20.15	−40.66	7.85
安康市	98.73	−10.71	94.42	−10.10	−39.86	5.82
商洛市	18.56	−51.79	17.62	−51.50	−57.82	1.10
杨凌	17.59	−49.66	15.82	−49.79	−67.02	1.04
韩城市	27.16	28.23	26.46	29.96	−8.59	1.60

四、商品住房销售价格上涨

　　截至 5 月底，陕西省新建商品住房销售均价为 7940 元/m²，同比下降 4.67%，环比上涨 5.62%；二手住房交易均价为 9436 元/m²，同比上涨 14%，环比上涨 5.7%。如图 1-4-4 所示。

　　从各地市来看，宝鸡、咸阳、渭南、榆林、安康、杨凌及韩城新建住房销售价格环比均有所下降，其余城市均环比上涨，铜川市环比上涨最高为 15.81%。从西安市来看，5 月商品住房销售均价为 12676 元/m²，环比上涨 5.75%，具体见表 1-4-3。

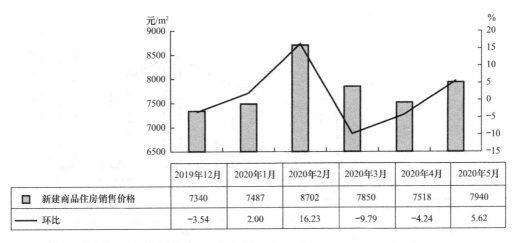

	2019年12月	2020年1月	2020年2月	2020年3月	2020年4月	2020年5月
新建商品住房销售价格	7340	7487	8702	7850	7518	7940
环比	-3.54	2.00	16.23	-9.79	-4.24	5.62

图1-4-4　2019年12月-2020年5月陕西省商品住房当月销售价格及增速情况

5月陕西省各市（区）新建商品住房平均销售价格及涨幅情况　　　　表1-4-3

地区	价格位次	平均价格（元/m²）	同比涨幅（%）	环比涨幅（%）
西安市	1	12676	8.12	5.75
咸阳市	2	7075	-0.62	-0.56
延安市	3	6656	15.53	18.98
榆林市	4	5993	13.78	-6.09
安康市	5	5433	1.61	-2.01
杨凌	6	5409	5.28	-2.82
铜川市	7	5159	14.31	15.81
汉中市	8	5041	-1.29	3.86
商洛市	9	4947	27.45	12.66
宝鸡市	10	4777	-1.86	-2.67
渭南市	11	4596	-1.41	-2.64
韩城市	12	4461	-12.97	-5.34

五、商品住房去化周期上升

截至5月底，陕西省商品住房累计待售面积为3940.4万 m²，同比上升19.2%，陕西省商品住房去化周期为10.79个月，较2019年5月末增加1.5个月。如图1-4-5、图1-4-6所示。

从各地市来看，全省12个城市中商品住房去化周期较高的城市有宝鸡市、咸阳市、铜川市、延安市和汉中市，分别为17.69、11.26、17.57、11.59、11.85个月；韩城市去化周期最小，为7.47个月。见表1-4-4。

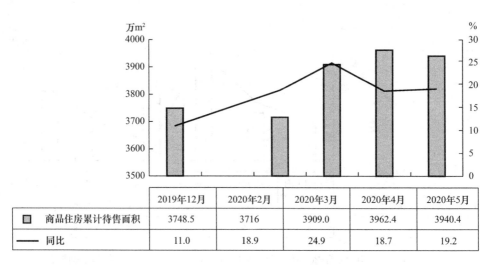

	2019年12月	2020年2月	2020年3月	2020年4月	2020年5月
■ 商品住房累计待售面积	3748.5	3716	3909.0	3962.4	3940.4
— 同比	11.0	18.9	24.9	18.7	19.2

图 1-4-5 2019 年 12 月-2020 年 5 月陕西省商品住房累计待售面积及同比情况

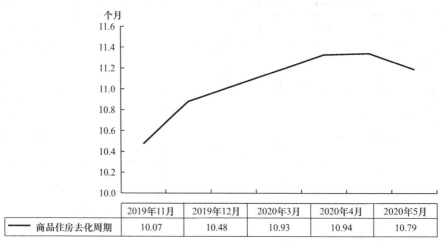

	2019年11月	2019年12月	2020年3月	2020年4月	2020年5月
— 商品住房去化周期	10.07	10.48	10.93	10.94	10.79

图 1-4-6 2019 年 11 月-2020 年 5 月陕西省商品住房去化周期情况

截至 5 月底陕西省各市（区）商品住房累计待售面积及去化周期情况 表 1-4-4

地区	待售面积		增幅与2019年同期相比升降百分点	占全省比重（%）	去化周期（个月）
	总量（万 m²）	同比增速（%）			
陕西省	3940.40	19.20	6.30	—	10.79
西安市	1362.60	17.28	28.02	34.58	9.15
宝鸡市	734.70	58.54	−2.75	18.65	17.69
咸阳市	512.05	31.02	18.97	12.99	11.26
铜川市	79.38	35.90	32.42	2.01	17.57
渭南市	340.50	−9.23	−67.89	8.64	9.39
延安市	80.83	−16.52	11.17	2.05	11.59
榆林市	218.35	−5.41	−3.66	5.54	10.70
汉中市	302.30	13.67	−67.78	7.67	11.85
安康市	179.00	41.94	37.71	4.54	10.01
商洛市	37.81	−35.38	−138.96	0.96	7.47
杨凌	37.10	84.80	160.18	1.13	8.02
韩城市	20.60	−28.86	−75.10	0.63	5.51

陕西省 2020 年上半年房地产市场运行分析报告

2020 年上半年，全省房地产市场呈现开发投资增速上升、商品房销售面积同比下降、住房价格有所上涨、商品住房去化周期缓慢下降的运行态势。

一、基本情况

（一）房地产开发投资增速触底后回升

2020 年上半年，全省房地产累计完成开发投资 1807.53 亿元，较 2019 年同期增长 7.5%，增速比 2019 年同期上升 3 个百分点，如图 1-5-1 所示。

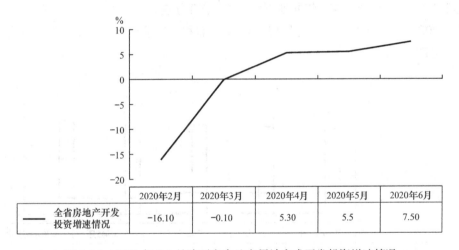

	2020年2月	2020年3月	2020年4月	2020年5月	2020年6月
全省房地产开发投资增速情况	-16.10	-0.10	5.30	5.5	7.50

图 1-5-1　2020 年 2-6 月陕西省房地产累计完成开发投资增速情况

分区域来看，房地产开发投资仍呈现较为明显的不均衡状态。西安市上半年房地产累计开发投资 1152.97 亿元，占全省投资总量的 63.79%，较 2019 年同期上升 4.6%，增速比 2019 年同期上升 6.5 个百分点，具体见表 1-5-1。

上半年陕西省各市（区）累计完成房地产开发投资情况　　　　　　　　表 1-5-1

地区	房地产开发投资完成额		增速与2019年同期相比升降百分点	占全省比重（%）
	总量（万元）	同比增速（%）		
陕西省	18075276	7.50	3.00	—
西安市	11529668	4.60	6.50	63.79
宝鸡市	1362381	41.20	37.28	7.54
咸阳市	937151	2.20	28.55	5.18
铜川市	177371	7.20	−56.06	0.98

续表

地区	房地产开发投资完成额		增速与2019年同期 相比升降百分点	占全省比重（%）
	总量（万元）	同比增速（%）		
渭南市	1290297	62.20	33.19	7.14
延安市	483360	−44.40	3.79	2.67
榆林市	495549	12.10	2.39	2.74
汉中市	765094	24.00	−49.40	4.23
安康市	637008	−10.50	−36.61	3.52
商洛市	143620	21.50	17.42	0.79
杨凌	253777	30.20	12.40	1.40

（二）施工面积及竣工面积均同比增长

2020年上半年，全省商品房累计施工面积25023.23万 m²，较2019年同期增长6%，增速比2019年同期提高0.9个百分点；商品房累计新开工面积2667.21万 m²，较2019年同期上涨3.9%，增速比2019年同期下降1.69个百分点。

整个2020年上半年，全省商品房累计竣工面积459.62万 m²，较2019年同期上升3.97%。见图1-5-2。

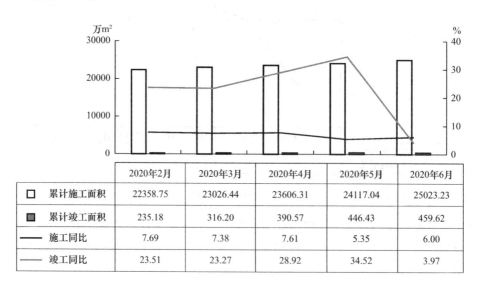

	2020年2月	2020年3月	2020年4月	2020年5月	2020年6月
□ 累计施工面积	22358.75	23026.44	23606.31	24117.04	25023.23
■ 累计竣工面积	235.18	316.20	390.57	446.43	459.62
— 施工同比	7.69	7.38	7.61	5.35	6.00
— 竣工同比	23.51	23.27	28.92	34.52	3.97

图1-5-2　2020年2-6月陕西省房地产累计施工、竣工面积及其同比情况

（三）上半年商品房当月销售面积"先抑后扬"，逐步回升

2020年1月至6月全省商品房当月销售面积中2月呈现出明显的低谷，销售面积仅为41.68万 m²，其余月份特别是4-6月，销售面积趋于平稳。如图1-5-3所示。2020年上半年全省商品房累计销售面积为2173.32万 m²，较2019年同期下降14.7%。

从区域上来看，上半年全省除西安、榆林、汉中、安康、商洛及杨凌以外，其他城市商品房累计销售面积均同比增长。其中，韩城市销量同比增速最大，为24.93%。西安市商品房累积销售面积占全省比重最多，占比为40.34%，具体见表1-5-2。

分用途看，上半年全省商品住房累计待售面积为1887.17万m²，较2019年同期下降13.93%；全省二手房累计交易面积为449.96万m²，较2019年同期下降15.6%。其中，二手住房累计交易面积为420.29万m²，较2019年同期下降14.17%。

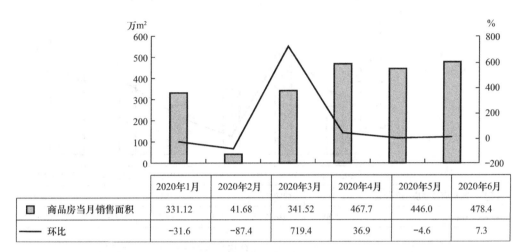

	2020年1月	2020年2月	2020年3月	2020年4月	2020年5月	2020年6月
商品房当月销售面积	331.12	41.68	341.52	467.7	446.0	478.4
环比	-31.6	-87.4	719.4	36.9	-4.6	7.3

图1-5-3 2020年1-6月陕西省商品房当月销售面积及环比情况

上半年陕西省各市（区）商品房（含商品住房）累计销售情况 表1-5-2

地区	商品房累计销售面积				增速与2019年同期相比升降百分点	占全省比重（%）
	总量（万m²）	增速（%）	其中商品住房累计销售			
			总量（万m²）	增速（%）		
陕西省	2173.32	-14.74	1887.17	-13.93	-7.41	—
西安市	876.80	-32.11	677.12	-33.30	-9.96	40.34
宝鸡市	258.70	17.19	247.67	17.56	10.58	11.90
咸阳市	275.44	22.47	263.21	24.60	27.54	12.67
铜川市	34.86	19.71	28.02	16.07	50.28	1.60
渭南市	199.11	5.96	190.96	6.71	2.58	9.16
延安市	43.60	4.23	37.73	-1.92	11.44	2.01
榆林市	114.41	-7.54	102.35	-11.05	-80.72	5.26
汉中市	165.94	-11.82	147.50	-14.20	-33.76	7.64
安康市	119.36	-6.67	112.33	-7.64	-33.71	5.49
商洛市	26.74	-37.41	25.58	-36.78	-32.68	1.23
杨凌	24.68	-43.25	21.80	-44.77	-68.62	1.14
韩城市	33.68	24.93	32.90	28.67	-23.53	1.55

（四）商品住房销售价格走势平稳，二手住房价格有所上涨

上半年全省新建商品住房销售均价为7993元/m²，二手住房交易均价为8337元/m²。其中6月，全省新建商品住房销售均价为8461元/m²，同比下降3.16%，环比上涨6.56%，如图1-5-4所示。6月，全省二手住房交易均价9521元/m²，同比上涨13.4%，

环比上涨 0.9%。

从各地市来看，除西安、咸阳、延安、汉中、铜川及宝鸡新建住房销售价格环比有小幅下降外，其余城市均环比上涨。从西安市来看，上半年商品住房销售均价为 12693 元/m²，其中 6 月商品住房销售均价为 12308 元/m²，环比下降 2.9%，如表 1-5-3 所示。

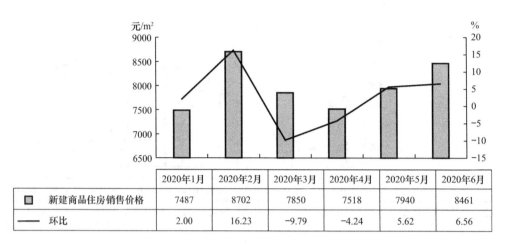

	2020年1月	2020年2月	2020年3月	2020年4月	2020年5月	2020年6月
新建商品住房销售价格	7487	8702	7850	7518	7940	8461
环比	2.00	16.23	-9.79	-4.24	5.62	6.56

图 1-5-4　2020 年 1-6 月陕西省商品住房当月销售价格及增速情况

6 月陕西省各市（区）新建商品住房平均销售价格及涨幅情况　　表 1-5-3

地区	价格位次	平均价格（元/m²）	同比涨幅（%）	环比涨幅（%）
西安市	1	12308	1.23	-2.90
咸阳市	2	6849	-6.39	-3.19
榆林市	3	6548	23.96	9.26
延安市	4	6234	4.90	-6.33
安康市	5	5589	-0.60	2.86
杨凌	6	5571	9.56	3.00
汉中市	7	5014	-3.76	-0.54
铜川市	8	5006	6.12	-2.97
渭南市	9	4792	6.10	4.25
宝鸡市	10	4727	-0.42	-1.04
韩城市	11	4506	-15.99	1.01
商洛市	12	3938	22.87	1.44

（五）商品住房去化周期缓慢下降

截至 6 月底，全省商品住房库存面积为 4013.02 万 m²，较 2019 年同期上涨 18.1%。全省商品住房去化周期为 10.78 个月，较 2019 年第一季度末减少 0.15 个月，去化周期自第一季度末以来，呈缓慢降低的态势，如图 1-5-5、图 1-5-6 所示。

从各地市来看，全省 12 个城市中商品住房去化周期大于 12 个月的城市有宝鸡市、铜川市、延安市，分别为 17.58、17.55、12.98 个月；韩城市去化周期最小，为 3.99 个月，如表 1-5-4 所示。

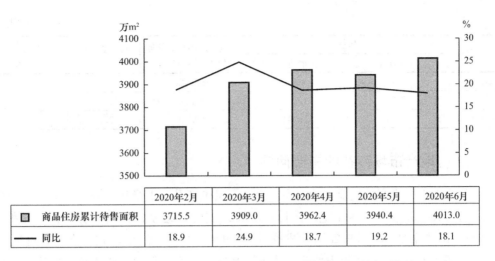

	2020年2月	2020年3月	2020年4月	2020年5月	2020年6月
▨ 商品住房累计待售面积	3715.5	3909.0	3962.4	3940.4	4013.0
— 同比	18.9	24.9	18.7	19.2	18.1

图 1-5-5 2020 年 2-6 月陕西省商品住房累计待售面积及同比情况

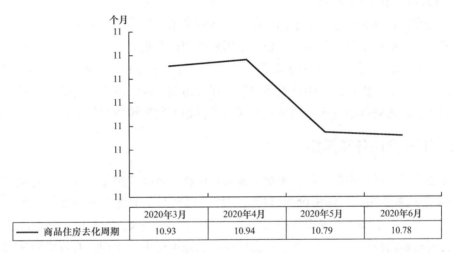

	2020年3月	2020年4月	2020年5月	2020年6月
— 商品住房去化周期	10.93	10.94	10.79	10.78

图 1-5-6 2020 年 3-6 月陕西省商品住房去化周期情况

截至 6 月底陕西省各市（区）商品住房累计待售面积及去化周期情况 表 1-5-4

地区	待售面积		增幅与2019年同期相比升降百分点	占全省比重（%）	去化周期（个月）
	总量（万 m²）	同比增速（%）			
陕西省	4013.02	18.05	4.12	—	10.78
西安市	1395.81	21.25	34.93	34.78	9.16
宝鸡市	746.01	52.93	−7.50	18.59	17.58
咸阳市	515.35	22.94	4.81	12.84	11.10
铜川市	80.40	33.87	10.92	2.00	17.55
渭南市	347.31	−17.96	−84.53	8.65	9.43
延安市	89.90	−0.99	21.89	2.24	12.98
榆林市	209.74	−10.37	−12.83	5.23	10.22
汉中市	303.90	10.58	−52.46	7.57	11.76
安康市	182.97	37.72	26.40	4.56	10.17

续表

地区	待售面积		增幅与2019年同期相比升降百分点	占全省比重（％）	去化周期（个月）
	总量（万 m²）	同比增速（％）			
商洛市	51.17	−0.87	−85.22	1.28	9.51
杨凌	62.52	19.98	−12.95	1.56	10.44
韩城市	27.94	29.41	69.09	0.70	3.99

二、房地产市场存在的主要问题

一是土地市场成交总量及出让金逆势上涨，量价齐升。上半年，西安市共成交居住用地73宗，5494.83亩，实现土地出让收入315.17亿元，相较2019年同期，成交面积上涨10.19％，出让金收入上涨28％，成交土地均价648万元/亩，较2019年同期上涨7.82％，环比上涨20.22％。土地购置费较快增长，房地产开发投资增长主要依靠土地购置费增长带动的局面不尽合理。

二是房地产开发企业违规乱象仍然存在。从西安市住建局十五批次的《巡查记分公示情况》来看，一些房企特别是本地房企，依旧延续着此前粗放式发展的操作思路。诸如陕西华顺房地产有限公司在"罗马心家苑"商品房项目销售过程中，涉嫌"一房二卖"，将已网签的房屋再次出售；西安中乾置业有限责任公司在"欧亚风景"商品房项目销售过程中，存在"在广告宣传中将房屋销售与学区、学校相关联"等违规行为等。

三、下一步任务和措施

一是坚决贯彻房住不炒定位，加快完善长效机制。坚持"房住不炒"的定位，贯彻好"因城施策"调控措施，以稳房价为目标控制好房地产开发节奏，坚决抵制投机需求的房地产金融政策。要落实《西安市住房租赁试点工作实施方案》，大力培育和发展住房租赁市场，创新租购同权机制，增加租赁住房供应，加强租赁市场管理，有效应对城镇化建设和人才引进带来的住房需求激增，缓解房价连续上涨的风险。

二是加强房地产市场监测分析。加强房地产市场日常信息统计分析，做好趋势预判。按照《陕西省房地产市场统计监测预警办法》要求，通过对各地市房价及库存情况实时监测，对异常波动及时预警并进行科学有效的政策干预，防止市场大起大落。

三是加强房地产市场的供给侧改革，合理增加房地产土地供给，特别是住宅供地。进一步改革和完善土地供给制度，落实新增常住人口与土地挂钩的政策。针对房价上涨压力大的现状，合理增加土地供应，调整用地结构，提高住宅用地比例，合理确定保障房和商品住房占比，稳定住房价格。在常住人口多、置业需求大的区域，侧重性地增加住宅供地，同时加紧地铁建设，将更多的住房置业需求外溢至西咸新区、远郊区县等卫星城市，拉大城市骨架。

2020年7月陕西省房地产市场运行分析

一、房地产开发投资增速持续上升

截至7月底，陕西省房地产累计完成开发投资2154.33亿元，同比增长8.5％，增速比2019年同期下降1.37％，如图1-6-1所示。2020年7月投资额较2020年6月增加346.79亿元。

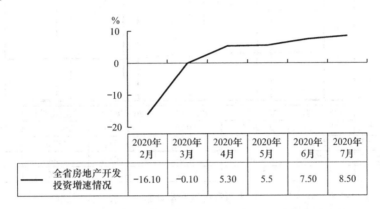

	2020年2月	2020年3月	2020年4月	2020年5月	2020年6月	2020年7月
全省房地产开发投资增速情况	-16.10	-0.10	5.30	5.5	7.50	8.50

图1-6-1　2020年2-7月陕西省房地产累计完成开发投资增速情况

分区域来看，房地产开发投资仍呈现较为明显的不均衡状态。西安市（不含西咸新区）7月房地产累计开发投资1340.98亿元，占全省投资总量的62.25％，同比增长4.2％，增幅比2019年增加12.52个百分点，如表1-6-1所示。

7月陕西省各市（区）累计完成房地产开发投资情况　　　　　表1-6-1

地区	房地产开发投资完成额		增速与2019年同期相比升降百分点	占全省比重（％）
	总量（亿元）	同比增速（％）		
陕西省	2154.33	8.5	-1.37	—
西安市	1340.98	4.2	12.52	62.25
宝鸡市	155.45	29.1	12.96	7.22
咸阳市	117.29	8.8	-8.92	5.44
铜川市	20.02	8.1	-22.75	0.93
渭南市	167.29	66.8	30.79	7.76
延安市	65.53	-32.2	-2.63	3.04
榆林市	67.99	16.8	-28.89	3.16
汉中市	93.53	28.0	-22.05	4.34
安康市	78.26	-6.9	-44.45	3.63
商洛市	17.84	23.3	18.06	0.83
杨凌	30.15	19.1	-28.82	1.40

二、施工面积同比增长，竣工面积同比下降

截至 7 月底，陕西省商品房累计施工面积 25569.96 万 m²，同比增长 5.1%，较 2019 年同期下降 6.6%；商品房累计新开工面积 3196.25 万 m²，同比下降 2.1%，较 2019 年同期下降 23.2 个百分点。

截至 7 月底，陕西省住房累计竣工面积 509.42 万 m²，同比下降 3.7%，增幅比 2019 年同期上升 27.6%，如图 1-6-2 所示。

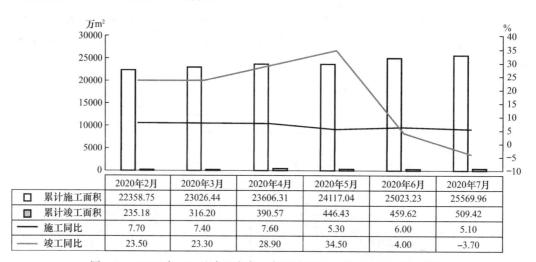

	2020年2月	2020年3月	2020年4月	2020年5月	2020年6月	2020年7月
□ 累计施工面积	22358.75	23026.44	23606.31	24117.04	25023.23	25569.96
▨ 累计竣工面积	235.18	316.20	390.57	446.43	459.62	509.42
—— 施工同比	7.70	7.40	7.60	5.30	6.00	5.10
—— 竣工同比	23.50	23.30	28.90	34.50	4.00	−3.70

图 1-6-2　2020 年 2-7 月陕西省房地产累计施工、竣工面积及同比情况

三、商品房销售面积较 2019 年有所上涨，当月销售面积明显下降

截至 7 月底，全省商品房当月销售面积为 518.7 万 m²，环比上涨 8.4%，如图 1-6-3 所示。2020 年 7 月全省商品房累计销售面积为 2696.4 万 m²，较 2019 年同期下降 12.5%。

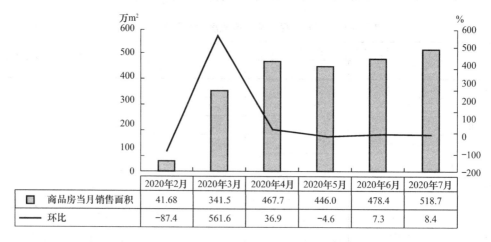

	2020年2月	2020年3月	2020年4月	2020年5月	2020年6月	2020年7月
▨ 商品房当月销售面积	41.68	341.5	467.7	446.0	478.4	518.7
—— 环比	−87.4	561.6	36.9	−4.6	7.3	8.4

图 1-6-3　2020 年 2-7 月陕西省商品房当月销售面积及环比情况

从用途上来看，7 月全省商品住房累计销售面积为 2349.28 万 m²，同比下降 13.58%。全省二手房累计交易面积为 594.2 万 m²，同比下降 7.1%，其中，二手住房累

计交易面积为 551.94 万 m²，同比下降 6.7%。

分区域看，7月全省除西安市、榆林市、汉中市、安康市、商洛市、杨凌以外，其他城市商品房累计销售面积均同比增长。其中，延安市同比增速最大，为 154.53%。西安市商品房累计销售面积占全省比重最多，41.77%，具体见表 1-6-2。

7月陕西省各市（区）商品房累计销售情况　　　　　　　　　表 1-6-2

地区	商品房累计销售面积				增速与2019年同期相比升降百分点	占全省比重（%）
	总量（万 m²）	增速（%）	其中商品住房累计销售			
			总量（万 m²）	增速（%）		
陕西省	2696.4	−12.5	2349.28	−13.58	−7.74	—
西安市	1126.3	−28.55	880.54	−32.6	−9.45	41.77
宝鸡市	312.46	21.7	299.12	22.4	14.80	11.59
咸阳市	337.90	19.2	323.39	20.8	13.83	12.53
铜川市	41.87	18.3	34.54	19.6	47.15	1.55
渭南市	245.27	2.90	235.80	4.32	−8.91	9.10
延安市	61.29	25.6	54.18	20.9	50.41	2.27
榆林市	135.38	−5.4	121.99	−9.2	−71.86	5.02
汉中市	197.49	−8.5	174.84	−11.2	−24.51	7.32
安康市	135.00	−9	127.73	−8.3	−28.18	5.01
商洛市	32.12	−37	30.76	−36.89	−38.33	1.19
杨凌	30.54	−42.8	26.53	−46.1	−76.24	1.13
韩城市	40.8	24.0	39.86	29.1	−34.70	1.51

四、商品房销售价格同比下降

截至7月底，陕西省新建商品住房销售均价为 8835 元/m²，同比下降 0.88%，环比上涨 4.41%；二手住房交易均价为 9860 元/m²，同比上涨 22.6%，环比上涨 3.6%，如图 1-6-4 所示。

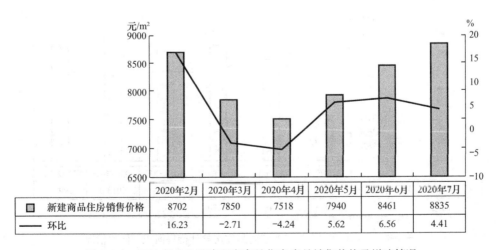

	2020年2月	2020年3月	2020年4月	2020年5月	2020年6月	2020年7月
新建商品住房销售价格	8702	7850	7518	7940	8461	8835
环比	16.23	−2.71	−4.24	5.62	6.56	4.41

图 1-6-4　2020 年 2-7 月陕西省商品住房当月销售价格及增速情况

从各地市来看，宝鸡市、咸阳市、榆林市、杨凌、韩城市新建住房销售价格环比均有所下降，其中咸阳市下降最多为2.74％，其余城市环比上涨，铜川市环比上涨最高为12.26％。从西安市来看，7月商品住房销售均价为12898元/m²，环比上涨4.79％，具体见表1-6-3。

7月陕西省各市（区）新建商品住房平均销售价格及涨幅情况　　　　　表1-6-3

地区	价格位次	平均价格（元/m²）	同比涨幅（％）	环比涨幅（％）
西安市	1	12898	4.20	4.79
咸阳市	2	6662	−0.93	−2.74
延安市	3	6369	10.22	2.2
榆林市	4	6478	22.29	−1.07
铜川市	5	5619	14.96	12.26
安康市	6	5596	2.61	0.14
杨凌	7	5568	−3.98	−0.1
渭南市	8	5046	12.12	5.30
汉中市	9	5093	−0.94	1.6
商洛市	10	4733	18.31	8.93
宝鸡市	11	4685	−8.10	−0.89
韩城市	12	4483	−8.75	−0.5

五、商品房去化周期保持稳定

截至7月底，陕西省商品住房累计待售面积为3997.3万m²，同比上涨19.3％，商品住房去化周期为10.9个月，较2020年6月末增加0.1个月，如图1-6-5、图1-6-6所示。

从各地市来看，全省12个城市中商品住房去化周期大于12个月的城市有宝鸡市、铜川市、延安市、杨凌，分别为17.04、16.75、12.10和12.48个月；韩城市去化周期最小，为3.61个月，如表1-6-4所示。

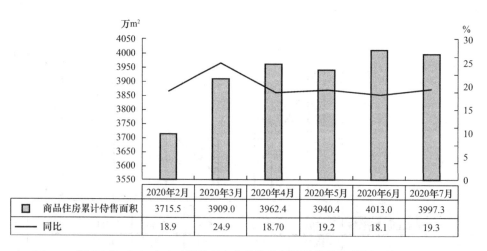

	2020年2月	2020年3月	2020年4月	2020年5月	2020年6月	2020年7月
商品住房累计待售面积	3715.5	3909.0	3962.4	3940.4	4013.0	3997.3
同比	18.9	24.9	18.70	19.2	18.1	19.3

图1-6-5　2020年2-7月陕西省商品住房累计待售面积及同比情况

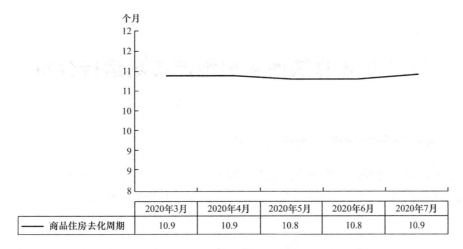

	2020年3月	2020年4月	2020年5月	2020年6月	2020年7月
—— 商品住房去化周期	10.9	10.9	10.8	10.8	10.9

图 1-6-6　2020 年 2-7 月陕西省商品住房去化周期情况

（因疫情原因 2 月去化周期未做统计）

截至 7 月底陕西省各市（区）商品住房累计待售面积及去化周期情况　　　表 1-6-4

地区	待售面积		增幅与2019年同期相比升降百分点	占全省比重（%）	去化周期（个月）
	总量（万 m²）	同比增速（%）			
陕西省	3997.3	19.3	4.37	—	10.9
西安市	1367.3	30.09	46.12	34.21	9.43
宝鸡市	748.55	32.57	−48.51	18.73	17.04
咸阳市	504.83	22.1	5.18	12.63	10.8
铜川市	78.36	28.97	−16.03	1.96	16.57
渭南市	375.98	−6.21	−68.03	9.41	10.26
延安市	93.98	12.12	43.66	2.35	12.10
榆林市	212.72	−18.12	−34.78	5.32	10.35
汉中市	298.39	8.6	−30.88	7.46	11.5
安康市	176.11	32.7	12.58	4.41	9.9
商洛市	45.81	4.42	−57.29	1.15	8.94
杨凌	69.52	56.65	−22.55	1.74	12.48
韩城市	25.76	18.22	53.59	0.64	3.61

2020年8月陕西省房地产市场运行分析

一、房地产开发投资增速连续上升

截至8月底，陕西省房地产累计完成开发投资2560.23亿元，同比增长10.1%，增速比2019年同期下降3.2%，如图1-7-1所示。2020年8月投资额较2020年7月增加405.9亿元。

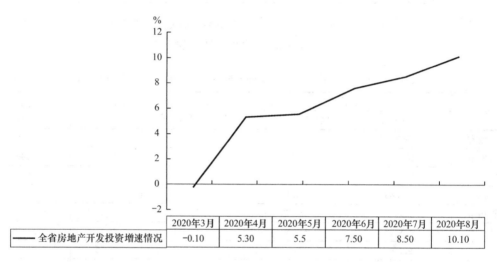

	2020年3月	2020年4月	2020年5月	2020年6月	2020年7月	2020年8月
—— 全省房地产开发投资增速情况	-0.10	5.30	5.5	7.50	8.50	10.10

图1-7-1　2020年3-8月陕西省房地产累计完成开发投资增速情况

分区域来看，房地产开发投资仍呈现较为明显的不均衡状态。西安市（不含西咸新区）8月房地产累计开发投资1571.70亿元，占全省投资总量的61.39%，同比增长4.4%，增幅比2019年增加3.8个百分点，如表1-7-1所示。

8月陕西省各市（区）累计完成房地产开发投资情况　　　　　　表1-7-1

地区	房地产开发投资完成额		增速与2019年同期相比升降百分点	占全省比重（%）
	总量（亿元）	同比增速（%）		
陕西省	2560.23	10.1	-3.2	—
西安市	1571.70	4.4	3.8	61.39
宝鸡市	186.05	31.9	18.68	7.27
咸阳市	150.41	20.9	13.69	5.87
铜川市	22.57	1.0	-15.71	0.88
渭南市	206.49	72.5	31.23	8.07
延安市	81.03	-26.6	-15.17	3.16

地区	房地产开发投资完成额		增速与2019年同期相比升降百分点	占全省比重（%）
	总量（亿元）	同比增速（%）		
榆林市	81.06	19.6	−12.06	3.17
汉中市	110.65	24.9	−13.22	4.32
安康市	94.84	−3.0	−23.92	3.70
商洛市	21.28	25.4	8.97	0.83
杨凌	34.15	14.4	−20.78	1.33

二、施工面积基本稳定，竣工面积同比下降

截至8月底，陕西省商品房累计施工面积26305.97万 m²，同比增长5.4%，较2019年同期下降6.1%；商品房累计新开工面积3818.87万 m²，同比下降1.4%，较2019年同期下降18.5个百分点。

截至8月底，陕西省住房累计竣工面积558.76万 m²，同比下降2.5%，增幅比2019年同期上升25.3%，如图1-7-2所示。

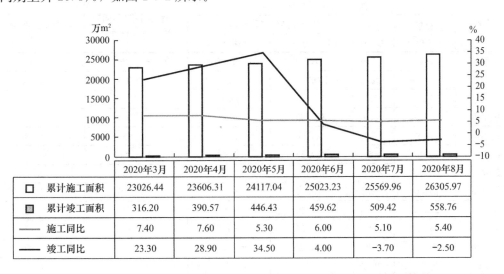

	2020年3月	2020年4月	2020年5月	2020年6月	2020年7月	2020年8月
累计施工面积	23026.44	23606.31	24117.04	25023.23	25569.96	26305.97
累计竣工面积	316.20	390.57	446.43	459.62	509.42	558.76
施工同比	7.40	7.60	5.30	6.00	5.10	5.40
竣工同比	23.30	28.90	34.50	4.00	−3.70	−2.50

图1-7-2　2020年3-8月陕西省房地产累积施工、竣工面积及同比情况

三、商品房销售面积较2019年明显下降，当月销售面积也有所下降

截至8月底，全省当月销售面积为485.1万 m²，环比下降6.5%，如图1-7-3所示。2020年8月全省商品房累计销售面积为3182.6万 m²，较2019年同期下降9.9%。

从用途上来看，8月全省商品住房累计销售面积为3182.6万 m²，同比下降9.9%。全省二手房累计交易面积为729.3万 m²，同比下降7.1%，其中，二手住房累计交易面积为551.94万 m²，同比下降0.4%。

分区域看，8月陕西省除西安市、榆林市、汉中市、商洛市、安康市、杨凌以外，其他城市商品房累计销售面积均同比上升。其中，杨凌同比降速最大，为−45.8%。西安市

商品房累计销售面积占全省比重最多，43.44％，具体见表1-7-2。

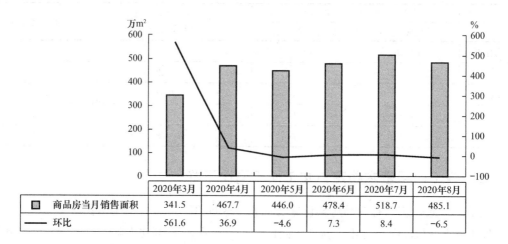

	2020年3月	2020年4月	2020年5月	2020年6月	2020年7月	2020年8月
□ 商品房当月销售面积	341.5	467.7	446.0	478.4	518.7	485.1
── 环比	561.6	36.9	-4.6	7.3	8.4	-6.5

图 1-7-3　2020 年 3-8 月陕西省商品房当月销售面积及环比情况

8 月陕西省各市（区）商品房累计销售情况　　　　表 1-7-2

地区	商品房累计销售面积				增速与2019年同期相比升降百分点	占全省比重（％）
	总量（万 m²）	增速（％）	其中商品住房累计销售			
			总量（万 m²）	增速（％）		
陕西省	3182.6	-9.9	2776.40	-10.80	-5.35	—
西安市	1382.6	-22.13	1093.10	-25.3	-2.16	43.44
宝鸡市	352.61	15.0	336.39	15.0	4.47	11.08
咸阳市	391.54	15.5	374.99	17.2	4.51	12.30
铜川市	48.63	12.1	40.05	12.3	35.68	1.53
渭南市	281.06	0.66	270.26	2.31	-11.98	8.83
延安市	72.57	29.4	64.39	24.6	54.25	2.28
榆林市	154.60	-9.4	140.10	-13.3	-81.45	4.86
汉中市	223.33	-9.6	198.45	-11.8	-22.22	7.02
安康市	151.90	0	141.77	-1.2	-7.67	4.77
商洛市	41.44	-29	40.01	-28.54	-28.22	1.30
杨凌	35.74	-45.8	31.34	-48.9	-95.63	1.12
韩城市	46.6	17.1	45.55	20.5	-48.82	1.46

四、商品房销售价格同比上涨

　　截至 8 月底，陕西省新建商品住房销售均价为 9235 元/m²，同比上涨 20.22％，环比上涨 4.53％；二手住房交易均价为 9883 元/m²，同比上涨 24.9％，环比上涨 0.2％，如图 1-7-4 所示。

　　从各地市来看，西安市、延安市、杨凌、渭南市、商洛市新建住房销售价格环比均有所下降，其中商洛市下降最多为 28.98％，其余城市环比上涨，宝鸡市环比上涨最高为 5.25％。从西安市来看，7 月商品住房销售均价为 12788 元/m²，环比下降 0.85％，具体见表 1-7-3。

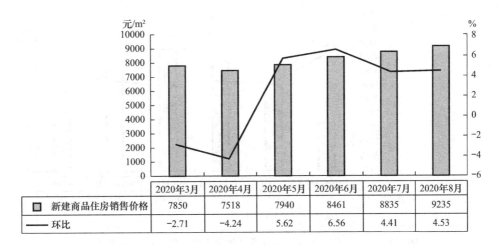

	2020年3月	2020年4月	2020年5月	2020年6月	2020年7月	2020年8月
新建商品住房销售价格	7850	7518	7940	8461	8835	9235
环比	-2.71	-4.24	5.62	6.56	4.41	4.53

图 1-7-4　2020 年 3-8 月陕西省商品住房当月销售价格及增速情况

8 月陕西省各市（区）新建商品住房平均销售价格及涨幅情况　　　表 1-7-3

地区	价格位次	平均价格（元/m²）	同比涨幅（%）	环比涨幅（%）
西安市	1	12788	14.3	-0.85
咸阳市	2	6961	0.17	4.49
榆林市	3	6702	23	3.47
延安市	4	6358	2.12	-0.2
安康市	5	5705	-0.63	1.94
杨凌	6	5661	-1.38	-1.7
铜川市	7	5642	15.91	0.41
汉中市	8	5070	-4.04	3.5
渭南市	9	5015	10.12	-0.60
宝鸡市	10	4931	8.49	5.25
韩城市	11	4636	-2.42	3.4
商洛市	12	3361	-20.60	-28.98

五、商品房去化周期小幅下降

截至 8 月底，陕西省商品住房累计待售面积为 3924.1 万 m²，同比上涨 16.8%。商品住房去化周期为 10.6 个月，较 2020 年 7 月末下降 0.3 个月，如图 1-7-5、图 1-7-6 所示。

从各地市来看，全省 12 个城市中商品住房去化周期大于 12 个月的城市有宝鸡市、铜川市、杨凌，分别为 16.81、18.50 和 13.25 个月；韩城市去化周期最小，为 3.43 个月，如表 1-7-4 所示。

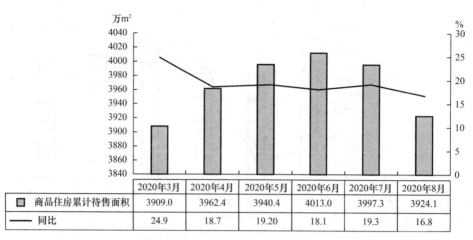

图 1-7-5　2020 年 3-8 月陕西省商品住房累计待售面积及同比情况

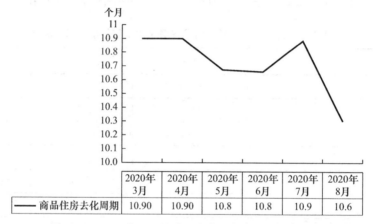

图 1-7-6　2020 年 3-8 月陕西省商品住房去化周期情况

截至 8 月底陕西省各市（区）商品住房累计待售面积及去化周期情况　　　　表 1-7-4

地区	待售面积		增幅与2019年同期相比升降百分点	占全省比重（%）	去化周期（个月）
	总量（万 m²）	同比增速（%）			
陕西省	3924.1	16.8	0.58	—	10.6
西安市	1285	16.86	26.52	32.75	8.59
宝鸡市	722.80	29.93	−55.66	18.42	16.81
咸阳市	494.22	27.7	21.24	12.59	10.6
铜川市	85.54	46.44	19.73	2.18	18.50
渭南市	410.67	3.24	−64.86	10.47	11.30
延安市	84.97	9.48	49.81	2.17	10.56
榆林市	223.45	−12.03	−25.23	5.69	11.29
汉中市	301.67	4.3	−36.24	7.69	11.8
安康市	189.40	34.2	−2.12	4.83	10.2
商洛市	36.52	−2.58	−52.1	0.93	6.90
杨凌	65.71	41.40	−721.07	1.67	13.25
韩城市	24.16	57.51	124.31	0.62	3.43

陕西省 2020 年第三季度房地产市场运行分析报告

2020年第三季度，全省房地产市场呈现开发投资波动上涨、商品房销售面积持续下降、住房价格有所上涨、商品房去化周期减小的运行态势。

一、基本情况

（一）房地产投资波动上涨

2020年第三季度，全省房地产累计完成开发投资 3098.51 亿元，同比增长 11.1%，增速比 2019 年同期下降 6.35%，如图 1-8-1 所示。

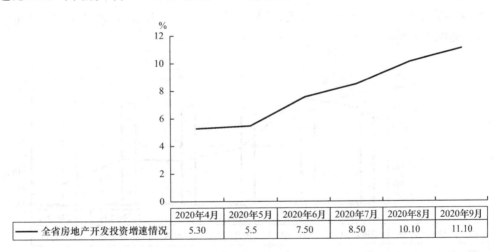

	2020年4月	2020年5月	2020年6月	2020年7月	2020年8月	2020年9月
全省房地产开发投资增速情况	5.30	5.5	7.50	8.50	10.10	11.10

图 1-8-1　2020 年 4-9 月陕西省房地产累计完成开发投资增速情况

分区域来看，房地产开发投资仍呈现较为明显的不均衡状态。西安市（不含西咸新区）第三季度房地产累计开发投资 1867.36 亿元，占全省投资总量的 60.27%，同比增长 3%，增幅比 2019 年增加 14.18 个百分点，具体如表 1-8-1 所示。

9 月陕西省各市（区）累计完成房地产开发投资情况　　　　表 1-8-1

地区	房地产开发投资完成额		增速与2019年同期相比升降百分点	占全省比重（%）
	总量（亿元）	同比增速（%）		
陕西省	3098.51	11.1	6.70	—
西安市	1867.36	3.0	14.18	60.27
宝鸡市	24.93	3.4	−18.67	0.80
咸阳市	234.01	28.6	22.51	7.55
铜川市	184.44	29.4	20.30	5.95
渭南市	263.16	73.5	31.11	8.49

地区	房地产开发投资完成额		增速与2019年同期相比升降百分点	占全省比重（％）
	总量（亿元）	同比增速（％）		
延安市	111.92	−13.0	−5.26	3.61
榆林市	134.29	31.3	9.67	4.33
汉中市	97.03	22.5	13.03	3.13
安康市	116.22	4.9	−12.8	3.75
商洛市	25.03	25.0	6.00	0.81
杨凌	40.13	19.4	−21.82	1.30

（二）施工面积同比保持稳定，竣工面积同比下降

2020年第三季度，全省商品房累计施工面积26921.58万m²，较2019年同比增长5.5%，增速比2019年同期下降5.8个百分点。其中，商品房累计新开工面积4408.45万m²，较2019年保持稳定，增速比2019年同期下降14.5个百分点。

2019年第三季度，全省商品房累计竣工面积583.30万m²，较2019年同期下降17.7%，如图1-8-2所示。

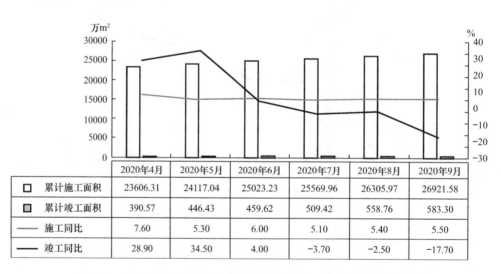

	2020年4月	2020年5月	2020年6月	2020年7月	2020年8月	2020年9月
累计施工面积	23606.31	24117.04	25023.23	25569.96	26305.97	26921.58
累计竣工面积	390.57	446.43	459.62	509.42	558.76	583.30
施工同比	7.60	5.30	6.00	5.10	5.40	5.50
竣工同比	28.90	34.50	4.00	−3.70	−2.50	−17.70

图1-8-2　2020年3-9月陕西省房地产累积施工、竣工面积及同比情况

（三）商品房销售面积较2019年明显下降，当月销售面积持续下降

2020年4-9月当月销售波动较为明显。其中，9月商品房销售面积为463.9万m²，较8月下降4.4%，如图1-8-3所示。2020年第三季度全省商品房累计销售面积为3646.5万m²，较2019年同期下降9.5%，较2020年上半年增加1473.2万m²。

从用途上来看，第三季度全省商品住房累计销售面积为3646.5万m²，较2019年同期下降9.5%。全省二手房累计交易面积为877.2万m²，同比上涨8.3%，其中，二手住房累计交易面积为820.66万m²，较2019年同期上涨9.1%。

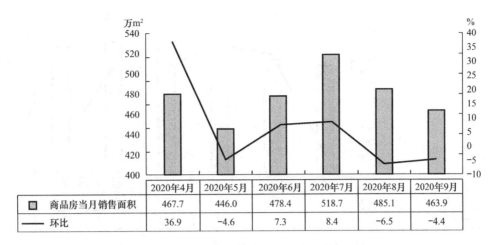

	2020年4月	2020年5月	2020年6月	2020年7月	2020年8月	2020年9月
商品房当月销售面积	467.7	446.0	478.4	518.7	485.1	463.9
环比	36.9	-4.6	7.3	8.4	-6.5	-4.4

图 1-8-3　2020 年 4-9 月陕西省商品房当月销售面积及环比情况

分区域看，第三季度全省除西安市、榆林市、汉中市、安康、商洛市、杨凌以外，其他城市商品房累计销售面积均同比增长。其中，延安市销量同比增速最大，为22.9％。西安市商品房累计销售面积占全省比重最多，43.77％，具体见表 1-8-2。

第三季度陕西省各市（区）商品房累计销售情况　表 1-8-2

地区	商品房累计销售面积				增速与2019年同期相比升降百分点	占全省比重（％）
	总量（万 m²）	增速（％）	其中商品住房累计销售			
			总量（万 m²）	增速（％）		
陕西省	3646.5	-9.5	3184.09	-10.33	-11.97	—
西安市	1596.1	-20.24	1264.91	-23.4	-4.85	43.77
宝鸡市	388.34	13.0	368.75	12.7	0.50	10.65
咸阳市	449.00	10.5	430.52	12.1	-9.41	12.31
铜川市	55.70	13.0	46.85	15.9	37.33	1.53
渭南市	333.77	2.51	322.02	5.29	-11.74	9.15
延安市	77.07	22.9	68.35	18.4	41.55	2.11
榆林市	180.66	-10.2	164.96	-13.7	-92.39	4.95
汉中市	253.36	-8.8	225.64	-11.0	-22.54	6.95
安康市	169.13	-2	156.22	-3.5	-12.10	4.64
商洛市	50.59	-21	48.93	-19.96	-20.53	1.39
杨凌	40.87	-46.2	36.27	-48.7	-113.57	1.12
韩城市	51.9	8.4	50.67	11.1	-70.56	1.42

（四）商品房销售价格环比上涨，二手住房价格明显上涨

第三季度全省新建商品住房销售均价为 8989.67 元/m²，二手住房交易均价为 9961.67 元/m²。其中 9 月，全省新建商品住房销售均价为 8899 元/m²，较 2019 年 9 月上涨 15.55％，较 2020 年 8 月下降 3.63％，如图 1-8-4 所示。9 月全省二手房交易均价 10142 元/m²，较 2019 年 9 月上涨 20.3％，较 2020 年 8 月上涨 2.6％。

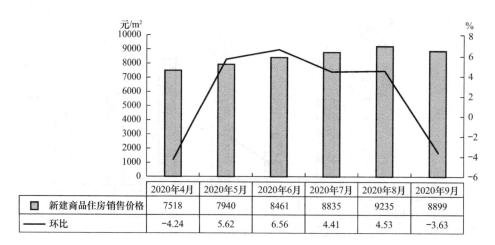

	2020年4月	2020年5月	2020年6月	2020年7月	2020年8月	2020年9月
新建商品住房销售价格	7518	7940	8461	8835	9235	8899
环比	-4.24	5.62	6.56	4.41	4.53	-3.63

图 1-8-4　2020 年 4-9 月陕西省商品住房当月销售价格及增速情况

从各地市来看，延安市、安康市、铜川市、汉中市、韩城新建住房销售价格环比均有所下降，其中铜川市下降最多为 7.62%，其余城市环比上涨，商洛市环比上涨最高为 18.51%。从西安市来看，第三季度商品住房销售均价为 13138 元/m²，较 2020 年 8 月上涨 2.73%，具体见表 1-8-3。

9 月陕西省各市（区）新建商品住房平均销售价格及涨幅情况　　　表 1-8-3

地区	价格位次	平均价格（元/m²）	同比涨幅（%）	环比涨幅（%）
西安市	1	13138	20.3	2.73
咸阳市	2	7328	13.66	5.27
榆林市	3	6860	22.39	2.35
延安市	4	6022	-2.96	-5.3
杨凌	5	5696	-0.10	0.6
安康市	6	5694	-5.24	-0.19
铜川市	7	5212	7.49	-7.62
渭南市	8	5111	10.92	1.92
宝鸡市	9	5086	4.95	3.15
汉中市	10	4955	3.61	-6.0
韩城市	11	4598	-0.72	-0.8
商洛市	12	3983	-9.16	18.51

（五）商品房去化周期波动态势较小

截至九月底，全省商品住房库存面积为 4141.1 万 m²，较 2019 年同期上涨 19.2%。全省商品住房去化周期为 10.4 个月，较 2020 年上半年末减少 0.4 个月，较 2020 年 8 月底下降 0.2 个月，去化周期自第一季度末以来，波动态势较小。如图 1-8-5、图 1-8-6 所示。

从各地市来看，全省 12 个城市中商品住房去化周期大于 12 个月的城市有宝鸡市、铜川市、渭南市、杨凌，分别为 17.76、19.02、12.57 和 13.78 个月；韩城市去化周期最小，为 3.55 个月，如表 1-8-4 所示。

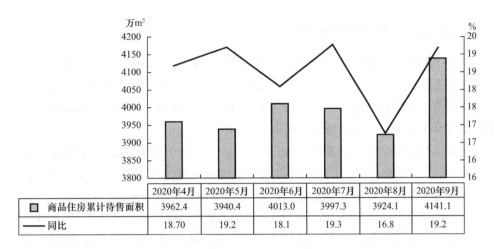

	2020年4月	2020年5月	2020年6月	2020年7月	2020年8月	2020年9月
商品住房累计待售面积	3962.4	3940.4	4013.0	3997.3	3924.1	4141.1
同比	18.70	19.2	18.1	19.3	16.8	19.2

图 1-8-5　2020 年 4-9 月陕西省商品住房累计待售面积及同比情况

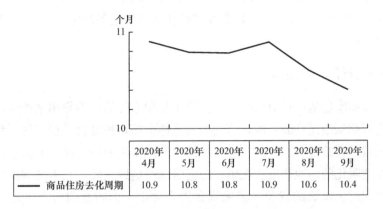

	2020年4月	2020年5月	2020年6月	2020年7月	2020年8月	2020年9月
商品住房去化周期	10.9	10.8	10.8	10.9	10.6	10.4

图 1-8-6　2020 年 4-9 月陕西省商品住房去化周期情况

截至 9 月底陕西省各市（区）商品住房累计待售面积及去化周期情况　　表 1-8-4

地区	待售面积		增幅与 2019 年同期相比升降百分点	占全省比重（%）	去化周期（个月）
	总量（万 m²）	同比增速（%）			
陕西省	4141.1	19.2	3.69	—	10.4
西安市	1360.06	15.88	22.24	32.84	7.61
宝鸡市	760.48	33.63	−52.49	18.36	17.76
咸阳市	510.73	20.0	7.18	12.33	11.1
铜川市	91.17	55.55	11.40	2.20	19.02
渭南市	467.12	18.30	−18.21	11.28	12.57
延安市	89.17	24.63	66.84	2.15	11.33
榆林市	224.89	−9.72	−18.86	5.43	11.60
汉中市	299.00	−0.1	−43.29	7.22	11.7
安康市	214.85	56.5	36.74	5.19	11.7
商洛市	36.27	12.19	−17.91	0.88	6.47
杨凌	63.18	29.49	−34.40	1.53	13.78
韩城市	24.20	68.06	135.35	0.58	3.55

二、房地产市场存在的问题

一是施工和新开工速度减缓。前三季度房地产企业施工速度比上半年稍有减缓。前三季度房屋施工面积 26921.58 万 m²，同比增长 5.5％，增速比上半年回落 0.5 个百分点，比一季度回落 1.9 个百分点。房屋新开工面积 4408.45 万 m²，与 2019 年同期持平，比上半年回落 3.9 个百分点，比一季度提高 0.4 个百分点。

二是投资销售仍集中于开发区。1-9 月，西安市 8 个开发区房地产开发投资占到全市总量的 78.9％。其中，排在前 3 位的西咸新区、高新区和曲江新区，完成投资占到全市的 57.6％。但各开发区增长情况差异较大，受第十四届全运会带动，港务区投资增速最高为 35.4％，比增速最低的开发区高 51.7 个百分点，商品房销售面积增速高达 94.1％，比增速最低的高 118.7 个百分点。1-9 月，西安市 11 个行政区域（不含两县）开发投资占到全市的 20.7％，各区发展也呈现较大差异。房地产开发投资增速雁塔区最高为 17.0％，比增速最低的高 70.8 个百分点；未央区商品房销售面积增速最高为－2.1％，增速比最低的高 71.3 个百分点。

三、下一步任务和措施

一是进一步落实房地产长效机制。坚持房子是用来住的，不是用来炒的定位，坚持不将房地产作为短期刺激经济的手段，落实城市主体责任，稳地价、稳房价、稳预期，保持房地产调控政策的连续性、稳定性，稳妥实施房地产畅销机制，保持平稳健康发展。

二是建立透明化的房地产融资规则。防范房地产金融风险，且考虑到疫情后全国多地房地产市场出现过快增长的现象，多项资金进入楼市，为防止购房需求挤压居民其余需求，从而导致经济中长期风险扩增的情况产生，国家从房企资金层面开始着手于整治楼市漏洞，房企"去杠杆、稳杠杆、降杠杆"成为趋势。

三是调控趋紧，抑制楼市过快增长。自疫情后，多地楼市过快增长，地方政策主体政策导向趋紧，升级限购、限售、限贷等楼市政策，放宽人才政策，吸引人口落户，提升城市竞争力，保障楼市健康长效有序平稳的发展。

规范楼市消费行为。进一步规范商品房销售行为，保障购房人合法权益，营造公开透明、规范有序的房地产市场发展环境。

2020年10月陕西省房地产市场运行分析

一、房地产开发投资增速加快

截至10月底，全省房地产累计完成开发投资3504.45亿元，较2019年同期增长10.6%，增速比2019年同期上升6.09个百分点，如图1-9-1所示。

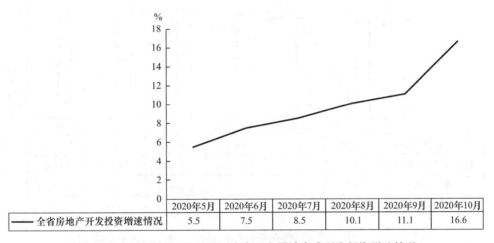

	2020年5月	2020年6月	2020年7月	2020年8月	2020年9月	2020年10月
全省房地产开发投资增速情况	5.5	7.5	8.5	10.1	11.1	16.6

图1-9-1　2020年5-10月陕西省房地产累计完成开发投资增速情况

按区域来看，房地产开发投资仍呈现较为明显的不均衡状态。截至10月底，西安市房地产累计开发投资2084.63亿元，占全省投资总量的59.49%，较2019年同期上升3.5%，增幅比2019年同期上升5.5个百分点，见表1-9-1。

截至10月底陕西省各市（区）累计完成房地产开发投资情况　　　　表1-9-1

地区	房地产开发投资完成额		增速与2019年同期相比升降百分点	占全省比重（%）
	总量（亿元）	同比增速（%）		
陕西省	3504.45	10.6	6.09	—
西安市	2084.63	3.5	5.50	59.49
宝鸡市	262.19	17.0	−4.08	7.48
咸阳市	205.33	30.8	16.11	5.86
铜川市	28.97	13.5	7.54	0.83
渭南市	312.80	60.9	−0.44	8.93
延安市	129.75	−6.5	13.19	3.70
榆林市	116.76	22.4	7.40	3.33
汉中市	150.52	22.7	−13.15	4.30
安康市	139.84	3.7	−23.89	3.99
商洛市	29.11	30.9	23.60	0.83
杨凌	44.57	16.6	−26.08	1.27

二、施工面积同比上升、竣工面积同比下降

截至10月底，全省商品房累计施工面积27431.62万m²，较2019年同期增加3.0%，增幅比2019年同期下降9.91%；商品房累计新开工面积4901.55万m²，较去年同期增长8.0%，增幅比2019年同期下降8.2个百分点。

截至10月底，全省商品房累计竣工面积693.02万m²，较2019年同期下降36.4%，增幅比2019年同期下降36.99个百分点，见图1-9-2。

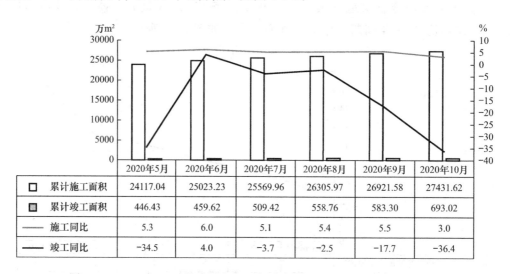

	2020年5月	2020年6月	2020年7月	2020年8月	2020年9月	2020年10月
☐ 累计施工面积	24117.04	25023.23	25569.96	26305.97	26921.58	27431.62
■ 累计竣工面积	446.43	459.62	509.42	558.76	583.30	693.02
—— 施工同比	5.3	6.0	5.1	5.4	5.5	3.0
—— 竣工同比	-34.5	4.0	-3.7	-2.5	-17.7	-36.4

图1-9-2　2020年5-10月陕西省房地产累计施工、竣工面积及其同比情况

三、商品房当月销售面积有所下降

2020年5月至10月全省商品房当月销售波动较为明显，10月商品房销售面积为405.60万m²，较上月下降12.58%，如图1-9-3所示。

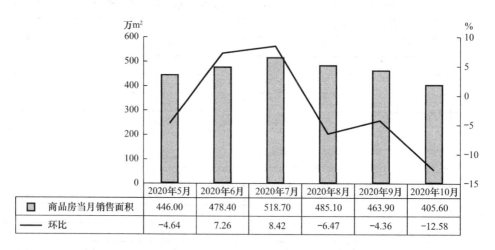

	2020年5月	2020年6月	2020年7月	2020年8月	2020年9月	2020年10月
☐ 商品房当月销售面积	446.00	478.40	518.70	485.10	463.90	405.60
—— 环比	-4.64	7.26	8.42	-6.47	-4.36	-12.58

图1-9-3　2020年5-10月陕西省商品房当月销售面积及环比情况

按用途上来看，截至10月底，全省商品住房累计销售面积为3557.77万 m²，较2019年同期下降10.59%，全省二手房累计交易面积为988.96万 m²，较2019年同期上涨10.2%。其中，二手住房累计交易面积为929.88万 m²，较2019年同期上涨11.8%。

按区域看，截至10月底，全省除宝鸡、咸阳、铜川、渭南、延安以外，其他城市商品房累计销售面积均同比下降。其中，杨凌较2019年同期降速最大，为44.6%。西安市商品房累计销售面积占全省比重最多，占比为42.88%，具体见表1-9-2。

截至10月底陕西省各市（区）商品房累计销售情况　　　　　　　表1-9-2

地区	商品房累计销售面积				增速与2019年同期相比升降百分点	占全省比重（%）
	总量（万 m²）	增速（%）	其中商品住房累计销售			
			总量（万 m²）	增速（%）		
陕西省	4058.42	−10.00	3557.77	−10.59	−8.85	—
西安市	1740.3	−21.33	1382.26	−24.5	−2.50	42.88
宝鸡市	430.67	14.0	409.57	13.8	1.35	10.61
咸阳市	512.08	16.4	492.26	18.6	−2.33	12.62
铜川市	63.90	21.1	54.61	25.6	42.00	1.57
渭南市	375.82	1.30	362.55	4.12	−19.90	9.26
延安市	92.49	27.3	83.18	24.3	47.26	2.28
榆林市	207.66	−11.8	190.79	−14.6	−96.69	5.12
汉中市	283.71	−8.1	254.04	−9.2	−16.17	6.99
安康市	192.27	−16	176.65	−17.8	−43.90	4.74
商洛市	56.26	−18	54.58	−17.52	4.79	1.39
杨凌	45.81	−44.6	41.04	−46.6	−106.94	1.13
韩城市	57.5	−1.5	56.24	2.2	−101.82	1.42

四、商品住房销售价格环比上升

10月，全省新建商品住房销售均价为8502元/m²，较2019年同期增长7.14%，较上月下降4.46%，如图1-9-4所示。10月，全省二手住房交易均价10158元/m²，较2019年同期上涨24.6%，较上月上涨0.2%。

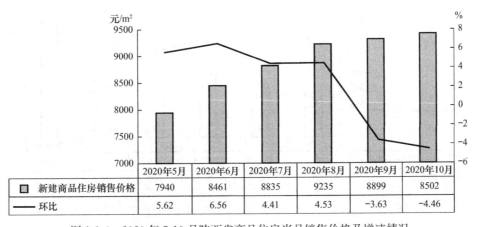

	2020年5月	2020年6月	2020年7月	2020年8月	2020年9月	2020年10月
新建商品住房销售价格	7940	8461	8835	9235	8899	8502
环比	5.62	6.56	4.41	4.53	−3.63	−4.46

图1-9-4　2020年5-10月陕西省商品住房当月销售价格及增速情况

按各地市来看，2020 年 10 月除铜川市、宝鸡市、韩城市新建住房销售价格环比有所下降，其余城市均环比上涨。从西安市来看，10 月商品住房销售均价为 13743 元/m²，环比上涨 4.61%，如表 1-9-3 所示。

10 月陕西省各市（区）新建商品住房平均销售价格及涨幅情况　　　　表 1-9-3

地区	价格位次	平均价格（元/m²）	同比涨幅（%）	环比涨幅（%）
西安市	1	13743	24.4	4.61
咸阳市	2	7482	2.02	2.11
延安市	3	7169	19.21	19.1
榆林市	4	7051	23.50	2.78
杨凌	5	5795	0.87	1.7
安康市	6	5748	6.99	0.96
汉中市	7	5462	12.01	10.2
铜川市	8	5203	3.32	−0.18
渭南市	9	5165	10.32	1.05
商洛市	10	5116	31.02	28.45
宝鸡市	11	4908	2.51	−3.50
韩城市	12	4559	−1.33	−0.8

五、商品住房去化周期减小

截至 10 月底，全省商品住房累计可售面积为 4161.6 万 m²，较 2019 年同期增加 20.6%，如图 1-9-5 所示。全省商品住房去化周期 10.3 个月，较 2020 年 9 月减小 0.10 个月，如图 1-9-6 所示。

从各地市来看，10 月大多数城市去化周期略有减小，但差异较大，全省 12 个城市中商品住房去化周期大于 12 个月的城市有宝鸡市、铜川市、渭南市、榆林市、安康市、杨凌，分别为 15.77、15.86、13.26、13.57、12.7、12.69 个月；韩城市去化周期最小，为 3.35 个月。具体见表 1-9-4。

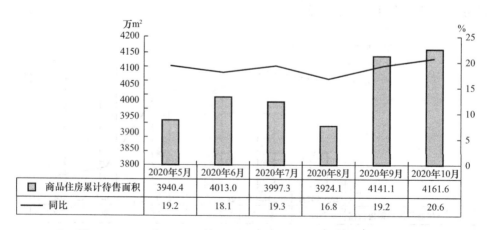

图 1-9-5　2020 年 5-10 月陕西省商品住房累计可售面积及同比情况

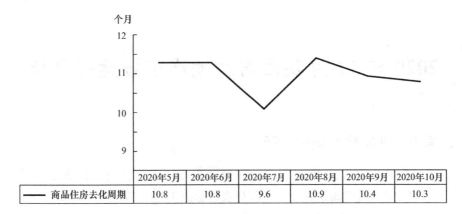

	2020年5月	2020年6月	2020年7月	2020年8月	2020年9月	2020年10月
—— 商品住房去化周期	10.8	10.8	9.6	10.9	10.4	10.3

图 1-9-6　2020 年 5-10 月陕西省商品住房去化周期情况

截至 10 月底陕西省各市（区）商品住房累计可售面积及去化周期情况　　　表 1-9-4

地区	可售面积		增幅与 2019 年同期相比升降百分点	占全省比重（%）	去化周期（个月）
	总量（万 m²）	同比增速（%）			
陕西省	4161.6	20.6	7.46	—	10.3
西安市	1384.78	21.37	32.65	33.28%	8.00
宝鸡市	713.52	23.31	−73.95	17.15%	15.77
咸阳市	463.78	6.0	−6.50	11.14%	9.2
铜川市	94.51	63.23	24.02	2.27%	15.86
渭南市	505.40	29.36	−3.21	12.14%	13.26
延安市	91.32	28.42	67.85	2.19%	10.01
榆林市	274.91	23.91	30.71	6.61%	13.57
汉中市	299.15	0.3	−26.78	7.19%	10.6
安康市	214.30	36.3	−13.15	5.15%	12.7
商洛市	36.04	25.36	5.67	0.87%	6.22
杨凌	61.82	16.64	−58.38	1.49%	12.69
韩城市	22.09	53.40	115.27	0.53%	3.35

2020年11月陕西省房地产市场运行分析

一、房地产开发投资增速下降

截至11月底，全省房地产累计完成开发投资 3972.83 亿元，较 2019 年同期增长 12.5％，增速比 2019 年同期上升 5.2 个百分点，如图 1-10-1 所示。

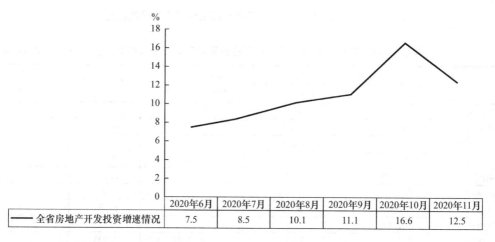

	2020年6月	2020年7月	2020年8月	2020年9月	2020年10月	2020年11月
全省房地产开发投资增速情况	7.5	8.5	10.1	11.1	16.6	12.5

图 1-10-1　2020 年 6-11 月陕西省房地产累计完成开发投资增速情况

按区域来看，房地产开发投资仍呈现较为明显的不均衡状态。截至 11 月底，西安市房地产累计开发投资 2373.52 亿元，占全省投资总量的 59.74％，较 2019 年同期上升 7.0％，增幅比 2019 年同期上升 18.63 个百分点，见表 1-10-1。

截至 11 月底陕西省各市（区）累计完成房地产开发投资情况　　　表 1-10-1

地区	房地产开发投资完成额		增速与 2019 年同期相比升降百分点	占全省比重（％）
	总量（亿元）	同比增速（％）		
陕西省	3972.83	12.5	5.16	—
西安市	2373.52	7.0	18.63	59.74
宝鸡市	296.29	17.2	−22.23	7.46
咸阳市	239.40	36.9	21.08	6.03
铜川市	31.88	18.9	19.23	0.80
渭南市	346.35	42.5	−22.46	8.72
延安市	147.00	−2.6	−9.80	3.70
榆林市	127.92	13.7	5.63	3.22
汉中市	167.92	24.8	−2.81	4.23
安康市	161.78	8.0	−38.23	4.07
商洛市	32.88	30.7	33.09	0.83
杨凌	47.89	12.1	−19.97	1.21

二、施工面积同比上升、竣工面积同比下降

截至 11 月底，全省商品房累计施工面积 27922.13 万 m²，较 2019 年同期增加 2.9%，增幅比 2019 年同期下降 12.24%；商品房累计新开工面积 5378.6 万 m²，较 2019 年同期下降 7.4%，增幅比 2019 年同期下降 54.4 个百分点。

截至 11 月底，全省商品房累计竣工面积 1145.76 万 m²，较 2019 年同期下降 4.2%，增幅比 2019 年同期下降 47.34 个百分点，见图 1-10-2。

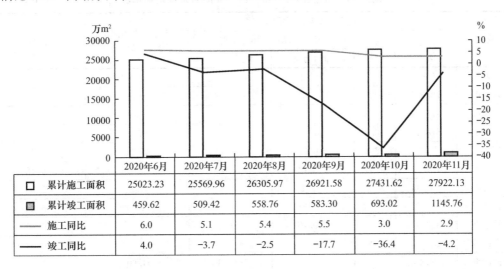

	2020年6月	2020年7月	2020年8月	2020年9月	2020年10月	2020年11月
□ 累计施工面积	25023.23	25569.96	26305.97	26921.58	27431.62	27922.13
▨ 累计竣工面积	459.62	509.42	558.76	583.30	693.02	1145.76
— 施工同比	6.0	5.1	5.4	5.5	3.0	2.9
— 竣工同比	4.0	-3.7	-2.5	-17.7	-36.4	-4.2

图 1-10-2　2020 年 5-11 月陕西省房地产累计施工、竣工面积及其同比情况

三、商品房当月销售面积有所上升

2020 年 6 月至 11 月全省商品房当月销售面积波动较为明显，11 月商品房销售面积为 508.4 万 m²，较上月增加 25.4%，如图 1-10-3 所示。

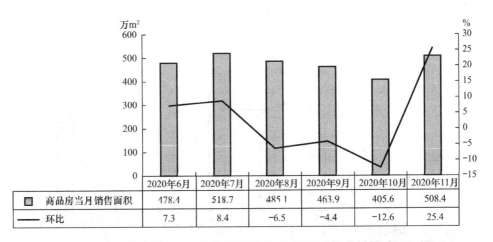

	2020年6月	2020年7月	2020年8月	2020年9月	2020年10月	2020年11月
▨ 商品房当月销售面积	478.4	518.7	485.1	463.9	405.6	508.4
— 环比	7.3	8.4	-6.5	-4.4	-12.6	25.4

图 1-10-3　2020 年 6-11 月陕西省商品房当月销售面积及环比情况

按用途上来看，截至 11 月底，全省商品住房累计销售面积为 4012.4 万 m²，较 2019 年同期下降 7.67%。全省二手房累计交易面积为 1124.3 万 m²，较 2019 年同期上涨 13.8%。其中，二手住房累计交易面积为 1056.92 万 m²，较 2019 年同期上涨 15.7%。

按区域看，截至 11 月底，全省除宝鸡、咸阳、铜川、渭南、延安以外，其他城市商品房累计销售面积均同比下降。其中，杨凌较 2019 年同期降速最大，为 42.3%。西安市商品房累计销售面积占全省比重最多，占比为 42.91%，具体见表 1-10-2。

截至 11 月底陕西省各市（区）商品房累计销售情况　　　　　表 1-10-2

地区	商品房累计销售面积				增速与去年同期相比升降百分点	占全省比重（%）
	总量（万 m²）	增速（%）	其中商品住房累计销售			
			总量（万 m²）	增速（%）		
陕西省	4566.8	−7.5	4012.14	−7.67	−6.02	—
西安市	1959.5	−19.38	1563.38	−21.9	−0.70	42.91
宝鸡市	475.09	11.3	450.50	10.6	−3.65	10.40
咸阳市	578.20	20.1	557.35	22.7	0.14	12.66
铜川市	74.41	28.2	64.83	37.7	45.95	1.63
渭南市	431.63	4.27	415.21	6.97	−19.69	9.45
延安市	107.44	33.0	96.16	28.6	51.87	2.35
榆林市	239.32	−5.7	220.51	−8.1	−79.80	5.24
汉中市	312.37	−5.7	280.13	−6.4	−8.43	6.84
安康市	209.12	−8	192.79	−9.0	−23.90	4.58
商洛市	64.43	−15	62.73	−14.30	4.60	1.41
杨凌	52.28	−42.3	47.33	−43.5	−105.13	1.14
韩城市	63.0	−7.9	61.22	−5.8	−102.17	1.38

四、商品住房销售价格波动明显

11 月，全省新建商品住房销售均价为 8933 元/m²，较 2019 年同期增加 13.25%，较上月增长 5.07%，如图 1-10-4 所示。11 月，全省二手住房交易均价 10318 元/m²，较 2019 年同期上涨 26.1%，较上月上升 1.6%。

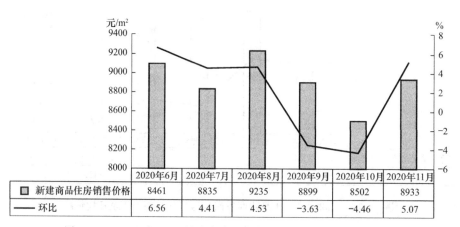

	2020年6月	2020年7月	2020年8月	2020年9月	2020年10月	2020年11月
新建商品住房销售价格	8461	8835	9235	8899	8502	8933
环比	6.56	4.41	4.53	−3.63	−4.46	5.07

图 1-10-4　2020 年 6-11 月全省商品住房当月销售价格及增速情况

按各地市来看，2020年11月除西安市、咸阳市、汉中市、渭南市、商洛市新建住房销售价格环比有所下降，其余城市均环比上涨。从西安市来看，11月商品住房销售均价为13242元/m²，环比下降3.64%，如表1-10-3所示。

11月陕西省各市（区）新建商品住房平均销售价格及涨幅情况   表 1-10-3

地区	价格位次	平均价格（元/m²）	同比涨幅（%）	环比涨幅（%）
西安市	1	13242	20.2	−3.64
榆林市	2	7621	29.99	8.08
延安市	3	7518	21.17	4.9
咸阳市	4	7321	4.22	−2.16
杨凌	5	5970	6.28	3.0
安康市	6	5809	6.15	1.05
铜川市	7	5586	23.70	7.35
汉中市	8	5154	11.22	−5.6
宝鸡市	9	5103	3.06	3.98
渭南市	10	5068	6.86	−1.88
商洛市	11	4718	21.24	−7.79
韩城市	12	4595	4.27	0.8

五、商品住房去化周期小幅上涨

截至11月底，全省商品住房累计可售面积为4093.4万m²，较2019年同期增加9.0%，如图1-10-5所示。全省商品住房去化周期11.1个月，较2020年10月增加0.8个月，如图1-10-6所示。

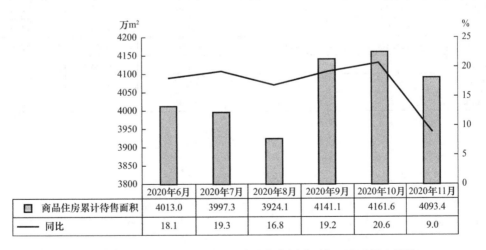

	2020年6月	2020年7月	2020年8月	2020年9月	2020年10月	2020年11月
商品住房累计待售面积	4013.0	3997.3	3924.1	4141.1	4161.6	4093.4
同比	18.1	19.3	16.8	19.2	20.6	9.0

图 1-10-5   2020 年 6-11 月陕西省商品住房累计可售面积及同比情况

从各地市来看，11月大多数城市去化周期略有增大，但差异较大，全省12个城市中商品住房去化周期大于12个月的城市有宝鸡市、铜川市、渭南市、榆林市、安康市、杨凌，分别为16.11、18.18、12.61、13.38、12.9、12.57个月；韩城市去化周期最小，为

4.59 个月，如表 1-10-4 所示。

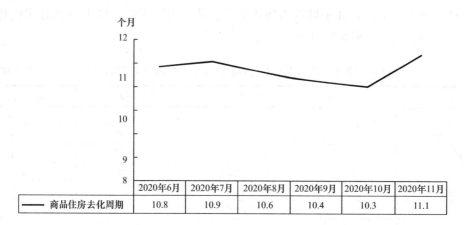

	2020年6月	2020年7月	2020年8月	2020年9月	2020年10月	2020年11月
商品住房去化周期	10.8	10.9	10.6	10.4	10.3	11.1

图 1-10-6　2020 年 6-11 月陕西省商品住房去化周期情况

截至 11 月底陕西省各市（区）商品住房累计可售面积及去化周期情况　　表 1-10-4

地区	可售面积		增幅与 2019 年同期相比升降百分点	占全省比重（%）	去化周期（个月）
	总量（万 m²）	同比增速（%）			
陕西省	4093.4	9.0	−5.36	—	11.1
西安市	1377.99	3.26	13.00	33.66	9.57
宝鸡市	692.31	15.02	−75.70	16.91	16.11
咸阳市	440.09	−17.4	−48.44	10.75	8.7
铜川市	104.29	72.10	55.94	2.55	18.18
渭南市	480.19	20.86	−13.06	11.73	12.61
延安市	97.67	51.64	93.51	2.39	11.14
榆林市	266.95	20.61	26.66	6.52	13.38
汉中市	301.08	−4.8	−27.14	7.36	11.5
安康市	221.45	60.6	40.80	5.41	12.9
商洛市	27.93	9.73	−80.87	0.68	4.86
杨凌	55.53	8.16	−132.77	1.36	12.57
韩城市	27.92	141.79	197.65	0.68	4.59

陕西省2020年房地产市场运行分析报告

2020年，全省房地产市场呈投资缓慢上升、商品房销售面积波动上升，销售价格环比上升、商品住房去化周期减小的运行态势。

一、基本情况

（一）房地产开发投资缓慢上升

截至12月底，全省房地产累计完成开发投资4404.39亿元，较2019年同期增长12.8%，增速比2019年同期上升6.2个百分点，如图1-11-1所示。

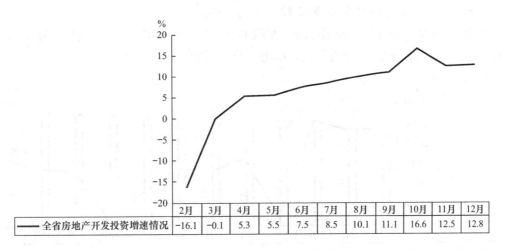

	2月	3月	4月	5月	6月	7月	8月	9月	10月	11月	12月
全省房地产开发投资增速情况	-16.1	-0.1	5.3	5.5	7.5	8.5	10.1	11.1	16.6	12.5	12.8

图1-11-1 2020年2-12月陕西省房地产累计完成开发投资增速情况

按区域来看，房地产开发投资仍呈现较为明显的不均衡状态。截至12月底，西安市房地产累计开发投资2624.48亿元，占全省投资总量的59.59%，较2019年同期下降15.5%，增幅比2019年同期上升21.97个百分点，如表1-11-1所示。

截至12月底陕西省各市（区）累计完成房地产开发投资情况　　　　表1-11-1

地区	房地产开发投资完成额		增速与2019年同期相比升降百分点	占全省比重（%）
	总量（亿元）	同比增速（%）		
陕西省	4404.39	12.8	6.23	—
西安市	2624.48	6.5	21.97	59.59
宝鸡市	342.47	25.7	-19.41	7.78
咸阳市	259.06	38.6	22.74	5.88
铜川市	33.87	16.5	13.31	0.77
渭南市	397.22	39.4	-47.77	9.02

续表

地区	房地产开发投资完成额		增速与2019年同期相比升降百分点	占全省比重（%）
	总量（亿元）	同比增速（%）		
延安市	156.83	0.4	−6.80	3.56
榆林市	137.38	13.5	−13.71	3.12
汉中市	190.15	23.4	2.55	4.32
安康市	175.08	7.6	−18.48	3.98
商洛市	36.75	34.2	33.34	0.83
杨凌	51.1	16.4	−23.11	1.16
韩城市	48.86	−4.1	−20.16	1.11

（二）施工面积同比上升、竣工面积同比下降

截至12月底，全省商品房累计施工面积28358.31万 m²，较2019年同期增加2.3%，增幅比2019年同期下降12.64%；商品房累计新开工面积5796.94万 m²，较2019年同期下降9.9%，增幅比2019年同期下降47.3个百分点。

截至12月底，全省商品房累计竣工面积1745.62万 m²，较2019年同期下降2%，增幅比2019年同期上升2.86个百分点，如图1-11-2所示。

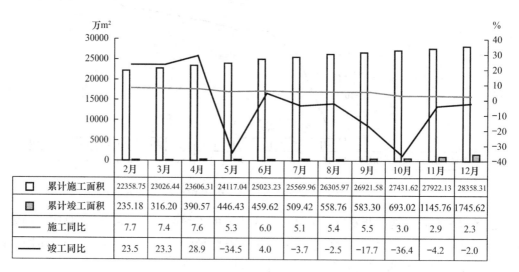

	2月	3月	4月	5月	6月	7月	8月	9月	10月	11月	12月
累计施工面积	22358.75	23026.44	23606.31	24117.04	25023.23	25569.96	26305.97	26921.58	27431.62	27922.13	28358.31
累计竣工面积	235.18	316.20	390.57	446.43	459.62	509.42	558.76	583.30	693.02	1145.76	1745.62
施工同比	7.7	7.4	7.6	5.3	6.0	5.1	5.4	5.5	3.0	2.9	2.3
竣工同比	23.5	23.3	28.9	−34.5	4.0	−3.7	−2.5	−17.7	−36.4	−4.2	−2.0

图1-11-2 2020年2-12月陕西省房地产累计施工、竣工面积及其同比情况

（三）商品房当月销售面积有所上升

2020年2月至12月全省商品房当月销售面积波动较为明显，其中12月商品房当月销售量最大，为621.9万 m²，环比上涨22.3%，2月商品房当月销售量最小，为41.68万 m²，环比下降87.4%，如图1-11-3所示。

按用途上来看，截至12月底，全省商品住房累计销售面积为5188.8万 m²，较2019年同期下降4.9%，全省二手房累计交易面积为1265.9万 m²，较2019年同期下降

16.7%。其中，二手住房累计交易面积为 1185.77 万 m²，较 2019 年同期上升 18.8%。

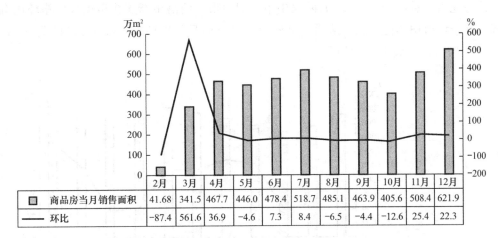

	2月	3月	4月	5月	6月	7月	8月	9月	10月	11月	12月
商品房当月销售面积	41.68	341.5	467.7	446.0	478.4	518.7	485.1	463.9	405.6	508.4	621.9
环比	-87.4	561.6	36.9	-4.6	7.3	8.4	-6.5	-4.4	-12.6	25.4	22.3

图 1-11-3　2020 年 2-12 月陕西省商品房当月销售面积及环比情况

按区域看，截至 12 月底，全省除宝鸡、咸阳、铜川、渭南、延安以外，其他城市商品房累计销售面积均同比下降。其中，杨凌较 2019 年同期降速最大，为 40.9%。西安市商品房累计销售面积占全省比重最多，占比为 43.33%，具体见表 1-11-2。

截至 12 月底陕西省各市（区）商品房累计销售情况　　　　表 1-11-2

地区	商品房累计销售面积				增速与 2019 年同期相比升降百分点	占全省比重（%）
	总量（万 m²）	增速（%）	其中商品住房累计销售			
			总量（万 m²）	增速（%）		
陕西省	5188.8	-4.9	4557.62	-4.51	-3.81	—
西安市	2248.1	-15.52	1802.84	-16.8	3.46	43.33
宝鸡市	528.11	5.7	495.03	4.8	-13.09	10.18
咸阳市	666.45	24.4	642.36	27.1	-1.56	12.84
铜川市	83.00	30.0	73.30	43.4	43.53	1.60
渭南市	483.61	5.78	465.96	8.39	-18.13	9.32
延安市	128.18	39.3	113.23	35.0	53.51	2.47
榆林市	274.09	-1.0	253.45	-2.1	-62.86	5.28
汉中市	350.90	-5.7	311.87	-6.7	-8.32	6.76
安康市	227.08	-6	209.87	-6.8	-18.53	4.38
商洛市	73.23	-11	71.18	-10.42	9.44	1.41
杨凌	57.09	-40.9	51.77	-42.2	-100.69	1.10
韩城市	68.9	-14.5	66.76	-13.0	-103.96	1.33

（四）商品住房销售价格环比上升

全省全年新建商品住房销售均价为 8613 元/m²。其中 12 月，全省新建商品住房销售均价为 9866 元/m²，较 2019 年同期上升 29.91%，较上月上升 10.44%，如图 1-11-4 所示。12 月，全省二手住房交易均价 10235 元/m²，较 2019 年同期上涨 22.4%，较上月下降 0.8％。

按各地市来看，2020 年 12 月除汉中市、铜川市、商洛市新建住房销售价格环比有所下降，其余城市均环比上涨。从西安市来看，12 月商品住房销售均价为 14444 元/m²，环比上涨 9.08％，如表 1-11-3 所示。

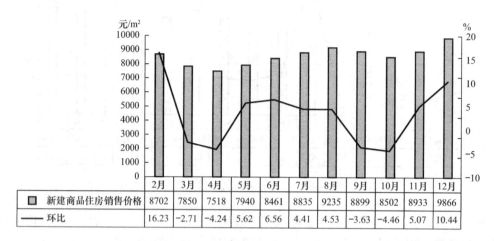

	2月	3月	4月	5月	6月	7月	8月	9月	10月	11月	12月
新建商品住房销售价格	8702	7850	7518	7940	8461	8835	9235	8899	8502	8933	9866
环比	16.23	-2.71	-4.24	5.62	6.56	4.41	4.53	-3.63	-4.46	5.07	10.44

图 1-11-4　2020 年 2-12 月陕西省商品住房当月销售价格及增速情况

12 月陕西省各市（区）新建商品住房平均销售价格及涨幅情况　表 1-11-3

地区	价格位次	平均价格（元/m²）	同比涨幅（％）	环比涨幅（％）
西安市	1	14444	27.5	9.08
榆林市	2	8074	33.55	5.95
延安市	3	7562	21.19	0.6
咸阳市	4	7523	15.01	2.76
安康市	5	6034	14.61	3.88
杨凌	6	6001	5.79	0.5
渭南市	7	5183	8.66	2.27
铜川市	8	5175	19.43	−7.35
宝鸡市	9	5116	10.25	0.25
汉中市	10	5053	3.07	−2.0
韩城市	11	4619	8.58	0.5
商洛市	12	4538	21.04	−3.81

（五）商品住房去化周期减小

截至 12 月底，全省商品住房累计可售面积为 4146.7 万 m²，较 2019 年同期增加 8.3％，如图 1-11-5 所示。全省商品住房去化周期 10.9 个月，较 2020 年 11 月下降 0.2 个月，如图 1-11-6 所示。

从各地市来看，12 月大多数城市去化周期略有增大，但差异较大，全省 12 个城市中商品住房去化周期大于 12 个月的城市有宝鸡市、铜川市、渭南市、榆林市、安康市和杨凌，分别为 16.94、19.39、13.1、12.24、13.3、14.28 个月；商洛市去化周期最小，为 3.52 个月，见表 1-11-4。

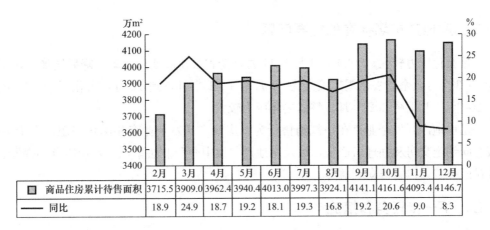

商品住房累计待售面积	2月	3月	4月	5月	6月	7月	8月	9月	10月	11月	12月
商品住房累计待售面积	3715.5	3909.0	3962.4	3940.4	4013.0	3997.3	3924.1	4141.1	4161.6	4093.4	4146.7
同比	18.9	24.9	18.7	19.2	18.1	19.3	16.8	19.2	20.6	9.0	8.3

图 1-11-5 2020 年 2-12 月陕西省商品住房累计可售面积及同比情况

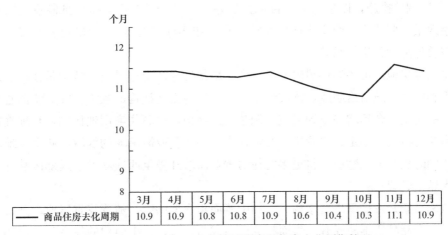

	3月	4月	5月	6月	7月	8月	9月	10月	11月	12月
商品住房去化周期	10.9	10.9	10.8	10.8	10.9	10.6	10.4	10.3	11.1	10.9

图 1-11-6 2020 年 3-12 月陕西省商品住房去化周期情况

截至 12 月底陕西省各市（区）商品住房累计可售面积及去化周期情况　　表 1-11-4

地区	可售面积		增幅与2019年同期相比升降百分点	占全省比重（%）	去化周期（个月）
	总量（万 m²）	同比增速（%）			
陕西省	4146.7	8.3	−2.69	—	10.9
西安市	1321.79	0.64	15.04	31.88	8.80
宝鸡市	698.95	18.00	−49.22	16.86	16.94
咸阳市	486.44	−15.1	−44.00	11.73	9.1
铜川市	118.43	84.34	76.62	2.86	19.39
渭南市	508.81	27.07	−0.65	12.27	13.10
延安市	104.07	6.89	14.26	2.51	11.03
榆林市	258.53	6.61	1.15	6.23	12.24
汉中市	284.49	−5.9	−20.77	6.86	10.9
安康市	233.18	46.7	12.63	5.62	13.3
商洛市	20.89	5.53	−596.60	0.50	3.52
杨凌	61.60	20.97	−142.73	1.49	14.28
韩城市	49.52	230.20	277.81	1.19	8.90

二、房地产市场存在的主要问题

一是去化压力较大。2020年3月至11月，全省去化周期先波动下降后增加，10月最低为10.3个月，全省去化周期最大为11月的11.1个月，到12月，去化周期有所下降，较2020年11月下降0.2个月。整体去化压力较大。

二是房地产开发企业存在违规销售行为。房地产开发企业变相囤积房源，哄抬房价，不按合同约定交房和办理房产证，以及房地产"黑中介"非法牟利，物业服务搞垄断、收取高昂服务费，侵害群众利益等。

三、下一步任务和措施

一是坚决贯彻房住不炒定位，加快完善长效机制。坚持"房住不炒"的定位，贯彻好"因城施策"调控措施，以稳房价为目标控制好房地产开发节奏，坚决抵制投机需求的房地产金融政策。要落实《西安市住房租赁试点工作实施方案》，大力培育和发展住房租赁市场，完善保障性住房体系等。

二是加强房地产市场的供给侧改革，合理增加房地产土地供给，特别是住宅供地。进一步改革和完善土地供给制度，落实新增常住人口与土地挂钩的政策。针对陕西省房价上涨压力大的现状，合理增加土地供应，调整用地结构，提高住宅用地比例，合理确定保障房和商品住房占比，稳定住房价格。在常住人口多、置业需求大的区域，侧重性地增加住宅供地，同时加紧地铁建设，将更多的住房置业需求外溢至西咸新区、远郊区县等卫星城市，拉大城市骨架。

三是调整新开发楼盘户型结构，增加中等面积户型供给。随着我省房地产开发市场的不断发展，产品品质不断提升，大面积的产品成为主流，中小面积的住宅产品比例不断缩小，刚改户型除了为改善型家庭提供了更大更好的居住条件，也提高了门槛，挤压了大部分普通家庭的选择机会，甚至让其掏空钱包也不够支付首付款。因此，在"11·30"新政限制刚需、改善家庭购房的情况下，供给端的房地产开发企业顺应时势，增加中小户型的供给，既满足了刚需，又缩短了去化周期。

四是加强组织领导，健全推进机制。深化"放管服"改革，持续打造市场化、法制化、国际化营商环境，激发市场主体活力，进一步优化企业开办服务，全力推进企业开办全程网上办理住房公积金缴存登记。

第二篇
国内外住房租赁制度分析及借鉴

一、发达国家租赁住房及相关政策

（一）纽约都市圈：市场为主的租赁住房供给体

作为世界上最成熟的住房租赁市场之一，美国的市场制度规范、企业实务等均走在了前列。据美国住房和城市开发部有关专家估计，美国住房自有率每降低1%，大概就有120万人进入租房市场，租赁需求超过30%。租赁住房在全部住宅存量中占比为31.2%，在全部在用住宅中占比为35.6%。而纽约作为美国的第一大城市以及第一大港口，拥有相对成熟的租赁住房市场机制和政策体系。从住房存量角度看，2016年纽约共有346.4万套住房，其中有42.65万套（约占12%）是公共住房或接受政府资助的私人住房，并有211.6万套住房为租赁所用，占比约为61%。纽约住房的房龄总体较老，在2016年的存量住房中只有35.6%是建造于1960年之后，更只有8%是建造于2000年之后，但2010年之后建造的住房有82%用于出租，远高于历史平均水平的65%以及2000—2009年的68%，说明近年来纽约新建住房越来越多是以投资性租赁为目标。

1. 供给主体

纽约租赁市场的房源供给渠道主要有3个：一是私人房地产开发商兴建了大量的市场化租赁住宅；二是美国住房和城市发展部（HUD）通过给开发商提供贷款和担保，与开发商共同合作兴建出租房；三是联邦政府兴建的保障性政府资助住宅。多种开发供给方式的推出不仅从总量上满足了市场需求，还从结构上迎合了不同的租户人群，无论是老年人还是年轻人，无论中产阶层还是低收入者，都能在租房市场上找到满意且负担得起的房子（图2-1-1）。

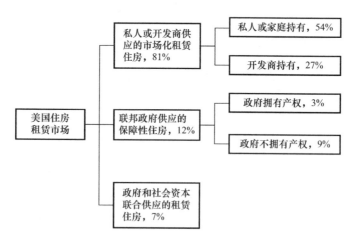

图 2-1-1 纽约住房租赁市场主要组成部分

2. 供给模式

纽约通过金融工具引导社会资本参与公共住房建设和管理，政府通过提供补贴或税收优惠吸引私人机构兴建低租金的公共租赁住房，发达的房地产投资信托金融工具保证了各类房地产租赁经营企业得以在资本市场上获得长期投资资金。美国租赁市场中，私人和房地产开发商提供的市场化出租房，约 3500 万套，占租赁市场的 81%；保障性的联邦政府资助住房（HUD—assisted housing），共约 500 万套，占租赁市场的 12%。其中，政府拥有产权的公共住房（public housing），约 135 万套，占比 3%。美国首个公共住房项目可追溯到 1937 年，该模式一直成功运作至 20 世纪 60 年代。随着房龄增加和通货膨胀，公共住房项目的运营费用和维修成本不断提高，导致该项目的财政预算不断缩减，1996 年以后，美国没有投资过一个新的公共住房项目。政府不拥有产权但通过租房券和住房补助等进行价格控制的保障性住房（subsidized/assisted housing），约 365 万套，占比 9%；政府与社会资本合作、享受税收抵免政策的租赁住房，约 300 万套，占租赁市场的 7%。

3. 政府与市场的关系

美国政府信奉自由市场，相信市场是最有效率且最公平的资源分配者，在住房租赁政策上坚持"市场优先"。其中以纽约为代表的主要通过市场化的手段解决住房问题，政府通过租房券等"补人头"方式放松对市场的直接干预。纽约政府干预租房及住房市场的角色与目标始终没有本质变化。纽约政府在租房市场上主张的"市场优先"并不意味完全的自由放任，也不等同于"重购轻租"，相反其租房政策在住房租赁市场发展历程中不断调整完善，追求更优化的"可负担住房"解决方案，追求如何最有效利用有限的资源。政府作为合作方，跟开发商合作兴建各类型出租住房，最典型的是美国住房和城市发展部（HUD）通过美国家庭投资合伙人计划（HOME investment partnership program）向以各形式兴建可支付住宅的私人开发商或社会非营利群体提供支持。其支持形式是以家庭基金（home funding）形式，向其合伙人提供直接贷款、贷款担保或直接向低收入群体提供租金补贴。

4. 租赁住房发展政策

转向承租人优位的相关政策。2019 年 6 月 14 日，纽约州长库默签署了代号为 S6458 的法案，《2019 年住房租金稳定和租户保护法案》（*Housing Stability and Tenant Protection Act of 2019*）生效。这份法案将永久生效，并在租金管制、租约细则、租客驱逐等各方面对原有法案做出调整，体现了对租户权益的保障。

在租金方面：取消住房在空置期间每年 20% 的租金涨幅；限制因住房条件改善而产生的租金上涨幅度，设立上涨年限。

在租约方面：增设租金上涨通知书条例：如果房东计划上涨租金超过 5% 或不打算续租，须向租客发出通知书；增设押金期限条例：规定房东只能收最多一个月的租金；增设租金迟交引起的罚款条例：新规规定房东必须在租户迟交租金 5 天后才能收取滞纳金，并且不能超过 50 美元或租金的 5%（以较低者为准）。

在驱逐方面：增加非法驱逐后房东所需承担的风险：在没有驱逐令或其他法院命令的情况下，房东通过更换住房门锁等方式驱逐或试图驱逐租户，是涉及非法驱逐的行为。延长驱逐令执行等待期：等待期从 6 天延长至 14 天，给租户留出更多时间向法院申请暂停驱逐。

通过减免税收鼓励房地产投资信托基金投资租赁经营。纽约的房地产投资信托制度发展较为成熟。纽约房地产投资信托基金的设立主要由美国《证券投资法》和有关的税法所决定。房地产投资信托基金除了要符合 1933 年的《证券投资法》和各州的相关法律外，其最主要的法律条件来自针对房地产投资信托基金的税法。由于房地产投资信托基金在税收方面享受优惠，因此相关税法演变是决定房地产投资信托基金结构、发展和演变的主要因素。美国 REITs 作为免税主体，必须在组织方式、投资内容、收益来源与收益分配等方面符合一系列严格规定。

可支付租赁住房政策。该政策以向低收入家庭提供租金补贴为核心。2008 年金融危机之后，一方面，美国政府感到在支持低收入群体购房方面承受了过多风险，于是通过增加购房首付和担保来减轻自身负担和风险（目前市场化购房首付 20%，但不需要更多的保险）；另一方面，目前纽约住房承租户中有近一半面临中等甚至严重支付困难，快速上涨的住房租金正在产生对低收入甚至中等收入承租户日益加强的排挤效应，由此产生一系列连带负效应。美国住房和城市发展部每年的预算是 500 亿美金，其中超过 50% 用于租金补贴。用于租金补贴的资金不仅在解决低收入群体的居住方面更有效率，而且还能撬动更多社会资金投入租赁住房供给。

（二）德国都市圈：政府为主的租赁住房供给体系

德国出租住房的比例高，在欧盟成员国中排名第一。根据德国施豪银行提供的数据，德国约有 4050 万套住房：其中产权人自住 1730 万套，占全部住房比例为 43%；私人出租住房 1500 万套，占 37%；各类法人机构出租住房 830 万套，占 20%。德国联邦统计局数据显示，各州出租住房比例虽有不同，但整体而言，德国出租住房比例常年维持在 50%～60%。柏林、慕尼黑等大城市，出租住房占比更高。以柏林为例，目前约有 190 万套住房，其中 160 万套为出租住房，出租住房占比高达 85%（图 2-1-2）。

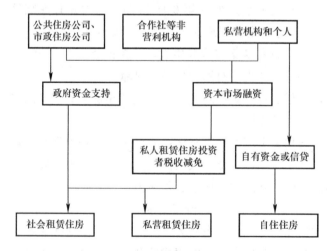

图 2-1-2　德国的住房供应体系

1. 供给主体

德国租赁市场的供应者主要包括小规模私人房东（private small landlords）、私营住房公司（private commercial owners）、公共住房公司（public housing companies）、市政

住房公司（communal housing companies）、住房合作社（housing cooperatives）、教会（churches）等。其中，小规模私人房东是租赁市场最主要的供应者，所提供的房屋占比约为61％。私营住房公司是一些市场化的机构投资者，包括金融机构、保险公司、基金公司等，在德国住房租赁市场所提供的房屋中占比为18.48％。公共住房公司和市政住房公司都具有"公共性"，在住房租赁经营活动中有地域限制，但是它们与私营住房公司遵从相同的税收规定和租金法规，两者合计提供11％左右的租赁住房。住房合作社持有超过200万套的租赁住房，教会等其他机构持有16万套租赁住房。

2. 供给模式

为了保障中低收入群体的住房问题，德国形成了出租房屋多元供给模式：一是政府对开发商投资建设出租的房屋，给予政府补贴或无息（低息）贷款。二是在欧洲具有悠久历史的住房合作社供应住房。住房合作社的住房是由社员共同持有，以低于市场价的租金，低价租给社员使用的房屋。1920年由铁路工人自发成立了首家住房合作社，后发展成为基于共同爱好组织成立的住房合作社[①]。以慕尼黑为例，约有50个住房合作社，住房合作社建设的出租房屋占全部租赁房源的8％，个人缴纳一定数额的会费后即可加入合作社。住房合作社获得建房土地后，与成员协商建造住房，参与合作建房的成员缴纳一定数额的建房费用，建房费用不足部分可向政府申请低息甚至无息贷款。住房建成后，会员缴纳一定的租金即可长期居住。当合作社会员退出时，会员费、集资款及利息会全额退还。三是在建设出租性住房方面，国有住房租赁企业起到了主导和压舱石的作用，相比其他行业，德国房地产国有企业占比是最高的。德国出租房屋总量中，国有市政公司房源占10％，住房合作社占9％。

3. 政府与市场的关系

德国政府认为，政府对于市场的干预是必需的，而且也是市场所需要的，但是这种干预必须与市场原则相一致的。第二次世界大战结束后，联邦德国建立了一种"社会市场经济体制"。这种体制及其理论的主要理念是：经济发展是社会发展的一部分，经济发展最终要为社会发展服务；市场机制是唯一的调控机制，供给和需求决定市场价格；政府致力于完善市场机制，而不是干扰市场机制，政府退回到游戏规则的制定方，通过立法、税收、贷款等政策手段支持公租房供给，并对其进行严格的管理和监督，而不是直接参与建设，这有利于理清主体、分离权责；对于经济社会发展中的弱势群体，政府需要提供帮助，但同时要激励他们尽快通过自身努力走出贫困，此外，当旧的住房回归正常属性后，又有新的受补贴住房补充社会住房，有利于建立起长效机制。

4. 住房租赁政策

德国非常重视住房领域的相关立法，出台了多项专门法律法规，对居民的居住权、住宅维护职责、住宅财税金融政策和房屋租赁、住房补贴等进行详细规定，法律的权威性很好地保证了住房政策的执行。在此主要介绍德国的社会住房制度、房租补贴制度、租约保护政策、房屋租赁市场管理四项政策。

社会住房制度。德国社会住房政策的核心是为在市场上难以获得住房的家庭，提供能

---

① ［德］约翰·艾克豪夫著. 德国住房政策［M］. 北京：中国建筑工业出版社，2012.

够租得起的住房。建设方式主要有两种：一是政府运用住房建设基金直接主导建设，主要出现在"二战"后住房极度短缺时期，现在已很少采用；二是由房屋投资商、私人或住房合作社等社会力量组织建设，政府采取财政拨款、低息贷款、减免税收等方式予以支持，这是德国社会住房建设的主要形式。近几年德国社会住房虽仍在继续建设，但受住房私有化和减轻政府财政负担的思路影响，社会住房数量已在逐步减少。德国现有社会住房717.2万套，约占存量住房的18.54%，政府、房产公司和住房合作社是社会住房建设和运营的主要力量。社会力量建设的社会住房，投资方拥有住房产权，但在与政府事先商定的限定期（12～40年不等，获得政府资助越多，限定期越长）内，需按与政府约定的社会住房租金标准出租。限定期期满后，投资方可按市场价格自由出租或出售。

房租补贴制度。房租补贴是德国针对低收入居民提供住房保障的主要方式。德国《住房补贴法》规定：居民可支付租金一般按家庭收入的25%确定，低收入居民实际交纳租金与可支付租金的差额，可向地区政府申请房租补贴。房租补贴标准综合考虑家庭规模、租金费用、住房水平（面积、地段、配套等）、家庭收入状况等因素。补贴资金由联邦政府和州政府共同负担。目前，德国约11%的家庭申领了房租补贴，每年支付房租补贴约155亿欧元。地区政府负责房租补贴资格审核，只审核申请人的收入，不审核资产。

租约保护政策。①维护租约的稳定性。德国《住房租赁法》规定，对外出租的房屋，除了自己或者直系亲属要住、租户长久不付房租、租户破坏住宅或严重扰乱四邻的情形，房主可通过举证，经政府同意后解除租约。②租赁合同一般为无限期合同。如果租房合同的任意一方想要终止合同，须提前3个月通知对方；租期超过5年的，须提前半年通知对方；超过8年需提前9个月；租期达到10年，则需要提前1年通知租客。此外房屋改造也需要提出申请，不得以住房改造提高租金。

房屋租赁市场管理。德国住房租赁市场非常发达，社会住房与私人房屋形成统一的租赁市场。政府制定法律全面规范房屋租赁行为，核心侧重于对承租人的保护。德国法律规定出租房屋租金3年内涨幅不得超过20%，住房供给严峻的特殊区域不得超过15%。出租人将房价定得过高将面临高额罚款和长期监禁处罚，若租金超过房租指导价的50%，可认定房东赚取暴利，最高可判刑入狱3年。但租金指数并非盲目地限制一方的利益。租金指数的确立是出租人和承租人协商的结果。房租管制保证了租金水平稳定低廉，但不利于出租市场发展和住房建设（改造）维修。随着住房供求关系的变化部分城市也开始有条件地逐步取消租金管制制度。

（三）东京都市圈：多主体供给、专业化运营

日本的住房租赁市场发展至今，已经十分成熟，其发展的相关制度也值得我们借鉴，其首都东京，在住房租赁体系的发展与完善过程中积累了较为丰富的经验，并取得了一定的成就。接下来就日本东京住房租赁体系发展为例。

从住宅总量推移的角度看，东京的住房总量在1968年即超过了家庭总户数，截至2018年末，东京的住房总量约766.7万套，套户比约为1.13。1968年以来，东京的住房总量长期处于供大于求的状态，这也导致了许多房屋的空置。东京政府出台了一系列政策

以盘活存量住房，减少空置率，其中包括完善租赁市场的发展。

1. 供给主体

日本住房租赁市场供给主体总的来说可以归为三类：一是私人提供的租赁住房；二是由政府提供的保障性住房；三是日本政府鼓励企业为职工提供低房租的公司宿舍和单身宿舍；四是由机构提供的租赁住房。其中主导的是机构提供的租赁住房。

2. 供给模式

东京的租赁住房市场主要由三部分构成：第一，由私人或机构提供的市场化租赁住宅，约243.2万户居民，占整个租赁市场的比例约为78.5%。第二，由政府提供的保障性租赁住房，约50万户居民，占市场比例约为16.1%，其中，由东京都供应的公营住宅住户为26.8万户，占市场比例约为8.6%，由都市再生机构供应的公社住宅住户为23.2万户，占比约为7.5%。第三，给予住宅，该模式下政府给予房租补贴、住宅融资以及利息补助等，约16.8万户居民，占比约为5.4%。可见其住宅租赁市场是以机构为主导的市场。

3. 政府与市场的关系

日本租赁住房的类型多种多样，但总的来看，以市场为主，政府为辅；以租金补贴为主，提供低租金住房为辅；居民出租为主，机构出租为辅。在日本，政府提供的公共租赁住房占比不超过10%。政府在租赁市场运行中主要起制定租赁相关政策、法律法规，规范市场秩序和提供租金补贴的作用。政府在引导租赁市场发展中也起到了重要的作用。如日本政府在各地方政府设有住宅公社，主要负责辖区内公共住房的租赁、出售等运营管理。东京住房租赁市场在政府放松管制下，公共租赁住房与市场租赁住房并行发展，承担社会责任的企业和机构推进面向中低收入群体的租房保障。东京还在区市町村设有居住支援协会，加强政府与非营利组织和团体的协作，以此借助社会机构的技术支持与咨询支持更好地匹配租住需求信息。

4. 住房租赁政策

设立专门的管理机构对租赁市场进行管理。2004年，日本依据《独立行政法人都市再生机构法》，将原有的都市开发公团与日本区域开发公团合并重组为都市再生机构（简称UR）。该机构主要聚焦于城市区域的住房问题，主要管理和运营租赁住宅，为城市的中低收入人群提供资助。值得一提的是，都市再生机构在日本租赁市场的发展过程中，起到了不可磨灭的作用。当前，都市再生机构不再进行新建开发，主要侧重于促进城市更新与现有租赁住宅的运营，其不仅注重租赁住宅的供给数量，更注重提高质量。租赁住宅管理的重点区域主要在都市圈与市区。

鼓励多主体供应租赁住宅的政策。在租赁住宅供应的金融支持方面。东京对于租赁住宅供应的金融支持主要由日本政府主导下的住宅金融支援机构提供的租赁型政策贷款与社会金融机构的多元化金融产品提供的租赁住宅发展资金组成。租赁型政策贷款的特点是贷款利息低，贷款额度大，可以满足新建租赁住宅与改建租赁住宅的融资需求。除针对租赁住宅的贷款支持外，日本还鼓励金融机构开发针对租赁住宅的金融产品，如日本住宅金融机构发行的针对住宅的抵押贷款支持证券（MBS）以及导入租赁住宅的REITs等。在补贴与税收优惠方面，政府出台了针对开发商、运营机构与私人出租房主的较为多样的补贴与税收政策，以此提高私人与企业供应租赁住宅的积极性。同时东京通过放松土地和规划管控，以及建造租赁住宅等方面的税收优惠，鼓励个人地主参与租赁市场，大大促进了租赁住宅的供给量，较好地解决了租赁住房供应不足的问题，目前已开始从"量"到"质"的提升。

政府供应保障性租赁住宅的策略。东京政府供应的租赁住宅范围非常广泛，保障体系覆盖人群，既包括低收入和中低收入者（廉租住宅），也包括中高收入者（改善性租赁住房：公社住宅与都市再生机构住宅）。还专门对青年育儿家庭与老龄家庭提供适应性住房设计与优先供应租赁住宅的便利，从而满足不同层次人群的多元化住房需求。

二、国内先进城市租赁住房及相关政策

（一）首都都市圈：利用集体土地建设提升供给能力

北京作为一线城市之首，常住人口超过 2154 万，其中租住人口超过 700 万，占常住人口的 1/3。随着北京房价的高企和限购政策的持续，越来越多的家庭和外来人口选择以租房满足居住需求。据调查显示，2019 年北京共建设筹集政策性租赁住房 50186 套（间），建设筹集政策性产权房 66763 套，竣工各类政策性住房 80262 套，全年公租房新增分配量 1.45 万套。特别是，全市低保低收入家庭保障率由 2018 年底的 74.5％上升到 96.1％，基本实现"应保尽保"。

1. 供给主体

从目前北京市租赁住房市场的供应情况来看，主要分为保障性租赁住房和市场性租赁住房：保障性租赁住房供应 60240 套，市场性租赁住房 1 年成交 244268 套。北京市正进行集体用地建设公共租赁住房试点工作，这将成为北京市未来租赁住房的重要供给。自持用地租赁住房也是住房租赁市场的重要组成部分。同时北京市正在推动租赁型职工集体宿舍的发展，充分体现了"多主体供给，多渠道保障"。

2. 供给模式

从供应模式上看，绝大多数是散户业主通过中介机构出租房源，据估算占比在 60％以上，若算上城中村个人房源出租，比例更高。政府主导的公租房供应在逐年增加，但占比不高。近年来兴起的长租公寓市场发展迅猛，涌现了一批如万科泊寓、龙湖冠寓、旭辉领寓等品牌租赁机构；另外一部分机构（如自如友家、蛋壳等）则是以收租散户房源进行简单改造为主，其性质与普通中介机构出租房源差别不大。

3. 租赁制度

开展集体土地建设租赁住房试点工作。早在 2011 年北京就作为试点城市在集体土地建设租赁住房方面进行了模式探索。2017 年 11 月，北京市印发《关于进一步加强利用集体土地建设租赁住房工作的有关意见》，对集体土地建设租赁住房提出四项基本原则，即符合规划原则、市场对接原则、只租不售原则、维护农民权益原则。对集体土地建设租赁住房的配套、运营、对接等做了明确规定。2018 年 12 月又出台了《关于我市利用集体土

地建设租赁住房相关政策的补充意见》，对集体土地建租赁住房的利益分配、选址要求等方面做了更明确地规定。截至 2019 年 9 月 24 日，北京已经确定了 68 个集体土地租赁住房试点项目，已开工 21 个。

加大政策性租赁住房的供应力度。根据历年的北京市住房和城乡建设发展白皮书统计，2018 年全年新开工各类保障房 5.45 万套，其中公租房 1.1 万套。2017 年供地的 39 个集体土地租赁住房建设地块在 2018 年已开工 12 个、可供房源近 1.2 万套；闲置商场、写字楼、酒店等转化、改建租赁住房项目 15 个，面积约 18 万 m²。截至 2019 年 9 月，全市供应自持租赁住房的项目 30 个，已开工项目 26 个，可以提供房源约 1.3 万套；共确定 68 个集体土地租赁住房试点项目，现在已开工 21 个，可以提供房源约 2.7 万套；商业办公转化、改建租赁住房项目共确定 19 个，约可提供房源 5400 多套。总计可提供租赁房源约 4.5 万套。

加强公租房的管理。北京市于 2018 年 11 月出台了《关于进一步加强公共租赁住房转租转借行为监督管理工作的通知》。在住房和城乡建设部 11 号令《公共租赁住房管理办法》规定基础上，增加了更为严厉的处罚条款。要求各区住房保障部门，将违规家庭的信息记入不良信息档案，自取消资格决定做出之日起，5 年内不允许该家庭再次申请公共租赁住房（含市场租房补贴）及共有产权住房。在公租房小区全面推广"人脸识别"系统，一方面更好地保障公租房依法合规使用，另一方面为住户安全提供保障。

整顿市场秩序，加强市场监管。加大对房地产中介机构、住房租赁企业和信息发布平台等市场主体的监管力度，规范租赁服务行为，完善服务标准，提升服务水平。近年来北京市针对住房租赁市场组织了多次大规模的集中整治行动，严厉打击房屋租赁方面的违法违规，包括群众反映强烈的中介随意违反合同约定、发布虚假房源信息、打隔断出租、随意收取费用等问题。2019 年 7 月，北京市发布了新版《北京市住房租赁合同》示范文本，对当事人的租赁交易行为进行规范。2019 年 10 月发布《关于规范互联网发布本市住房租赁信息的通知》，对互联网发布房源信息进行了进一步规范。不断完善住房租赁监管平台，2018 年底租赁备案量突破 100 万条，为租赁市场监测监管提供了重要支撑。

多主体、多渠道增加租赁住房供应，满足多层次租住需求。一方面，政府通过不断增加公共租赁住房的有效供应调节市场供需矛盾；另一方面，鼓励住房租赁企业开展规模化经营，促进长期租赁市场稳健成长。在土地供应上，除去已经确定的集体土地建设租赁住房地块，北京 2016 年至 2017 年推出了大量全自持或部分自持地块。据统计仅 2017 年 1—8 月份就推出了 19 宗企业部分自持或全自持地块，自持面积达到 127.5 万 m²。为了多渠道解决城市运行和服务保障行业务工人员住宿问题，2018 年 6 月，北京市出台《关于发展租赁型职工集体宿舍的意见（试行）》，通过改建闲置的厂房、写字楼、酒店、厂房等，为这些人群提供租赁住房。

加强租金管控。在租金方面，租赁当事人应当根据出租住房所在区域市场租金水平合理约定租金，合同期内房东不得单方面提高租金。同时市住房城乡建设部门应当建立住房租金发布制度，及时发布住房租赁市场实际成交租金水平等信息。住房城乡建设部门未来将发布的这个租金"参考价"并不是强制要求房东和租户照此出租，而是起到参考作用。

房东和租户可以根据这个价格水平，约定具体的租金情况。

保障承租人权益。《关于加快发展和规范管理本市住房租赁市场的通知》明确规定了对外出租房源的条件。除了结构、消防等方面的安全要求外，出租住房还要满足基本使用功能：以原规划设计为居住空间的房间为最小出租单位，不得改变房屋内部布局分割出租；厨房、卫生间、阳台、储藏室等不宜居住的空间不得出租用于居住；人均居住面积不得低于本市规定的标准。

（二）上海都市圈："政府—市场"协同供给

2017 年上海常住人口为 2400 万，流动人口超过 900 万，占总人口数的 39%。在国家政策红利的春风下，众多房企纷纷试水租赁市场。为促进租赁市场的规范化发展，缓解住房市场压力，政府不断出台租购并举、租售同权等政策，促进了大中小租赁机构的兴起。

1. 供给主体

上海租赁市场的住房供应总的来说可以分为以下几大类：一是个人和中介机构提供的传统租赁住房；二是政府提供的公租房；三是房地产公司提供的自持租赁住房；四是中介机构提供的托管租赁住房；五是各公寓品牌公司提供的改造租赁住房。

2. 供给模式

传统的租赁住房主要是由个人零散供应，或委托中介机构出租；政府提供的公租房则一般以单位进行整体租赁，上海目前的公租房申请主要面向上海市的央企、高校、科研院所等相关企事业单位，以单位名义进行整体租赁，再分配给符合公共租赁住房准入条件的职工；房地产公司提供的自持租赁住房主要利用房地产公司拍下的土地进行开发建设与运营，属重资产运营，主要以中低端租赁住房为主，含少量中高端租赁住房；中介机构提供的托管租赁住房为中介机构通过与房东签订长租合同获得经营权，并进行快速模式化改造，简单装修并配备基本家具家电，通常将不同的卧室分开租赁以获得最大的利润；改造类住房主要通过购买或长期租赁老旧的住宅或商业办公类楼宇，通过整单元或整栋建筑的改造进行集中式的运营。这些运营机构的要来源有以下几类：酒店式公寓转型，房地产代理业务转型，国有企业利用原有建筑进行固定资产盘活，个人通过向房东长租或购买，负责独立单元的升级改造后出租。与中介机构托管的租赁住房不同，专业机构改造的租赁住房通常以集中式运营为主。其主要的目标群体为年轻人、白领等。

3. 租赁制度

上海市人民政府于 2017 年 7 月发布的《上海市住房发展"十三五"规划》明确了要促进租购并举住房市场健康发展，大力发展住房租赁市场，完善购租并举的住房体系，强化住房市场监管，建立健全房地产市场发展长效机制，促进住房市场平稳健康发展。到 2020 年，上海市新增供应租赁住房约 70 万套。

上海市的租赁政策主要有：

充分保障租赁当事人合法权益。上海市常住居民租房居住的，可以通过办理居住证、申请居住积分制度、办理人户分离登记，享有基本公共服务。同时，该市将通过依法保护承租人稳定居住权、落实税收优惠、提高住房公积金使用效率、完善引进人才租房补贴政策、提升租赁住房生活配套功能等多种措施，着力构建超大城市租赁宜居生活。

建立住房租赁平台。上海市线上按照开放、共享的原则，建立全市统一的住房租赁公共服务平台，线下建立市、区两级住房租赁服务中心，实现住房租赁服务监管线上线下相同步。同时，强化住房租赁市场分析研判，加强住房租金监测。

加大租赁住房供应。上海市通过新增用地建设、商办房屋按规定改建、引导产业园区建设、稳妥有序开展集体建设用地建设租赁住房试点等多种途径，增加租赁住房供应，改善住房供应结构，为实现租有所居的目标提供实物保障。

大力培育租赁市场供应主体。上海市坚持以企业为主体，坚持市场化运作，充分发挥房地产开发企业、经纪机构、代理经租机构、物业服务企业等各类企业在住房租赁市场中的主体作用，并注重发挥国资国企对住房租赁市场的稳定器、压舱石作用。

加强住房租赁监管。通过建立健全企业主体备案、诚信建设、分类管理等一系列制度，持续开展违法违规租赁行为整治，建立住房租赁管理长效机制，为租赁当事人提供法律援助等措施，进一步规范住房租赁秩序。如2019年12月2日，上海市房管局、市住建委、市民政局、市公安局联合印发《上海市住房租赁合同网签备案操作规定》，将自2019年12月25日起施行。

加大信贷支持力度。上海市对长租型重资产企业租赁住房建设最高的租赁信贷达到30年，长期低息，助力缓解企业长期重资产的压力；政府也搭桥和很多企业采取战略合作模式，缓解资金压力问题。

（三）深圳都市圈：借鉴"新加坡"模式

租赁市场规模堪称全国最大的深圳，从2017年至今持续推出一系列大力发展住房租赁市场的举措。从进一步推出城中村规模化租赁改造的相关政策，调整土地出让模式到以政府为首运行住房租赁交易服务平台，再到银行涉足租赁领域，深圳的租赁市场正在迎来一场历史性大变局。而其中的很多政策经验也是值得陕西省借鉴的。

1. 供给主体

深圳市的租赁住房供给主体主要包括以下几类：房地产开发企业，住房租赁经营机构，市、区政府、人才住房专营机构，社区股份合作公司和原村民，符合规定的自有用地或自有用房的企事业单位，各类金融机构。

2. 供给模式

深圳市住房建设筹集渠道包括：新供用地建设、"招拍挂"商品房用地配建、城市更新配建、产业园区配套宿舍、棚户区改造、公共设施综合开发、企业自有用地建设、社会存量住房租购等。其中，据初步统计，深圳共有各类出租住房（公寓、宿舍）约783万套（间），面积约3.48亿 m²，约占住房存量套数的73.5%，租赁住房供应量大，能基本满足各类无房群体的租赁需求。在租赁房源几大类中，城中村租赁住房占全市租赁住房的62.6%，工业配套宿舍占20.4%，二者是住房租赁市场的主体。政府鼓励原农村集体经济组织及继受单位成立住房租赁企业或委托专业化的住房租赁企业，将符合安全、质量、消防、卫生等条件的住房统一出租、规范管理，并委托物业服务企业提供服务；其次，试点新增用地建设租赁住房，2017 年，深圳市一次性推出了 4 宗自持租赁住房用地；同时政府推进"商改租计划"，鼓励商业用房改建为租赁住房，这能在一定程度上缓解住房压力。

3. 政府与市场的关系

目前深圳住房租赁市场以市场为主，政府的角色由直接建设者和供给者角色逐步向住房租赁体系建设的引导者转变，主要起引导、规范租赁市场发展的作用。在该模式下，市场为主满足多层次需求，有负担能力的群体通过市场机制解决住房问题。同时也注意通过顶层设计，强调政府的主体责任，以政府为主提供基本保障，通过建立有效的激励机制，吸引社会主体参与租赁住房供给，从供给主体、拓展供应渠道、用地供应、住房规划、制度创新等方面加大租赁住房的保障力度。

4. 租赁制度

培育机构化规模化住房租赁企业。深圳市住房租赁市场发挥国有住房租赁平台的示范引领作用。目前已成立市房屋租赁公司等 5 家国有住房租赁企业，10 余家国有企业也成立了专门的租赁平台或事业部，开展规模化租赁业务。目前，国有住房租赁平台公司已收储运营房源近 50000 套。

引导各类市场主体、产业园区、原农村集体经济组织继受单位拓展住房租赁业务。市房地产业协会、房地产中介协会、物业管理协会通过多种形式的政策宣传、行业交流、专题服务等，积极引导企业参与租赁市场业务；各区（新区）积极开展政策宣讲、摸底调研，组织原农村集体经济组织继受单位开展城中村规模化租赁试点工作。

建设全市统一的住房租赁交易服务平台。为了更好地盘活存量、优化服务、加强监管，规范和培育发展住房租赁市场，深圳市住建局牵头搭建了深圳市住房租赁交易服务平台，腾讯通过云计算、人工智能、大数据、征信、支付等核心技术能力的创新运用，携手58 集团等生态合作伙伴，以"互联网＋租赁服务＋公共服务"为定位，提供"一站式"的租赁信息服务。通过"深圳智慧租房"微信公众号向市民提供房源浏览、查询和发布。以构建真实、透明、便捷、安全的住房租赁交易服务监管平台，目前该服务监管平台正在持续扩容运营中。

引导金融机构积极支持租赁市场发展。随着租赁支持政策的实施，银企合作成为租赁市场发展的亮点。以中国建设银行为代表的金融机构联合房地产企业和实体经济企业，提供与长租期限相匹配的长期公司贷款，提供"安居贷"产品，打通了住房租赁供需通道，有力推动了开发商转型和居民住房消费模式转变。

积极促进租赁房源供给。首先，深圳市着力推进城中村等存量房屋开展规模化租赁，如福田水围柠盟人才公寓项目，龙岗区与万科集团采取市场化运营和人才公寓相结合模式等。其次，试点新增用地建设住房租赁。

（四）杭州都市圈："蓝领公寓"等精准供给

1. 供给主体

杭州市响应政府号召，加快培育多元供应主体。确定了 21 家国有企业为住房租赁试点企业，43 家专业化住房租赁企业为首批试点培育企业。同时，通过多种渠道增加租赁住房供应，包括推出人才专项用地、蓝领公寓和重启公共租赁住房配建等。以房地产企业为代表的市场租赁房将供应 147 万 m²，国有企业牵头的人才租赁房总建筑面积预计将达到 72 万 m²，政府为主体的公共租赁房 76 万 m²，合计 295 万 m²，按照套均 40m² 折算，将提供 7.4 万套房源。

2. 供给模式

杭州市租赁市场的供给模式为混合型，努力在保障供给的前提下，提升服务质量，形成一个良好的租赁服务关系。一是发挥国有企业引领示范作用。加大国有企业拓展住房租赁业务的投入力度，采取新建租赁住房、收储社会闲置存量住房、改建闲置商办用房、运营开发企业配建等途径增加市场供给。二是发挥企业租赁主体作用。提升住房租赁企业规范化、规模化、集约化、专业化运作，营造依法经营、诚实守信、公平交易的环境氛围。三是规范住房租赁中介机构运营。重点提供规范专业的居间服务。

3. 租赁制度

高效推进资金支持，及时响应主体诉求。增加主体供应是租赁市场发展的重要方面。首先，杭州政府积极鼓励国有企业发展规模化租赁。目前全杭州已有 21 家国有企业参与到租赁住房的建设与保障当中，其中市级两家（钱投集团、城投集团），区级 19 家。国有企业发展规模化租赁以满足基本保障为目标。而对原有的房地产开发企业、中介企业及物业服务企业，杭州市住保房管局则鼓励其进入租赁市场，其中包括 1 亿元专项基金资金扶持专业化住房租赁企业发展计划。目前，杭州市政府决定，允许在人均租住使用面积不得低于 4m² 的前提下，按规定将符合条件的客厅（起居室）改造成一间房间单独出租，且规定过道、地下室等不得提供给出租人员居住。对租赁企业来说，相当于多了一个房间，这套房子的价值增加了，而对租客而言，也分摊了租房的成本。最后，杭州积极鼓励个人房源进入租赁市场。个人出租房屋实行免费登记备案制度，备案后增值税的征收率从 5% 减至 1.5%。

复合发挥平台作用，助力基层管理服务。目前，杭州市已经搭建了一个统一的"互联网＋租赁"监管服务平台，平台房源已覆盖大部分长租公寓、租赁企业及开展租赁服务的中介机构，且实现了大部分租赁合同网上签约备案。对群众及房产租赁企业而言，由于该平台的房源须经住保房管局审查，保证了信息的真实有效，规避了某些企业自建网站存在的"虚假房源"等情况，且功能较为完善。同时，平台有助于推进住房租赁经营主体、出租人、承租人之间的信息共享，提供网上"一站式"服务。杭州依靠独有的互联网经济实力，与本土企业阿里巴巴一起合作，引入了芝麻信用、人脸识别等先进技术，集服务与监管于一体开展一站式平台服务。目前，杭州市住房租赁监管平台已与行业协会、链家、我爱我家等房屋租赁平台同步上线。在落实推进方面，目前大部分房屋租赁企业均已将数据服务等接入政府平台。

创设人才蓝领公寓，增加中下层次供给。杭州市根据实际情况，在推进租赁住房多层供给方面同时推进人才公寓与蓝领公寓，保证了城市不同人群的住房需求。目前，杭州市已安排了 9 宗人才公寓项目，预计未来 4 年完成 5 万套人才公寓建设。在统筹人才公寓的同时，杭州市也提出了蓝领公寓的概念，利用"蓝领公寓"实现对整个市场中下层人员的覆盖。一个城市的发展，除了人才，保安、保洁工人这样的蓝领阶层也必不可少，而这一群体恰好又是非杭州户口，申请不了公租房和廉租房，且收入较低。为解决蓝领阶层住房问题，杭州市住保房管局推出了专为蓝领阶级打造的"蓝领公寓"。但目前，由于供给能力有限，目前的蓝领公寓只面向保安、保洁等特殊行业人员，未来会循序向其他行业拓展。全杭目前共有 38 个蓝领公寓项目，预计提供房源 15000 个，未来 3 年预计完成 4 万套蓝领公寓建设。

加强相关制度建设，规范市场租赁管理。杭州也推出了全市统一的住房租赁合同。通过全市统一的住房租赁合同，杭州市希望实现住房的规范统一，明确租赁双方的权利义务，发生纠纷时可按合同解决。此外，杭州市还推进了实物配租与货币补贴并举。在租客等不及实物配租轮候时，可以申请货币补贴。为加大住房公积金对租赁住房的支持力度，杭州市扩大了其住房货币补贴的保障范围，新纳入了杭州经济社会发展所需的专业技术人员，并将新就业大学生和青年医生、青年教师等收入其中。杭州市目前已正式进入居住证积分管理模式，实行了"租购同分"。落户方面，发展改革委和公安部门会根据人口发展况进行排名和统筹，保障符合条件的随迁子女在杭州市入学。通过规划，并根据积分落户的总量指标和申请人数，综合划定该一轮落户的分数线；教育方面，教育部门在随迁子女入学工作中，也将推行积分入学，根据积分情况减轻租赁过程中产生纠纷的可能性、实物配租与货币补贴并举、扩大货币补贴保障范围、提升公积金提取额度、租购同分等办法，杭州市在转变公众住房消费观念、鼓励住房租赁消费等方面取得一定成效。

创新金融多方合作，减轻行业资金压力。租赁市场长租公寓前期投入大，而回报周期十分漫长，提升对房地产租赁企业的金融支持对提升房地产租赁市场活力具有重要意义。在《关于印发杭州市加快培育和发展住房租赁市场试点工作方案的通知》中，杭州市提出"金融管理部门要积极支持符合条件的住房租赁企业发行债券、不动产证券化产品；支持住房租赁企业开展房地产投资信托基金（REITs）试点等方式以吸引社会化投资、多渠道筹集资金，减轻企业资金压力"。在杭州市的具体实践中，出现了比较新颖的金融合作模式。如杭州市著名的房产租赁企业爱上租及中国建设银行就成立了一家合资公司，通过合资公司的方式，在无需企业提供担保的情况下，减轻爱上租方面的金融压力。但同时，当公司与房产业主签约时，全部由这家合资子公司签约，以此来实现金融投入资金的闭环与安全，保证了资金安全，实现了金融与房产租赁的有机结合。

三、国内外各大都市住房租赁制度经验借鉴

（一）针对供给端

（1）加快完善多主体供应体系的建设，进一步完善以市场租赁为主、政府保障为辅的租赁体系。强化政策设计对住房租赁市场的引导，鼓励和引导社会资本与机构进入住房租赁市场，减少政府直接投资。陕西省住房租赁市场之所以活跃程度有限，主要是因为租赁住房成本租金大于市场租金，企业难以盈利，就不愿意投资。因此，可以借鉴东京政府，通过金融税收政策设计支持住房租赁市场发展。但同时也应该强化政府在租赁市场中的责

任主体定位。当然强化政府的主体责任，在市场机制无法充分发挥供应与配置租赁住房资源作用的情况下，由政府在租赁住房领域履行其社会和公共职能，保障公民基本的居住权利。在住有所居的基础上，逐步向住有宜居发展。

（2）加大租赁住房供应力度。一方面要盘活存量，通过房源转化和改造，有效增加住房供应；另一方面要规范公租房与廉租房的运营管理，高效利用现有存量，完善公租房与廉租房的申请和退出机制。同时结合陕西省地方实际，在商品房住宅项目用地中配建政策性租赁住房，提高政策性租赁住房的数量。同时在产业园区、科创园区、交通枢纽区等租房需求集中、生产生活便利的区域，配建一定数量的政策性租赁住房。

（3）加大税收金融政策支持力度。对落实配建租赁住房指标的开发企业、住房租赁企业、出租房屋的个人，给予税收优惠政策支持；同时在风险可控的前提下，对部分规模较大的品牌住房租赁企业给予金融支持，以培育发展优势企业；并结合陕西省实际的情况和市场状况，积极开展 REITs 等金融创新业务试点，从而为住房租赁市场提供金融服务方面的保障，尝试从金融支持角度做好产品和服务创新。

（4）加大住房租赁企业扶持力度。培育支持一批国有企业开展住房租赁业务，以充分发挥国有企业在发展住房租赁市场的"压舱石"作用。同时积极鼓励支持已经发展起来的民营住房租赁企业，推动其向规模化、专业化发展；加强对住房租赁中介机构的监管，督促其依法规范经营，并通过优惠政策鼓励个人出租住房。

（5）积极推广住房租赁运营新模式。如深圳市大力推进"柠盟人才公寓""招商公寓""万科泊寓""安居泊寓""建信泊寓"等"政企合作""村企合作""银企合作""国有民营合作"等租赁运营模式，陕西省可以借鉴该发展模式，结合实际积极推广住房租赁运营的新模式，加快落实国家支持住房租赁市场发展，坚持"房子是用来住的，不是用来炒的"定位。加快建立租购并举的住房消费模式。

（二）针对需求端

（1）倡导住房梯度消费的理念。国民收入有一定的收入差距，因此应倡导梯度消费理念，特别是在确保中低端住宅供给方面予以发力，充分利用城市旧房和正规小产权房、放慢城市旧房拆迁速度、对过剩的住房推广租售并举等渠道，从而盘活错配和闲置的房源。

（2）倡导租购同权。住房"租购同权"是国家治理现代化从客观指导思想到实际操作层面的具体实践。政策性租赁住房应大力推行"租购同权"政策，即使租房的新市民群体在基本公共服务方面与买房居民享有同等待遇。推进"租购同权"，发展住房租赁市场，不仅能提高广大新市民群体租住政策性租赁住房的积极性，同时是贯彻落实"租购并举""房子是用来住的、不是用来炒的"重要举措，也是实现城市公共服务均等化的重要举措。

（三）针对发展环境

（1）完善相关法律体系。租赁管理系列政策、法规对规范住房租赁市场，保障国民居住权益发挥了巨大作用，这些政策的有效执行使得住房租赁市场真正成为广大居民在购房之外的一种住房选择。充分借鉴美国、德国等地的立法经验，弥补租赁市场的法律空缺，着重保护承租人的利益，让各项措施有法可依。还可以考虑在税收减免方面做文章，变竭泽而渔为从长计议，切实减轻参与主体的负担，激活住房租赁市场。

（2）搭建监管服务平台。为实现住房保障对象管理与租赁住房属地管理的无缝衔接，政府可以推出租赁住房动态备案系统，建立房管部门与租房管理单位之间的业务信息通道，各租房管理单位实时录入房源、人员及配租等信息，各区（县）和市房管部门可实时掌握数据信息。搭建旅馆式管理平台，将流动人口管理、出租房屋管理和租后管理整合在一起，以形成网络化基层治理机制。

第三篇
陕西省房地产租赁市场的专题研究

一、陕西省住房租赁市场政策体系及发展背景概述

（一）住房租赁市场政策体系

1. 中央层面住房租赁市场发展政策

我国步入深化改革的新时代，调整了过去的住房制度改革思路，坚持"房住不炒"的定位，建立多主体供应、多渠道保障、租购并举的住房供应体系。中央层面积极推动，地方政府大力支持，"十三五"以来，中央高度重视住房租赁市场的发展和完善，中央经济工作会议中多次指导住房租赁市场健康发展，出台了多项政策。具体如表 3-1-1 所示。

中央各部委鼓励住房租赁企业发展的相关政策 表 3-1-1

发布时间	发布部门	文件名称
2016 年 6 月	国务院	《关于加快培育和发展住房租赁市场的若干意见》
2017 年 4 月	住房城乡建设部	《关于加强近期住房用地供应管理和调控有关工作的通知》
2017 年 5 月	住房城乡建设部	《住房租赁市场和销售市场管理条例（征求意见稿）》
2017 年 7 月	住房城乡建设部等九部委	《关于在人口净流入的大中城市加快发展住房租赁市场的通知》
2019 年 1 月	国家发展改革委	《进一步优化供给推动消费平稳增长促进形成强大国内市场的实施方案（2019 年）》
2019 年 4 月	国家发展改革委	《2019 年新型城镇化建设重点任务》
2019 年 7 月	财政部、住房城乡建设部	《关于开展中央财政支持住房租赁市场发展试点的通知》《关于组织申报中央财政支持住房租赁市场发展试点的通知》

2. 省级层面住房租赁市场发展政策

近年来，陕西省由于人口流入数量激增、房价上涨较快，急需培育和发展住房租赁市场，适时培育和发展本地住房租赁市场稳房价稳预期，房地产租赁仍以传统的租住方式为主，规模化和机构化租赁处于萌芽起步阶段，规范化的住房租房市场需求开始体现，为规范住房租赁市场参与方行为及市场秩序，陕西省政府及各地市政府出台了相关文件，加强住房租赁市场监管，规范住房租赁市场秩序。具体如表 3-1-2 所示。

陕西省层面住房租赁市场相关政策　　　　　　　　　　　表 3-1-2

时间	名称	政策内容
1995 年 11 月	《陕西省城市房地产市场管理条例》	加强房地产市场租赁行为管理，维护出租人、承租人双方的合法权益
1997 年 4 月	《西安市城市房屋租赁条例》	加强城市房屋租赁管理，维护房产市场秩序，保障房屋租赁当事人的合法权益
2006 年	《安康市人民政府办公室关于印发安康城区房屋租赁市场整顿工作实施方案的通知》	努力实现安康城区出租房屋登记覆盖率不低于 80%，着重解决出租房屋底数不清、租赁人员情况不明、非法出租、环境卫生差、安全隐患多等问题，彻底改变出租房屋、暂住人口管理难的现状
2008 年	《宝鸡市城市房屋租赁管理实施办法》	加强宝鸡市城市房屋租赁管理，规范房屋租赁市场，保障房屋租赁当事人的合法权益
2016 年 12 月	《陕西省关于加快培育和发展住房租赁市场的实施意见》	主要从培育市场主体、鼓励住房租赁消费以及完善公共租赁住房等三个方面来推动本省住房租赁市场的发展
2020 年 9 月	《西安市规范住房租赁市场管理办法》	构建四级管理体系、明确出租住房标准、建立出租住房管理制度、推行合同网签备案、保障承租人合法权益、建立开业信息推送制度、交易资金监管制度、规范市场主体，进一步规范西安市住房租赁市场
2020 年 11 月	《西安市住房租赁试点工作实施方案》	完善住房租赁机制体制，增加租赁住房市场供应，培育规模化规范化市场供应主体，搭建住房租赁服务平台，稳定住房租金水平，加强住房租赁市场监管，大力促进住房租赁合同网签备案

截至 2019 年 7 月 18 日，首批开展住房租赁试点的城市包括广州、深圳、南京、杭州、厦门等，均已出台相关支持政策。在租赁住房试点城市中，杭州、广州表现得最为积极，提出的包括保障租售同权、加大住房公积金对租赁住房的支持力度、允许工业及农村集体用地改造为租赁住房用地等。

2020 年 7 月，西安市作为第二批 2020 年中央财政支持住房租赁市场发展试点城市，将连续 3 年共获得 24 亿元中央财政资金支持。此外，2020 年 9 月，西安市出台规范住房租赁市场管理方法。为加强住房租赁市场管理，保护住房租赁当事人的合法权益，着力解决西安市住房租赁市场监管制度措施不完善、市场秩序不规范等问题。2020 年年底之前西安市将上线运行西安市住房租赁服务平台，提供房源透明、交易透明、监管透明的新型租赁市场服务；2020—2022 年，实现 3 年新增高品质租赁住房不低于 12 万套（间）。推进西安市加快开展住房供给侧结构性改革，满足不同层次、不同类别人群的居住需求，实现落实稳地价、稳房价、稳预期的目标，对培育和发展西安市住房租赁市场、提升关中平原城市群重要节点的综合承载能力具有重要意义。

（一）住房租赁市场发展背景及基本特征

1. 陕西省住房租赁市场发展背景

（1）人口背景

住房租赁市场的需求主体是新市民群体及本地无房居民，其中新市民群体对住房租赁市场的发展起到较为关键的作用。据《陕西省 2019 年人口发展报告》相关内容显示，2019 年全省常住人口 3876.21 万人，较 2018 年增加 11.81 万人，人口自然增长率 3.1‰，较 2018 年下降 4.5 个千分点。2016—2019 年，全省常住人口增加 63.59 万。聚焦到住房租赁市场方面，陕西省 2016—2019 年期间人口发展情况存在以下特征：

城镇常住人口增长率趋缓。"十三五"以来，全省经济运行呈现企稳回升的良好势头、高质量发展稳步推进的良好态势。2019 年人口变动情况抽样调查结果显示，陕西省常住人口发展进入转折期，呈现增长趋缓、出生减少、城镇化水平进一步提高以及老龄化程度加深等特征。陕西省按照"做好西安、做美城市、做强县城、做大集镇、做优社区"的新型城镇化发展思路，以实施扶贫避灾移民搬迁、重点示范镇建设、旅游文化名镇建设和特色小城镇建设为抓手，大力推进城镇化进程。

据陕西统计年鉴数据测算，2018 年，全省城镇常住人口突破 2200 万，达到 2246 万人，较 2017 年增加了 81 万人，城镇化率 58.13%，比 2017 年提高了 1.34 个百分点。截至 2019 年底，较 2015 年底，全省城镇常住人口增加 201 万，城镇化率提高了 4.2 个百分点（表 3-1-3、图 3-1-1）。

2013—2018 年影响陕西省住房租赁产业的人口因素分析　　　　表 3-1-3

指标	2013 年	2014 年	2015 年	2016 年	2017 年	2018 年
常住人口（万人）	3763.7	3775.12	3792.87	3812.62	3835.44	3864.40
户籍人口（万人）	3960.08	3940.59	3941.12	3959.07	3976.05	4022.92
城镇常住人口（万人）	1931	1985	2045	2110	2175	2246
迁出人口（万人）	196.38	165.47	148.25	146.45	140.61	158.52
65 岁以上人口比重（%）	9.43	9.97	10.11	10.36	10.80	11.38
人口自然增长率（‰）	3.86	3.87	3.82	4.41	4.87	4.43
城镇化率（%）	51.3	52.57	53.92	55.34	56.79	58.13
城镇常住居民平均每户人口（人）	3	3	2.9	2.9	2.9	3.1

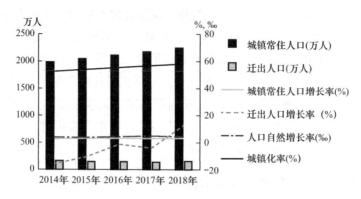

图 3-1-1　2014—2018 年陕西省人口变动状况

注：迁出人口＝户籍人口－常住人口

数据来源：2014—2019 年《陕西统计年鉴》

（2）经济背景

可将影响住房租赁市场的经济因素，划分为宏观经济因素和微观经济因素。宏观因素包括 GDP、储蓄、消费、投资水平，财政收支、金融状况，居民收入等、微观因素包括城镇居民家庭人均可支配收入，人均可支配收入增长率（表 3-1-4，图 3-1-2）。

2014—2018 年影响陕西省住房租赁产业的经济因素分析 表 3-1-4

指标	2014 年	2015 年	2016 年	2017 年	2018 年
城镇居民人均可支配收入（元）	24366	26420	28440	30810	33319
城镇居民人均可支配收入增长率（%）	6.60	8.43	7.65	8.33	8.14
农村居民人均可支配收入（元）	7932	8689	9396	10265	11213
农村居民人均可支配收入增长率（%）	11.84	9.54	8.14	9.25	9.24
全省居民人均可支配收入（元）	15836.7	17395.0	18873.7	20635.2	22528.3
全省居民人均可支配收入增长率（%）	10.20	9.84	8.50	9.33	9.17

数据来源：2015—2019 年《陕西统计年鉴》

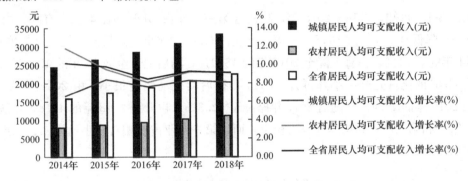

图 3-1-2　2014—2018 年陕西省经济因素变动状况

由图 3-1-2 分析知，2014 年至 2018 年，陕西省城镇、农村以及全省居民人均可支配收入呈快速上涨的态势。其中全省居民人均可支配收入增长率先近似呈"M"形，农村居民人均收入增长率呈"V"形，之后趋于水平，城镇居民人均可支配收入上升下降交替循环。分析可知，虽然陕西省城镇、农村居民人均可支配收入增长率在 2016 年有较大的下降幅度，但在 2017 年、2018 年仍保持平稳增长趋势。

（3）产业结构分析

合理的产业结构对人口数量尤其是新市民群体具有显著的吸引作用，进而影响到住房租赁市场的发展程度。本书选取分产业增加值、第一、二、三产业占 GDP 的比重等指标，作为分析产业因素对住房租赁市场影响的依据（表 3-1-5）。

2014—2018 年影响陕西省住房租赁产业的因素分析（单位：%） 表 3-1-5

指标	2014 年	2015 年	2016 年	2017 年	2018 年
第一产业占 GDP 的比重	8.9	8.9	8.7	8.0	7.5
第二产业占 GDP 的比重	54.1	50.4	48.9	49.7	49.7
第三产业占 GDP 的比重	37.0	40.7	42.4	42.3	42.8

数据来源：2015—2019 年《陕西统计年鉴》

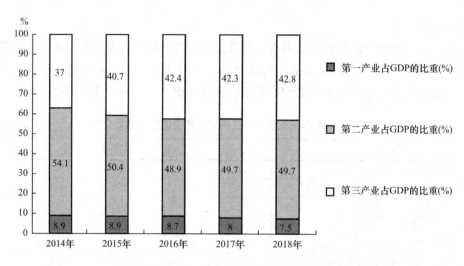

图 3-1-3　2014—2018 年陕西省产业结构状况

由图 3-1-3 可知，2014—2018 年，陕西省第一产业占 GDP 的比重稳中有降，由 2014 年的 8.9％降低至 2018 年的 7.5％；第二产业占 GDP 的比重先降后升，但上升幅度很小。由 2014 年的 54.1％，一直下降至 2016 年的 48.9％，随后上升至 2018 年的 49.7％；第三产业占 GDP 的比重先升后小降再升，2016 年往后的变动幅度很小，由 2014 年的 37％，升高至 2016 年的 42.4％，随后 2017 年略降至 42.3％，再升至 2018 年的 42.8％。陕西省第一、第二和第三产业结构总体较为稳定，而且第一产业占比相对较小，第二、三产业的占比较为平均。

2014—2018 年分产业增加值占比分析（单位：％）　　　　　表 3-1-6

指标	2014 年	2015 年	2016 年	2017 年	2018 年
交通运输、仓储和邮政业占比	3.82	3.96	3.98	3.80	3.63
批发和零售业占比	7.99	8.35	8.27	8.05	7.84
住宿和餐饮业占比	2.07	2.40	2.36	2.27	2.23
金融业占比	5.36	6.01	6.09	5.94	5.81
房地产业占比	3.28	3.86	3.85	3.93	4.06
其他占比	13.75	15.52	17.11	17.83	18.67

分析表 3-1-6、图 3-1-4 知，2014—2018 年，交通运输、仓储和邮政业、批发和零售业、住宿和餐饮业、金融业占比均呈先增加后降低的态势；房地产业先增加后微降，2017 年、2018 年继续保持稳步增长。由此可知，虽然传统公共服务业占比呈一定程度的下降趋势，但是其占比相较新兴服务业依然较大。

2. 陕西省住房租赁市场基本特征

（1）市场地位

随着党中央关于加快培育和发展住房租赁市场、建立"租购并举"住房制度的战略部署，住房租赁市场已成为不可或缺的一个住房供给渠道，其重要地位越来越凸显。近年来，陕西省出台多项政策来规范完善住房租赁市场，促进住房租赁市场健康发展。

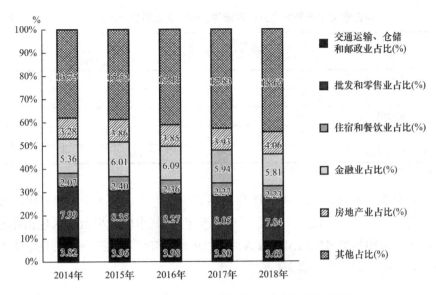

图 3-1-4　2014—2018 年陕西省各分产业结构状况

通过对陕西省 2830 余户城镇居民住房房源的抽样调查，提供了城镇常住居民家庭年末居住情况，显示 2015—2018 年租赁公房和租赁私房的合计比例为 9%～16%，其中租赁私房比例为 6%～14%（表 3-1-7）。

陕西省城镇常住居民家庭年末居住情况（单位：%）　　　　　表 3-1-7

	2015 年	2016 年	2017 年	2018 年
租赁公房	2.0	2.7	2.4	2.2
租赁私房	14.2	13.3	12.4	6.5
小计	16.2	16	14.8	8.7
自建住房	17.9	16.5	16.9	26.6
购买商品房	33.9	36.8	37.5	38.2
购买房改住房	19.7	17.2	17.6	14.8
购买保障性住房	4.0	4.6	4.6	4.0
拆迁安置房	3.1	3.1	3.4	3.4
继承或获赠住房	1.4	1.4	1.5	2.4
免费借用房	1.9	2.0	2.3	0.9
小计	80	79.6	81.5	89.4
雇主提供免费住房	1.5	1.8	1.2	0.2
其他	0.4	0.6	0.2	0.8
总计	100	100	100	100

数据来源：2017—2019《陕西统计年鉴》

（2）市场构成

住房租赁市场以私人出租住房市场为主体，机构出租住房所占比例较小。

从住房出租面积上看，陕西省商品住宅出租面积还比较小，根据《中国房地产统计年鉴 2019》中呈现的数据可知，陕西省房地产开发企业住宅出租面积仅占其住宅销售面积的一千五百分之一左右，住宅出租总量较少（表 3-1-8）。

陕西省房地产开发企业住宅销售、出租面积情况（单位：m²）　　表 3-1-8

年份	商品住宅销售面积	商品住宅出租面积	各资质等级房地产开发企业出租住宅面积				暂定	其他
			一级	二级	三级	四级		
2014	28366946	1536		686		850		
2015	27179825	14652						14652
2016	30126149	14652						14652
2017	34198386							
2018	35455134	23728			23728			

数据来源：2015-2019《中国房地产统计年鉴》

从房地产企业收入上看，2014-2018 年陕西省房地产企业收入中，房屋出租收入占主营业务收入的比例最高年份仅为 0.9％（仅 2018 年），其中房屋出租收入包括住宅、办公楼、商业营用住房和其他房屋的出租收入总和。由此可知，房地产企业的住宅出租收入占其主营业务收入的比例更低（表 3-1-9）。

陕西省房地产企业房屋出租面积、收入情况（单位：m²/万元）　　表 3-1-9

年份	房屋出租面积	住宅出租面积	主营业务收入	房屋出租收入
2014	193155	7283	13838977	117291
2015	198745	14652	13595851	111624
2016	612837	14652	17585226	155678
2017	633192		19252889	111210
2018	612392	23728	17823484	159567

数据来源：《中国房地产统计年鉴 2019》、2015—2019 年《陕西省统计年鉴》

（3）市场运行

从近 5 年来看，与住房买卖市场相比，陕西省城镇住房租赁市场的价格水平有明显下降趋势。通过对陕西省农村、城镇居民住房租赁支出消费情况的调查，显示 2014—2018 年度，城镇居民住房租赁支出持续降低，农村居民人均住房租赁消费显著上升，表明城镇住房租赁市场的需求降低，部分城市出现供大于求的情况，很大部分原因是自建住房占比增多（表 3-1-10）。

城镇、农村常住居民人均租房消费支出（单位：元）　　表 3-1-10

	总平均	2014 年	2015 年	2016 年	2017 年	2018 年
城镇	305.48	415.2	311.4	300.6	263.9	236.3
农村	37.4	27.5	30.5	19.1	35.9	74.0

数据来源：2015-2019 年《陕西省统计年鉴》

陕西省的住房租赁市场自由度较高，规范性较差。调查显示，大多数居民可以在一个月内寻找到住宅进行租赁居住，部分居民可在一周内寻求到住宅进行租赁，住房租赁市场自由度较高；租房备案率较低，多数居民表明并不知道有该项政策，住房租赁市场规范性有待提高；此外现阶段市场租赁住房户型大、租金高，合租群租隐患多。

二、陕西省住房租赁市场发展现状

利用 Python 软件编写结构化及非结构化数据网页爬取程序，以房天下、链家等网站作为工作对象，获取各地市市场化租赁住房微观特征、租金等与租赁住房有关数据。

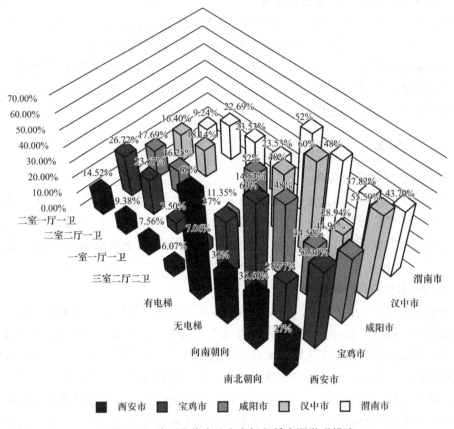

图 3-2-1　陕西省代表地市市场租赁房源微观描述

由图 3-2-1 可知，从户型结构上来看，西安、宝鸡、咸阳的租赁房源户型结构多为二室一厅一卫，而汉中、咸阳多为二室二厅一卫和一室一厅一卫；从房源有无电梯来看，西安、咸阳、渭南等地的市场租赁房源中有电梯的占比较高，宝鸡和汉中的占比相反；从房源朝向上看，多地市房源南北朝向占比较多，多于向南朝向的房源，仅西安市的房源向南朝向的房源占比多于南北朝向的房源。本章节以下分析以西安市为例。

（一）供给情况

1. 从租赁住房供给量来看

根据估算，截全 2019 年底，西安市已出租住房约 50 万套。从空间布局上看，主要集中于高新技术产业开发区、经济技术开发区、碑林区、雁塔区等产业密集、教育资源丰富的地区，以上 4 个区域约占总出租住房数量的 63.5%。截至 2020 年 6 月，挂牌待租住房约为 12.7 万套，其中个人出租房源占比 65.3%、分散式租赁房源占比 22.2%、集中式房源占比 12.5%；个人出租房源主要位于莲湖区、未央区、雁塔区，以上 3 个区域占个人出租房源总量的 70%；分散式租赁房源主要位于经济技术开发区、雁塔区、莲湖区，以上 3 个区域占全市分散式租赁房源总量近 6 成；集中式租赁房源主要位于雁塔区、莲湖区、高新技术产业开发区，以上 3 个区域约占全市集中式租赁房源总量的 7 成。

2. 从专业化、规模化供给主体来看

西安市集中式租赁企业现有 12 家，运营房源数量约为 1.3 万套（间），房源主要由万科泊寓、龙湖冠寓、朗诗寓、安华中惠 4 家企业供给，占集中式房源总数的 87%，其中仅泊寓 1 家企业占比就达到了 51.4%。分散式租赁企业 40 家，运营房源数量约为 1.8 万套（间），房源主要由美庭公寓、易居公寓等六家企业供给，占分散式租赁房源总数的 61%，市场集中度明显低于集中式租赁企业。

（二）需求情况

1. 从租赁住房需求端来看

西安市的租客年龄基本上集中在 20～45 岁。他们主要是单身人士、自由职业者和蓝领工人。租赁形式多种多样，主要包括整体租赁、合租和宿舍。刚毕业的大学生和新定居在西安打工的首选住房是合租住房。城中村因其低廉的租金价格而受到租房者的普遍认可。

2. 从需求者租赁意向看

主要集中在：一是学校周边。对于一些学生家庭来说，虽然其价格相对较高，但家长的需求意愿依旧强烈，有时会出现"一房难求"现象；二是靠近地理位置优越的交通枢纽。西安市南郊高校集聚，文化氛围浓郁，生活便利，尤其受到租房者的欢迎，特别是在商业区和地铁入口附近，更是租房的热点地带。三是创业园附近。园区周围的办公楼和商铺集中，就业密集，人流量大，房屋租赁销售周转相对较快。四是建设项目工地附近。居住品质相对较差的老旧小区、城中村等住房因租金价格相对较低，成为建设工人首选租住需求。截至 2020 年 6 月，暂住人口 78 万户中有 31.1 万户租房居住，仍有近 43 万户新市民家庭通过单位临时宿舍、工地现场、借住亲友家中等形式解决住房问题。

（三）租金水平

1. 从全省租金水平来看

陕西省各地级市 2015—2019 年住房供给租金价格平均值最高为西安市，达到 24.45 元/（月·m²），陕西省除西安市外的其他地级市中延安住房供给租金价格平均值最高，为 17.92 元/（月·m²）。各地级市住房供给租金价格平均值最低的是铜川市，为 10.77 元/（月·m²），比延安市低 7.15 元/（月·m²）（图 3-2-2）。

陕西省 2012—2019 年反映住房租赁市场价格方面相关指标的变化趋势中，发现住房挂牌平均租金价格 2012—2019 年趋于上升趋势，其中 2015—2017 住房挂牌平均租金价格呈逐步减小趋势，但 2018—2019 年住房挂牌平均租金价格变化幅度猛增，说明陕西省住房租赁市场价格有增长过快的倾向，发现陕西省地级市之间住房租赁市场价格方面差异较大（图 3-2-3）。

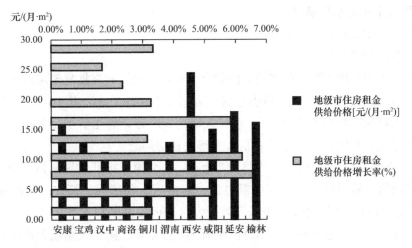

图 3-2-2　陕西省地级市 2015—2019 年住房租金供给价格及增长率平均值

资料来源：本图数据来源中国房价行情网（www. creprice. cn）计算绘制，下同。

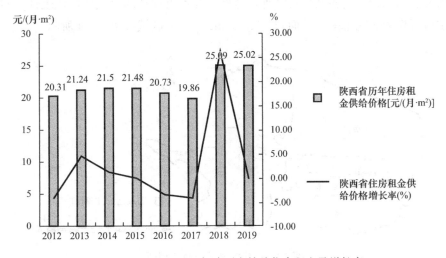

图 3-2-3　2012—2019 年陕西省挂牌住房租金及增长率

　　通过分析住房挂牌出租套数、租金价格增长率等反映住房租赁市场供给方面的指标，发现陕西省住房租赁市场供给方面发展较为缓慢且容易受住房销售市场的发展状况影响，地级市之间住房租赁市场供给状况差异较大。住房租赁市场需求方面由于目前相关数据缺乏，无法选取合适的指标来反映其发展状况。通过分析住房挂牌平均租金价格及增长率两个反映住房租赁市场价格方面的指标，发现陕西省住房租赁市场价格近几年有增长过快的倾向，地级市之间住房租赁市场价格方面差异较大。

　　西安市住房租赁市场租金水平，2017—2019 年西安市住房租金处于平缓增长态势。2019 年全市住房平均租金为 26.4 元/（月·m²），较 2018 年增加 0.7 元/（月·m²），同比增长 2.6％。中心城区平均租金为 27.7 元/（月·m²），较 2018 年增加 1.05 元/（月·m²），同比增长 4.6％。与一线城市相比，西安市住房租金相对较低，基本保持在合理水平。

2. 从西安市租金水平来看

（1）西安市住房租赁市场概况

1）西安市基本情况

西安位于关中平原中部，是陕西省的省会城市，也是国务院批复确定的中国西部地区重要的中心城市。截至2019年，西安市常住人口1020.35万人，其中，城镇人口761.28万人，常住人口城镇化率为74.61%；暂住人口达305万，居住半年以上稳定就业暂住人口约为200万人，其中约44%通过租房方式解决住房问题。

截至2019年，西安市下辖11个区、2个县、7个国家级开发区。11个区即新城区、碑林区、莲湖区、雁塔区、灞桥区、未央区、阎良区、临潼区、长安区、高陵区、鄠邑区；2个县即蓝田县、周至县；7个国家级开发区即西安高新技术产业开发区、经济技术开发区、曲江新区、浐灞生态区、阎良国家航空产业基地、国家民用航天产业基地、国际港务区。其中，未央区、新城区、碑林区、莲湖区、雁塔区、灞桥区（以下简称主城区）在建成区规模、人口密度、城市配套、人文资源、教育设施等方面都优于其他各区，住房租赁市场发展状况较其他各区相对完善，考虑到样本点选择的典型性与代表性，本文选取西安市主城区作为研究范围，总面积832.17km²，研究区域如图3-2-4所示。

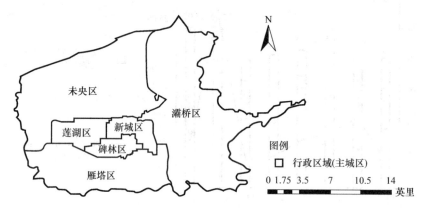

图 3-2-4　研究区域行政区划图

主城区具体发展概况如下：

碑林区位于城中心东南部，总面积23.37km²，常住人口67.97万人，地区生产总值965.26亿元，下辖8个街道办事处，共计98个社区居委会，是西安市面积最小、人口密度最大的城区。碑林区区位优势突出，95%以上的区域均位于西安市二环以内，汇集了西安SKP、开元商城、万达广场等大商场，同时科教资源丰富，西安交通大学、西北工业大学等17所高校位于碑林区，此外含有小雁塔、明城墙等文物景点。

莲湖区位于西安市城区东西、南北两条中轴线的核心区域，总面积38.32km²，常住人口76.86万人，地区生产总值820.73亿元，下辖9个街道办事处，共计131个社区居委会。莲湖区历史文化悠久，是古丝绸之路的起点。国际特色商业文化街区老城根就位于莲湖区。

新城区位于城区东北部，总面积30.13km²，常住人口64.13万人，地区生产总值

650.64 亿元，下辖 9 个街道办事处，共计 101 个社区居委会。新城区是陕西省重要的行政中心，陕西省人民政府、陕西省民政厅、陕西省文化厅、陕西省人民检察院等行政部门均位于新城区。新城区汇集了民生、万达等商业综合体，同时拥有大明宫遗址、明城墙等文物景点，此外还有西安卫星测控中心、第四军医大学、西北工业集团等涉军企事业单位。

灞桥区位于城区东部，总面积 324.5km²，是 6 个主城区中面积最大的区域，常住人口 67.73 万人，地区生产总值 480.78 亿元，下辖 9 个街道办事处，共计 113 个村民委员会、69 个社区居委会。灞桥区自然资源丰富，浐河、灞河、渭河、灞桥生态湿地公园、白鹿原等均位于灞桥区，依靠得天独厚的自然优势发展的樱桃、葡萄等闻名于世。此外，还有航天四院、火箭军工程大学等军工院校及单位，是西安市科技力量最密集的城区之一。

未央区总面积 264.41km²，常住人口 77.74 万人，地区生产总值 964.83 亿元，下辖 10 个街道办事处，共计 52 个村民委员会、141 个社区居委会，是西安市行政中心区。未央区是丝绸之路的起点，文化底蕴深厚，秦阿房宫、汉未央宫、唐大明宫、汉长安城均位于此，2007 年是未央区转型发展的一年，随着西安市行政中心北迁，未央区成为新的行政中心。

雁塔区位于城区南部，总面积 151.44km²，常住人口 134.32 万人，地区生产总值 1757.98 亿元，下辖 10 个街道办事处，共计 61 个村民委员会、168 个社区居委会，经济发展为陕西省第一名。雁塔区是全省政治中心，陕西省委、省政协、省军区等省级首脑机关位于雁塔区，同时小寨商圈位于此，此外拥有大雁塔、大兴善寺、青龙寺等著名的文化景点（图 3-2-5）。

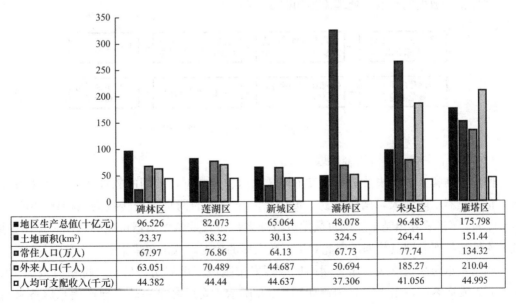

	碑林区	莲湖区	新城区	灞桥区	未央区	雁塔区
■ 地区生产总值(十亿元)	96.526	82.073	65.064	48.078	96.483	175.798
■ 土地面积(km²)	23.37	38.32	30.13	324.5	264.41	151.44
□ 常住人口(万人)	67.97	76.86	64.13	67.73	77.74	134.32
□ 外来人口(千人)	63.051	70.489	44.687	50.694	185.27	210.04
□ 人均可支配收入(千元)	44.382	44.44	44.637	37.306	41.056	44.995

图 3-2-5　西安市主城区发展概况图

2）西安市住房租赁市场情况

根据西安市 2019 年统计年鉴中家庭住房情况显示，全市 37.2% 的居民通过购买商品

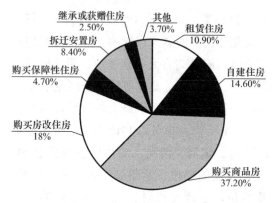

图 3-2-6　西安市家庭住房情况图

房解决住房问题，占比最大；有 10.9% 的居民通过租赁住房解决住房问题，由此可见住房租赁市场潜力很大（图 3-2-6）。

从住房租赁市场房源的供给主体来看，主要有个人房源、政府提供的公租房以及长租公寓。个人房源一直以来都是住房租赁市场的主体，但以个人为主体提供的房源位置分散，运营过程中难以监管等问题比较突出，因此规模化租赁住房开始在租赁市场萌生。

截至 2019 年底，西安市公租房供给量为 19.76 万套，而需求量达 23.36 万套，住房缺口为 3.6 万套。从房源分布来看，莲湖区公租房小区主要有万科金色悦城、丰和坊；新城区公租房小区主要有明府佳苑；灞桥区公租房小区主要有向阳沟村、十里锦绣、庆华长安家园、南程村、枣园刘村；未央区公租房小区主要有王家棚、浮沱寨；雁塔区公租房小区主要有西凹里、金泰新理城、蔚蓝小城小区。

长租公寓以其管理优势、规模效应等特点在住房租赁市场逐渐凸显，但西安市长租公寓的发展还处于初级阶段。目前，西安市长租公寓品牌主要有 YOU＋国际青年社区、万科泊寓、龙湖冠寓、魔方公寓、乐窝、窝趣 WOWQU 青社区、世联红璞、蘑菇、蝌蚪、青稞公寓、E 客公寓、馨美寓等。

（2）住房租金数据来源及处理

住房租金数据的爬取与处理流程如图 3-2-7 所示。

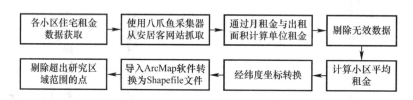

图 3-2-7　住房租金数据爬取与处理流程图

1）西安市主城区住房租金爬取

使用网络爬虫的方法采集西安市主城区住房租金数据，使用的软件为八爪鱼采集器。八爪鱼采集器功能强大，操作简易，可以将复杂众多的网页数据转换为结构化数据，以 excel、api 等形式导出结果。网页数据页数众多，而八爪鱼采集器可以利用循环点击的原理一次性选择所有网页数据，因此对于页数众多的数据，八爪鱼采集器就十分简易。

利用八爪鱼采集器从安居客网站抓取西安市主城区出租房源信息，价格时点为 2019 年 8 月，安居客网站出租房源示例如图 3-2-8 所示。安居客是一款房地产信息服务平台，业务涵盖新房、二手房、租房、商铺写字楼、海外地产等。对于租房板块而言，包含的信息有地理位置、小区名称、房型、房屋面积、楼层、租金、整租与合租、朝向、地铁公交、付款方式、经纪人联系方式等。

通过与链家、贝壳找房、58 同城等大型租房平台相对比，发现链家与贝壳找房网站中的房源几乎一致，安居客与 58 同城房源基本一致，而相比之下，安居客网站的房源多，信息较为全面，故选取安居客网站中的房源作为数据来源。

科技六路 文理学院 万达ONE 高新一小 香榭兰岛 精装全配

1室1厅 | 50平米 | 高层(共35层) | 👤 张珂丹

香榭兰岛 高新区-木塔寺公园 科技六路

整租 朝东 有电梯

1800 元/月

锦业路华为环普 罗马景福城 高科尚都摩卡 国宾精装一室…

1室0厅 | 46平米 | 中层(共29层) | 👤 马迪

罗马景福城 高新区-锦业路 丈八四路,近瞪羚路

整租 朝南 有电梯

1900 元/月

玫瑰公馆一室领包入住年付可以商量价位真实图片看房联系

1室0厅 | 51平米 | 低层(共29层) | 👤 陈娅军

易道郡玫瑰公馆 高新区-高新一中 丈八北路80号

整租 朝东 有电梯

1800 元/月

图 3-2-8　安居客网站出租房源示例图

利用八爪鱼采集器采集的住房租金数据导出 excel 文件后如图 3-2-9 所示，包含房型、小区名称、租金、面积、朝向等信息。本书使用到的信息有每套房源的月租金、出租面积及小区名称。

	A	D	E	F	G	H	I	J	K	L
1	标题 ▼	租金	装修	租赁方式	居室	租赁面积	朝向	楼层	地铁	
2	5居室 东南卧	500		整租	1室1厅0卫	8	朝东	地下室/1层	3号线-胡家庙	3号线-石家街
3	5居室 西卧	600		整租	1室1厅0卫	15	朝南北	地下室/0层	3号线-胡家庙	
4	6号上院 5居室 南卧	650		整租	1室0厅0卫	15	朝南	地下室/0层	3号线-胡家庙	
5	80年代 2室1厅 东南	650		整租	1室0厅0卫	15	朝南	地下室/0层	3号线-胡家庙	
6	80年代 2室2厅南/北	750		整租	1室0厅0卫	15	朝东	地下室/0层	3号线-胡家庙	
7	80年代 3室1厅 南	2500		整租	1室0厅0卫	15	朝东	楼层: 低楼层/18层	3号线-延兴门	
8	80年代 3室1厅 南	17600		整租	1室0厅0卫	220	朝北	楼层: 中楼层/20层	1号线-朝阳门	1号线-康复路
9	80年代 3室1厅 南	500		整租	1室0厅0卫	30	朝南北	楼层: 高楼层/3层		
10	80年代 4居室 南卧	1400		整租	1室1厅1卫	37	朝北	楼层: 高楼层/11层	3号线-延兴门	
11	80年代 4居室 南卧	1500		整租	1室0厅1卫	45	朝南	楼层: 低楼层/18层	3号线-延兴门	
12	安民里住宅小区 3居室 北卧	1500		整租	1室0厅1卫	62	朝南	楼层: 低楼层/6层	3号线-胡家庙	3号线-石家街
13	安民里住宅小区 3居室 东北卧	1500		整租	1室0厅1卫	40	朝南	楼层: 低楼层/17层	3号线-延兴门	
14	八府庄小区 1室1厅 南/北	1500		整租	1室0厅1卫	36	朝南	楼层: 高楼层/22层		
15	八府庄小区 1室2厅 南/北	1500		整租	1室0厅1卫	48	朝南	楼层: 高楼层/22层		
16	八府庄小区 1室1厅 北	1500		整租	1室0厅1卫	51	朝东南	楼层: 高楼层/11层	3号线-延兴门	
17	八府庄小区 2室1厅 东/西	1600		整租	1室1厅1卫	38	朝北	楼层: 高楼层/11层	3号线-延兴门	
18	八府庄小区 2室1厅 南	1700		整租	1室0厅1卫	35	朝南	楼层: 中楼层/4层	4号线-含元殿	
19	八府庄小区 2室1厅 南	1700		整租	1室0厅1卫	42	朝南	楼层: 高楼层/31层	4号线-含元殿	
20	八府庄小区 1室1厅 南	1700		整租	1室0厅1卫	45	朝南	楼层: 高楼层/31层	1号线-万寿路	1号线,3号线-通化门
21	八府庄小区 1室1厅 南	1700		整租	1室0厅1卫	45	朝南	楼层: 低楼层/31层	1号线-万寿路	1号线,3号线-通化门
22	八府庄小区 2室1厅 南	1700	精装	整租	1室0厅1卫	40	朝南	楼层: 5/12层		

图 3-2-9　爬取的住房租金数据示例图

最终共采集到莲湖区 2864 套房源，新城区 1447 套房源，碑林区 2179 套房源，灞桥区 2721 套房源，未央区 9008 套房源，雁塔区 9090 套房源。将房屋出租数据属性缺失、

租金异常高、出租面积异常大、每个小区出租房源小于 5 套的均视为无效数据，对数据进行筛选。最终得到碑林区 1394 套房源，灞桥区 2296 套房源，莲湖区 2136 套房源，新城区 1144 套房源，未央区 7529 套房源，雁塔 6772 套房源。

然后计算每套房源的单位租金，对同一小区出租房源的单位租金取平均值，最终得到碑林区 95 个小区的平均租金，灞桥区 92 个小区的平均租金，莲湖区 142 个小区的平均租金，新城区 80 个小区的平均租金，未央区 309 个小区的平均租金，雁塔区 337 个小区的平均租金。主城区租金描述性统计如表 3-2-1 所示，各区域具体租金见附录 2。

主城区住房租金描述性统计 [单位：元/（月·m²）]   **表 3-2-1**

区域	平均值	最小值	最大值	标准差	下四分位值	中值	上四分位值
碑林区	35.44	18.82	68.20	8.27	30.00	35.23	38.98
莲湖区	31.93	16.19	64.68	8.41	25.36	31.17	36.47
新城区	26.88	13.67	61.12	9.73	20.35	24.37	30.91
灞桥区	23.96	6.65	52.62	9.83	17.74	23.52	28.05
未央区	27.21	7.44	56.78	6.89	22.85	27.18	30.03
雁塔区	35.71	14.40	86.33	9.19	30.00	35.09	40.26

主城区住房租金平均值更直观的表示如图 3-2-10 所示。由图可知，雁塔区住房租金最高，为 35.71 元/（月·m²）；其次为碑林区，为 35.44 元/（月·m²）；然后为莲湖区：31.93 元/（月·m²）；这三个区域住房租金均超过 30 元/（月·m²）。而未央、新城区、灞桥区住房租金在 30 元/（月·m²）以下，其中灞桥区最低，为 23.96 元/（月·m²）；新城区、未央区住房租金分别为 26.88 元/（月·m²）、27.21 元/（月·m²）。

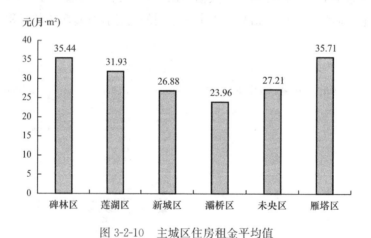

图 3-2-10 主城区住房租金平均值

2）西安市主城区住房地址转坐标

利用 XOMAP 软件将得到的 1055 个小区名称转换为坐标形式，XOMAP 也称小 O 地图，是一款基于互联网地图，进行地图数据挖掘、处理、分析的软件，除了软件版，它还有 excel 插件版本。可以实现坐标地址转换、交通路线规划、搜集数据、地理分析等功能，使用十分简便。

由于转换后的坐标形式为 gcj02，而 GIS 运行需要的坐标形式为 WGS84，因此需将 gcj02 形式转换为 WGS84 形式，再次转换后，将得到的 WGS84 形式坐标导入 GIS 中，并剔除不在主城区范围内的点，最终得到主城区租金样本点如图 3-2-11 所示，共计 1043 个租金样本点。

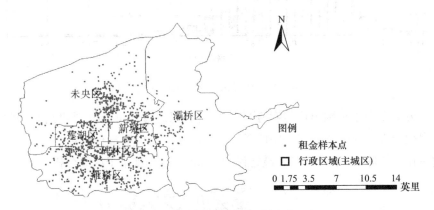

图 3-2-11　主城区租金样本点

（3）西安市住房租金探索性数据分析

1）住房租金频率直方图分析

频率直方图用于表示特定数据在某一区间出现的频率。首先通过一定规则将数据分成若干个区间，然后统计数据在每个区间出现的频数，最后用条形图的形式表现出来。条块的数目表示数据的类数目，条块的高度表示各组数据的相对比例。可以通过直方图直观地检查数据的分布情况，通过平均值与中位数确定数据的中心位置，如果平均值与中位数接近，那么表明数据接近正态分布，相反，如果平均值与中位数相差较大，则数据不符合正态分布。

通过住房租金频率直方图发现：住房租金最低的为 6.65 元/(月·m²)（龙湖香醍天宸），最高的为 86.33 元/(月·m²)（汉华城甜心广场），平均值为 31.05 元/(月·m²)，标准差为 9.5，偏度为 0.91，峰度为 6.0，上四分位数为 24.8，中位数为 29.8，下四分位数为 36.5。住房租金基本分布在 10~60 元/(月·m²)。租金低于 10 元/(月·m²) 的小区有：龙湖香醍天宸、巴黎大厦、龙湖香醍西岸、万合世家、龙腾万都汇、骞柳小区；租金高于 60 元/(月·m²) 的小区有：80 年代、芙蓉新天地、合能朱阙、美苑楼尚、万达西安 ONE、万科金域国际、汉华城甜心广场。租金低于 10 元/(月·m²) 以及高于 60 元/(月·m²) 的数据极有可能为异常值，可能对结果分析造成影响，因此接下来需对异常值进行识别。

2）住房租金 Voronoi 图分析

Voronoi 图也称 Thiessen（泰森）多边形，最早由荷兰气象学家提出来用于计算降雨量的平均值。泰森多边形的原理是：做两个相邻点之间连线的垂直平分线，所有垂直平分线组成的多边形即泰森多边形。其特点表现为：泰森多边形内只有一个离散点，多边形内的点到相应离散点的距离最近，多边形上的点到其两边离散点的距离相等（图 3-2-12）。

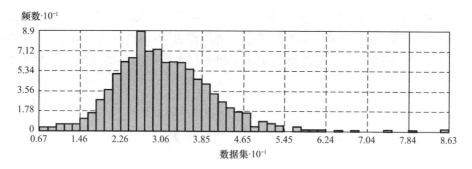

图 3-2-12　住房租金频率直方分布图

频率直方分布图中识别出可能存在的异常值，现通过 Voronoi 图识别并剔除异常值，西安市住房租金 Voronoi 图如图 3-2-13 所示。Voronoi 图中明显低于或高于周边的为异常值，通过对比共筛除 13 个异常点，最终保留 1030 个样本点用于后续分析。

图 3-2-13　住房租金 Voronoi 图

3）住房租金 Q-Q 图正态分布检验

Q-Q（分位数-分位数）图将样本数据的分位数与已知分布比较进而来检验数据的分布情况。分位数也叫分位点，指的是将数据的概率分布范围划分为几个数值相等的点。Q-Q 图是一种散点图，正态分布的 Q-Q 图，就是指标准正态分布的分位数为横坐标，样本点为纵坐标的散点图。如果 Q-Q 图上的点近似为一条直线，且在直线附近，则表明数据呈正态分布，直线的斜率为标准差，截距为均值；若 Q-Q 图中的趋势线经过原点且呈 45°，则说明数据完全符合标准正态分布；若 Q-Q 图中的趋势线呈 45°，但没有经过原点，则说明数据的均值与正态分布的均值不同，截距相差越大，均值相差就越大；若 Q-Q 图趋势线既没有经过原点，也不呈 45°，则说明数据的均值、方差与标准正态分布的均值、方差均不相同。

在使用 Kriging 插值对住房租金进行空间结构分析时，要求所用数据必须为正态分布，所以需使用 Q-Q 图对所选取的 1030 个租金样本点进行正态分布检验，如图 3-2-14 所示，样本点几乎均位于 45°参考线周边，表明数据符合正态分布，可以进行 Kriging 插值。

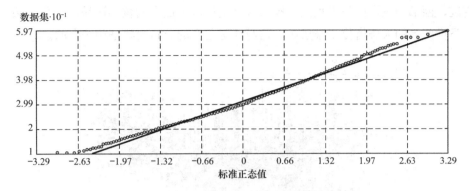

图 3-2-14　住房租金 Q-Q 图

（4）西安市住房租金空间趋势与结构分析

1）住房租金空间趋势分析

趋势面分析是利用回归分析的原理，通过最小二乘法拟合一个二位非线性函数，以此来表示地理要素在空间上的分布与变化趋势，简单地说，就是用数学方法模拟地理要素在空间上的分布。趋势面是一个假想的数学曲面，并不是实际存在的面。设某地理要素的实际观测数据为 $z_i(x_i, y_i)(i = 1, 2, l, n)$，趋势面拟合值为 $\dot{z}(x_i, y_i)$，则有：

$$z(x_i, y_i) = \dot{z}(x_i, y_i) + \varepsilon_i \tag{3-1}$$

式中，(x_i, y_i) 为平面空间坐标，ε_i 为剩余值（残差值）。

当 (x_i, y_i) 在空间变动时，式（3-1）就描述了实际曲面、趋势面及剩余曲面的关系，即实际曲面＝趋势面＋剩余曲面。趋势面描述了地理要素在空间上的分布及变化趋势，剩余曲面则受到模型误差、随机因素等的影响。

最常见的用来计算趋势面的方法为多项式函数。多项式曲面的形式有以下三类：

（1）一次趋势面模型表达式

$$z = a_0 + a_1 x + a_2 y \tag{3-2}$$

（2）二次趋势面模型表达式

$$z = a_0 + a_1 x + a_2 y + a_3 x^2 + a_4 xy + a_5 y^2 \tag{3-3}$$

（3）三次趋势面模型表达式

$$z = a_0 + a_1 x + a_2 y + a_3 x^2 + a_4 xy + a_5 y^2 + a_6 x^3 + a_7 x^2 y + a_8 xy^2 + a_9 y^3 \tag{3-4}$$

利用 ArcMap10.4.1 软件 Geostatistical Analyst 模块的空间趋势分析工具对西安市主城区住房租金的空间分布趋势进行三维透视分析，得到空间趋势如图 3-2-15 所示。图中，X 轴表示东西方向，Y 轴表示南北方向，Z 值表示单位面积的租金水平；线表示住房租金在水平面上的投影，右侧的点表示住房租金在南北方向上的投影，前侧的点表示住房租金在东西方向上的投影；右侧的曲线表示住房租金在南北方向上的拟合结果，前侧的曲线表示住房租金在东西方向上的拟合结果。

由图可知，西安市主城区住房租金在南北方向上呈由北至南逐渐上涨的趋势，在东西方向上由东向西先上涨后趋于平稳的趋势。结合西安市实际情况来看，主城区的南部主要为雁塔区，西部为雁塔区与未央区，雁塔区是主城区中最大的核心区域，文化繁荣，经济发达，举世闻名的大雁塔位于雁塔区，这与住房租金的分布现状是相符合的。

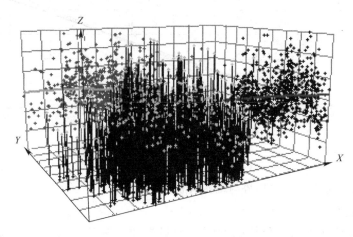

图 3-2-15　住房租金空间趋势图

2）住房租金空间结构分析

空间插值是根据已知样本点预测未知样本点的方法，分为非确定性插值及确定性插值两种。常见的空间插值方法有反距离权重法（IDW）、经验贝叶斯克里金法、克里金（Kriging）插值法等。

克里金插值法又称空间局部插值法，是以变异函数等理论为基础，对有限区域内变量进行预测的一种方法。克里金插值法不仅考虑了已知样本点与未知样本点的空间距离，而且考虑了已知样本点与未知样本点的空间方位关系，通过对已知样本点赋予权重来预测未知样本点的值，因此采用克里金插值法预测的结果更为精确。其公式为：

$$z(x_0) = \sum_{i=1}^{n} \lambda_i z(x_i) \tag{3-5}$$

式中，$z(x_0)$ 为待估样本点，$z(x_i)$ 为已知样本点，λ_i 为已知样本点对未知样本点的权重，n 为已知样本点的个数。

前面经过对数据检验发现呈正态分布，因此利用普通 Kriging 插值对样本数据进行空间插值，得到西安市主城区住房租金空间结构如图 3-2-16 所示。由图可知：一是从整体来看，住房租金呈现由北向南增大的趋势，且差异明显，北部租金在 $15\sim29$ 元/（月·m^2），南部最高可达 46 元/（月·m^2）。主城区的南部主要为雁塔区，雁塔区为西安市中心城区内最大的核心区，也是西安市经济总量最大的区域，凭借大雁塔发挥了极大的地理优势，因此住房租金高。二是分区域来看，雁塔区住房租金最高，灞桥区住房租金最低。灞桥区为西安市老工业基地，经历了经济转型期，相比于雁塔区，灞桥区地理位置优势不是特别突出，因此住房租金较低。三是住房租金呈现多中心结构趋势，在空间上存在扩散现象。住房租金在碑林区、雁塔区、莲湖区均有高值区域，外围的灞桥区、新城区、未央区住房租金较低，在空间上存在扩散现象。

(四) 市场运行情况

1. 对我国住房租赁市场的发展水平进行评价

其中,房屋租售比从住房租赁市场的需求角度,反映陕西省当前的住房租赁市场发展水平。

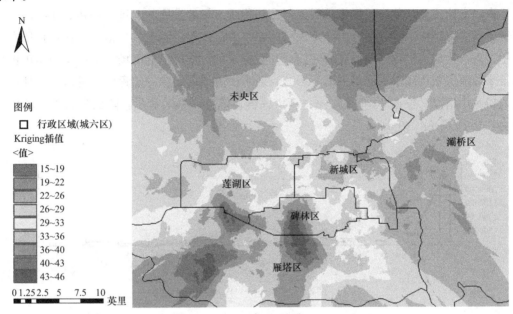

图 3-2-16　住房租金 Kriging 插值图

新市民的住房现状主要有以下特点:根据国际通用标准,合理的房屋租售比一般在 [1:300,1:200] 区间内,即 [0.00333,0.005] 区间内。根据中国房价行情网 2020 年 9 月最新数据,陕西省各地级市房屋售租比情况如图 3-2-17 所示。

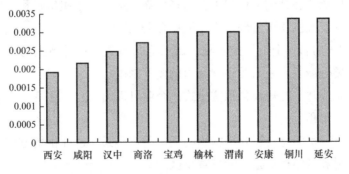

图 3-2-17　陕西省各地级市房屋租售比

由图可知,仅有铜川和延安城市处于国际通用标准区间内,陕西省其他地级市的房屋租售比明显低于国际通用标准区间。一些城市如西安、咸阳等城市的房屋租售比达到1:528、1:468,远低于国际通用的合理标准区间。陕西省房地产市场房地产价格与房地产价值存在着一定程度的偏离,这也表明了陕西省房地产市场相对发达国家不成熟,处于非健康非理性的运行状态。

住房租赁人口是推动住房租赁市场发展的前提，正是住房租赁人口大量存在，促使了住房租赁市场的快速发展。一方面，住房租赁人口占比若是过低，那么在没有需求的前提下，我国的住房租赁市场的发展将停滞不前；相反，住房租赁人口占比高，也就意味着住房租赁市场需求大，也就会吸引相关企业的进入进而促使住房租赁市场的快速发展。住房租赁人口占比主要从住房租赁需求层面对住房租赁市场的发展状况进行衡量。从我国住房租赁市场需求结构来看，主要由新市民群体带来的住房租赁需求和户籍人口在户籍所在地的租房需求构成。根据中国指数研究院公开数据显示，住房租赁市场需求结构中新市民群体带来的住房租赁需求占绝对主力，因此，新市民群体占比在一定程度上可以反映住房租赁人口占比情况。根据 2018 年陕西省新市民群体统计年报表显示，陕西省新市民群体总量为 250.79 万人（图 3-2-18）。

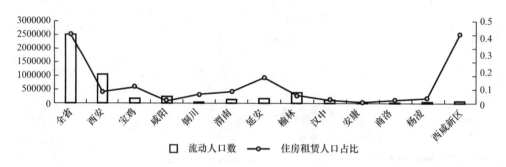

图 3-2-18　2018 年陕西省新市民群体新市民群体现状

本书以 2017 年陕西省流动人口统计数据为依据，估算各地级市住房租赁情况。

2. 现阶段西安市住房租赁市场租赁方式

（1）中介租赁。有房源需要出租的个人通过中介公司在门店和网络平台发布房源消息，租房者来到门店或在其网上住房平台选择所需住房，整个租房过程，中介公司全程参与，现在各个小区及周围均可看到这类房屋中介公司。

（2）"互联网＋房管＋金融"是长租公寓的运营方式，这种新型的租赁方式正面临资金风险的考验，要健康发展还需要建立有力的监管制度。

（3）房地产企业建立的规模化租赁模式。企业可以出租自有住房，也通过租购的方式获得房源，装修后出租。

（4）隐形租赁。房源持有者直接招租的住房租赁模式，这种租赁方式主要集中在房源比较集中的城中村和城中村拆迁后的安置小区。

三、陕西省住房租赁市场现存问题

（一）住房租赁存在供需结构性矛盾

以西安市为例，从供需总量上来看，截至 2020 年 6 月，仍有近 43 万户新市民家庭通过单位临时宿舍、工地现场、借住亲友家中等形式解决住房问题。一方面，日益增长的新市民群体的租赁需求难以满足，另一方面，存量住房利用率低。从产品结构来看，西安市新市民群体呈现出年轻化、家庭化等发展趋势，租赁需求也逐渐向品质化、个性化发展，现阶段租赁房源中老旧房屋、棚改安置住房、城中村自建房占比较大，高品质的租赁企业经营房源供应不充分；此外，中小户型、中低价位产品供应不足。

（二）各类市场主体经营活力不高

现阶段西安市规模化、产业化、资本化的住房租赁产业尚未形成，抓手不足、资金紧张、后续乏力等问题依然凸显，特别是住房租赁行业存在前期投入大、利润低、投资回报周期长等特点，客观上降低了企业参与的积极性，成为制约行业发展的主要因素。

通过中央财政支持住房租赁市场发展试点，充分发挥财政资金的杠杆和放大作用，吸引多元化资金进入住房租赁市场，能够切实降低企业筹建、改造、装修、运营等方面的成本压力，转变企业经营模式，提升盈利能力，优化营商环境，加快破解困扰住房租赁企业起步阶段的发展难题，提振各类主体对住房租赁市场的信心，健全以市场配置为主、政府提供住房保障的住房租赁体系，做大做强西安市住房租赁市场。

（三）专业化、规模化住房租赁企业发展不充分

当前西安市专业化规模化住房租赁企业数量较少，租赁住房的品质普遍不高，中低档次、老旧小区、个人闲散住房占比较高。根据疫情复工统计，当前西安市实际从事住房租赁业务的企业为170家左右。集中式租赁企业约为12家，房源在1000套（间）以上的企业为4家，集中于品牌房企的业务转型；分散式租赁企业约为40家，房源在1000套（间）以上的企业为7家。此外，国有租赁企业市场参与度较低，远低于民营等其他类别企业规模。市场供应仍以闲散个人房源为主，租赁市场专业化管理规模较小。

西安市获批住房租赁市场试点城市给我们提供了难得的机遇，一方面，调动市场主体的积极性，通过建立规模化、集约化、专业化的市场主体，可以得到多方位财政资金支持，增强企业创新发展能力，鼓励多元化的市场主体成立专业化、规模化住房租赁企业；另一方面，通过注入资本金等方式，加快筹建地方性国有租赁企业并给予重点支持，充分发挥国有企业的带动、引领作用，有效增加市场主体，引入市场竞争机制，提高住房租赁品质建设，完善配套设施，提高服务水平，有效改善居民生活条件，实现住房租赁市场高质量发展。

（四）住房租赁企业投融资壁垒亟待破除

金融创新大多处于探索阶段，住房租赁企业缺失融资渠道，融资难、融资贵等问题突出。对于重资产模式企业，自持住房成本高，大量资金沉淀使用效率过低；对于轻资产模式企业，通过正规单一的融资渠道很难满足融资需求，易引发租赁合同纠纷、企业恶性竞争房源、"租金差"高风险经营模式等问题。

（五）租赁市场体制机制有待进一步健全

随着住房租赁市场的发展，新的问题和矛盾不断显现，由于租赁市场相关法律法规制度的缺失及不完善，市场健康发展受到制约，房源信息不实、租赁关系不稳定、租赁行为不规范、租赁合同登记备案率低等问题未明显改善。

第四篇
陕西省保障性租赁住房的专题研究

一、保障对象租赁住房需求特征挖掘

为了更好地衡量陕西省内现有公租房、市场化租赁住房等供给是否与保障对象的需求相匹配。首先，我们必须深入了解该群体的特点以及他们的实际租房需求以及需求偏好。

本部分采用大数据以及过往文献分析等方法对保障对象群体的租房需求进行系统的梳理和挖掘，初步选定保障对象群体对保障性租赁住房的需求因素类别，便于下一步进行需求偏好识别。

（一）基于网络数据的需求挖掘

传统的需求调查的数据获取方法多采用人工调查法，调查的成本较高，耗费时间较长，而当前随着信息技术的发展，越来越多的数据被记录和储存，同时大数据技术在数据获取和分析上的优势逐渐凸显。在需求挖掘过程中本书借助网络爬虫技术获取需求数据，并用大数据分析技术对获取的需求数据进行深入研究。

为了获取保障对象租房需求的数据，本次研究借助微博同城、58同城、置顶吧网、老表网、房天下、巴乐兔租房网等定位在本地社区提供寻租、出租、出售房屋的信息发布网站，从中进行需求信息爬取。这类网站存在着大量保障对象群体发布的对租房需求的具体数据。

1. 文本数据爬取

对大数据平台上（微博同城超话、快点8、巴乐兔租房网、老表网等）居民发布的需求数据进行网络爬虫提取。拿微博举例，在微博搜索框搜索"西安求租"，可搜索出大量用户的个人求租信息，通常用一段话描述（图4-1-1）。

本次研究采用八爪鱼网页采集器7.2.0作为爬虫工具，它可以根据用户自定义的采集规则，从不同网站获取规范化的数据，采集下来的数据会自动储存到云服务器，并且具备可视化的流程操作界面。本次设定规则提取标题、区域、租金以及详细信息等，采集时间为10月25—30日，共计采集24550条需求数据。八抓鱼数据采集结果如表4-1-1所示。

2. 数据清洗与筛选

本书的数据清洗主要通过不相关数据清洗、重复记录删除以及数据缺失值处理这三种清洗方式来对获取的需求大数据进行处理。

（1）不相关数据清洗

由于采集到的数据中存在大量的对办公用房、商铺、厂房等非个人自住用房的需求表达，此外还有招租信息混杂在数据中，因此本书选用sql语句，通过选定系列关键词进行不相关数据清洗。这里对关键字的选取主要是通过多次对数据的人工观察和尝试。做删除筛选的关键词有"直租""我是房东""商用""店铺""出租""周至""办公""员工""宿舍""商铺""写字楼""办事""蓝田""阎良""自己的房子""合租公寓""场地""厂房""咸阳""我是中介""美容""大量""挂靠证书""急聘""便利店""底商""高陵""门面""临潼""仓库""回租""招室友""铺面""户县""房屋托管"等（图4-1-2）。

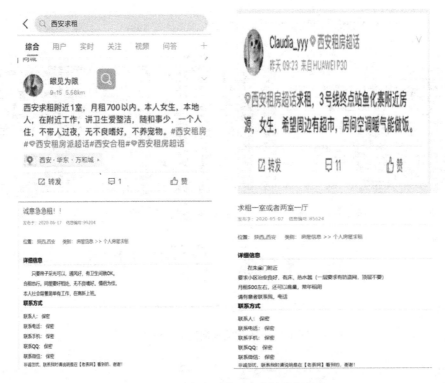

图 4-1-1　用户在网站上发布的求租信息

八爪鱼采集结果　　　　　　　　　　　　　　　　　　　表 4-1-1

省份	一级区域	二级区域	页面网址	标题	期望租金	居室要求	装修要求	期望面积	详细信息
西安	新城区	长乐中路	http://xi	全国房地产经纪人证建筑中工经济师证人力资源管理	面议				全国房地产经纪人证 建筑中工　经济师证　人
西安	未央区	龙首村	http://xi	电话18792592510		居室要求:简单装修	简单装修	不限	我是给朋友代发信息　　详细交谈请拨打：　联系
			http://xi	慧家公寓在西安全城搜集毛坯房 再也不担心房子空	30-30 元	居室要求:	毛坯	30-150平	西安慧家公寓，西安市三环内租赁毛坯房!
			http://xi	闲置毛坯房不知如去投诉！慧家共享公寓喊你收租啦!900-1500		居室要求:	毛坯	30-150平	西安市三环以内毛坯房屋(住宅、公寓、商
			http://xi	西安慧家公寓全城租赁 三环内毛坯房!!! 西安慧家公	900-4500	居室要求:毛坯	毛坯	30-150平	西安慧家公寓，西安市三环内租赁毛坯房!
			http://xi	大学南路西北大学太白星座旁西大新村三室 便宜出	1900 元/	居室要求:简单装修	简单装修	不限	1.房子宽敞光线好，家具全拎包入住方便，省
西安	未央区	经济技术	http://xi	2000元起求租西安市三环内毛坯房，面积不限2000-5000			毛坯	不限	三彩青年公寓回租毛坯房的要求如下：　　1、
			http://xi	三彩集团2000元起大量回租西安市三环内毛坯房!!	面议		毛坯	不限	三彩青年公寓回租毛坯房的要求如下：　三环内
西安	未央区	张家堡	http://xi	求租三环以内毛坯房	面议	居室要求:毛坯	毛坯	不限	我本人就在华府御城住，现求租本小区1居室房
西安	莲湖区	莲湖其他	http://xi	求租1居室			毛坯	不限	可做饭，有简单家具，可洗澡，交通方便(该信
西安	未央区	龙首村	http://xi	一室 一厅 一卫	面议			不限	求租一套标准一室一厅或者两室一厅的房子，简
西安	未央区	凤城四路	http://xi	求租未央区凤城四路附近房子	面议			不限	急需要租一套房子，3室，2室都可以　　联系我
西安			http://xi	急租一套3室				不限	希望房子带简单家具，有独立卫生间，带空调
西安	新城区	万寿路	http://xi	求租西安幸福路附近的房子	面议			不限	求租橡树街区精装房 房屋结婚结新房间1天，可
西安	高新区	洋悲南路	http://xi	求租橡树街区精装房子，具	300 元/月			不限	最少有床有空调，最好能做饭　　联系我时，请
西安	未央区	草滩	http://xi	本人求租宁东路单位家属区1层1室3室单元房	面议			不限	一室一厅一卫一厨可拎包入住　　联系我时，请
西安			http://xi	绝对爱护!可拎包入住本人干净卫生	面议			不限	本人求租宁东路单位家属区1层3室单元房。干净
西安	新城区	金花路	http://xi	本人求租无界小区南房子一套	面议			不限	干净整洁，有空调，冰箱　　联系我时，谁说是
西安	户县		http://xi	求租低楼层停车方便精装房	面议			不限	要停车方便，装修好点，楼层低，带家电及部分
西安			http://xi	市中医院附近合租房，主卧带卫生间，可做饭的	面议			不限	在市中医院附近的，可以合租。最好是上卧带卫
西安	雁塔区	明德门	http://xi	融尚第十四区求租中两室的空房!!其他小区不考虑	面议			不限	80个平左右!空房子，要求带厨卫即可！我们自
			http://xi		300 元/月				

（2）重复记录的删除

　　由于数据来自多个渠道，存在同一个用户在多个网站均发布求租信息或在同一个租房网站多次发布同条租房需求信息的情况。因此，本书通过编写 sql 语句对数据的重复记录进行删除。采用 group by 方法，该方法首先对重复数据进行查询，并记录查询的重复数目，然后对重复项执行删除操作，且只保留一条（图 4-1-3）。

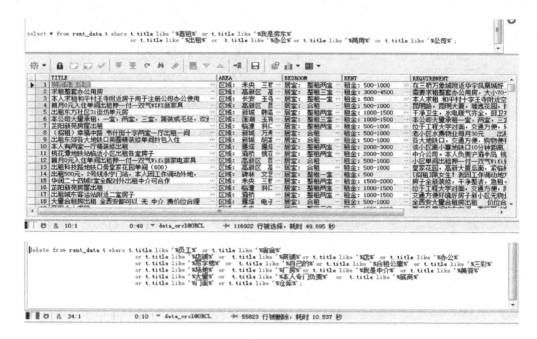

图 4-1-2　不相关数据清洗操作图

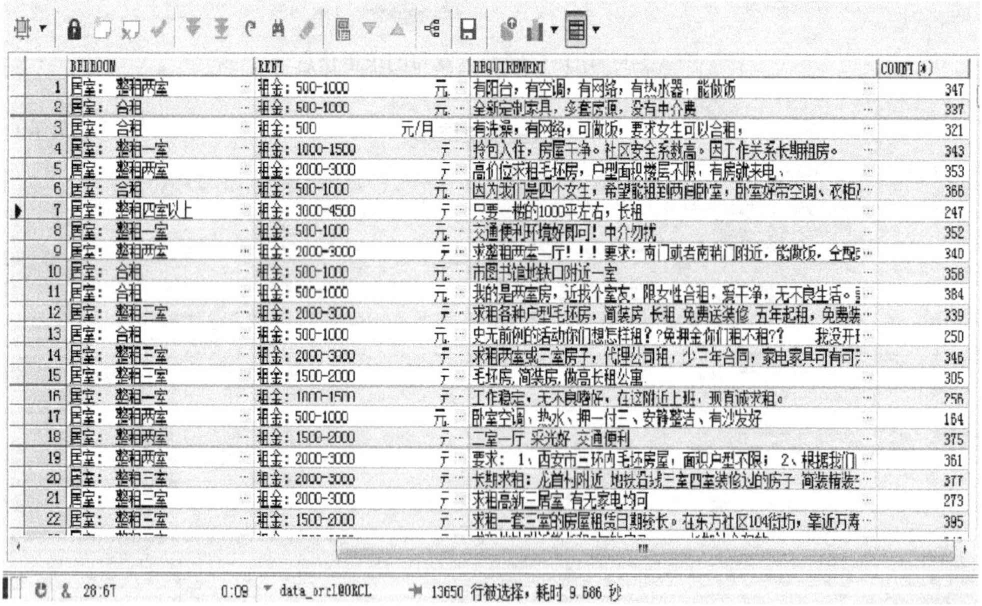

图 4-1-3　重复记录数据清洗操作图

（3）数据缺失值处理

本次研究对数据缺失值的处理方式通过人工干预，手动添加或者直接做删除处理。本书对缺失"区域""租金""居室"信息的数据，通过分析"具体需求"和"标题"中的区位信息，采用人工的方式手工填写，对数据缺失严重、数据明显错误的信息采取直接删除操作，对于只缺失"具体需求"部分的数据，由于数量较多，本书选择保留操作。

（4）数据筛选

本书只针对符合保障对象群体范围内的人群的租房需求，因为保障对象的收入水平普遍属于中等偏下水平，故可根据发布租房信息中的租金高低情况来筛选。胡元瑞、李云、康悦以及葛怀志在对保障人群的可接受的租金价格的研究中发现，保障人群可接受租金价格普遍在 1000 元以下。因此本次筛选各大租房网站上发布的求租信息时，把对租金要求在 1000 元及以下的租房人群作为研究对象，尽量使研究对象与保障对象群体符合度最大。

经过上述几步清洗操作后，最终得到租金需求在 1000 元及以下的有效数据共有 15310 条，如图 4-1-4 所示。

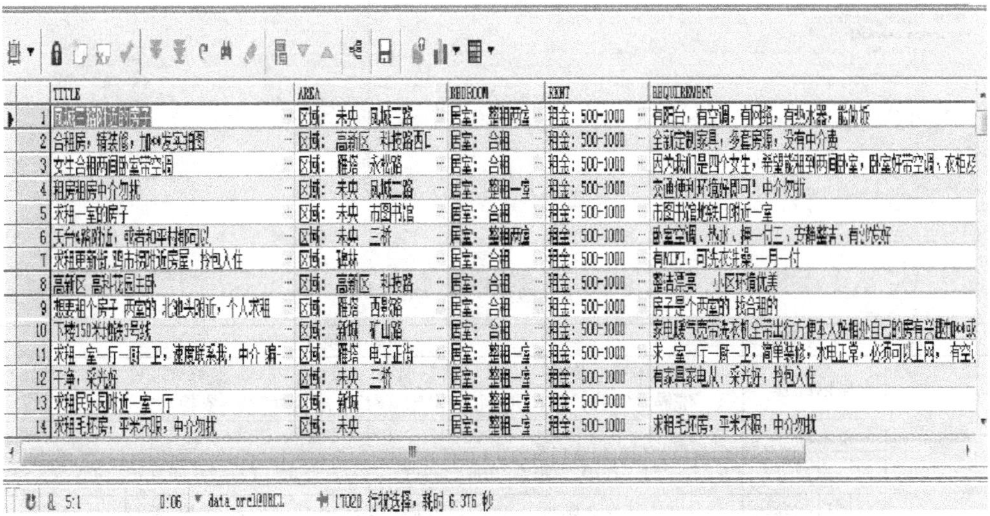

图 4-1-4　数据清洗及筛选后的干净数据

3. 文本挖掘

爬取到的数据直接被分类成了"区域"、"居室要求"、"租金"以及"具体需求"四个方面，在"具体需求"中的内容往往是前三个部分没有体现到的具体需求或者是对某一需求的突出强调。"具体需求"中的内容是几十字或几百字的文本数据，需要利用文本挖掘算法来实现对需求特征词的提取。本书对于"具体需求"内容进行文本挖掘，挖掘工作采用 R 软件来实现。

对文本挖掘的过程包括中文分词、去停用词、文本向量化以及文本特征词词频分析。首先将上一步清洗干净的数据导入 R，采用 Rwordseg 软件包进行分词操作，为了提高分词的准确率，还从搜狗词库中下载了有关租赁的词库词典；然后对分词后的数据进行向量化操作；紧接着进行去停用词操作，将"可爱""我的""中介勿扰""我们""的""可以""合适""找""希望""本人""要求"等高频停用词删除；最后，用 wordcloud 词云来做需求的可视化呈现（图 4-1-5）。词频数越高的需求，进行下一步分析的价值就越高。由词云可以看出"干净"和"附近"两个词的词频最高，"干净"更多的指对小区及房间卫生环境的需求，"附近"这一特征词指的是对通勤距离、小区周围各种配套的需求。

本书基于互信息和语义相似度对词频数排名前 100 位的需求特征词进行了相关性分析，根据将相似度较大的两个特征词归入同一个产品需求偏好类别的原则，形成词频类别图（图4-1-6）。

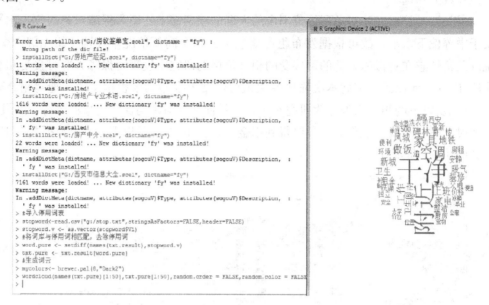

图4-1-5　词云操作结果呈现

需求主类别	需求次类别	特征词频次
房屋条件	室内配套	空调（445）、家具（423）、做饭（412）、家电（267）、装修（221）、暖气（215）、洗澡（249）、洗衣机（129）、床（84）、冰箱（72）、衣柜（51）、电视（45）
	室内环境	干净（1104）、卫生（208）、整洁（189）
	户型	卫生间（165）、朝南（100）、采光（79）、公寓（76）、单间（75）、高层（52）
区位配套条件	周边配套	附近（1068）、医院（63）、小学（40）、学校（36）
	交通	地铁（312）、交通（177）、公交（65）
	具体地点	碑林（259）、凤城（236）、新城（223）、高新（145）、浐灞（116）、三桥（110）、北郊（36）、大兴（45）、南门（41）、朱雀（30）

注：以排名前100的高频特征词整理得到，将近义词进行合并处理

图4-1-6　需求特征词的词频类别

（二）基于权威文献的需求挖掘

在国外的研究中，早在1975年，Morris和Winter通过研究影响家庭调整住房行为的原因，发现房屋面积、施工质量、周边环境、住房形式是用户普遍关注的重要因素；1985年，James R. FOLLAIN在对发展中国家住房意愿的研究中指出居民愿意为几种房屋质量措施付费，如房屋的结构质量墙壁，屋顶和地板的质量。1998年Paul Cheshire和Stephen Sheppard创新性地提出社区特色、当地设施和公共用品也是居民需求中不可忽视的一部分，而且直接影响房屋的价格。

2010年，Jaume Garcia在对巴塞罗那市住房需求的价格和收入弹性有研究中，通过评估房地产信息来估算，而其所涵盖的信息有住房的各类物理特征（如装修情况、楼层）以及所述的城市区域的信息（如地段、区域状态）。另外不同人群的需求特征不同，年轻人和妇女似乎将其需求集中在数量和质量上，这可能是因为不可能获得一个好的位置。相反，长期员工和企业主将需求集中在所需的位置上。

在国内，上海交通大学陈杰教授在 2014 年对上海公租房的发展的研究中提到，受访者最满意的公屋方面包括保有权保障、住房质量和社区安全。租户最不满意的方面包括租金、相对于工作场所的便利位置以及布局和设计。提到：调查指出大多数公屋居民都是年轻人，中产阶级，并且受过较高的教育，这一群体高度重视具有较高安全性的封闭式社区的设施和私有化景观。与以前的住所相比，他们从家到工作的通勤时间有所增加；90％的受访者进入公租房项目后需要花半个多小时才能上班（相比之下，搬入公租房之前只有57％）。现场工作还表明，这两个公共住房项目位于工作机会有限的地区，而且这些地区的地铁和其他大众运输工具的通行性不好。

2013 年，李文娟在对城市经济适用房小区居住群体以及需求特征的研究中提到，低收入群体经济来源不稳定，为了尽可能地节省家庭开支，他们更倾向于选择设施配套成熟的区位，以便能够便捷地使用商场、医院、学校等公共空间和设施；他们对通勤成本较敏感，所以倾向于选择公共交通便捷的区位。

2017 年，常付华在对外来青年群体住房需求偏好研究中提到，外来青年在就业初期，愿意选择生活水平低的城中村，对于房间面积大小没有过多的追求，能满足基本要求（20m²）即可。

2018 年，况澜、郝琴房在对我国租房租赁市场需求及发展趋势研究中提到，全国租房户型需求主要集中在一居室和二居室，需求占比 74％；租赁价格接受度近 40％是 1500 元及以下。

2019 年，孙聪、刘霞等在对租房与购房者需求差异性进行深入研究，研究发现：在物理特征方面，租房者偏好住房的实用性，而购房者偏好舒适性；在地段区位方面，租房者偏好市中心，而购房者的选址相对分散；在邻里设施方面，租房者关注休闲生活设施和公共交通设施，而购房者关注以优质公立教育资源为代表的公共服务配套情况。同年上海市房地产科学研究院在对上海市特定群体住房租赁消费及需求特征的研究中，发现租户的基本特征为非沪籍、低学历、中青年、已婚人群；租住房屋位置倾向于内环内，租住的绝大部分房屋都具有厨卫设施，户型总体上以倾向一室户居多，占比 47.27％，另外倾向于租住公寓的居多，占 42.34％，其次是住宅，占 27.13％；大部分租住的房屋还配置了温控设备、洗澡间和天然气等基础设施，占比分别为 60.64％、67.89％和 67.41％；逾八成租户意愿单程通勤时间不超过半小时。

（三）保障对象租赁住房的需求特征指标

综上所述，结合国内外过往文献可以清楚地看到市民，尤其是租赁群体对住房需求特征及倾向。以研究文献为脉络，结合大数据对保障对象住房需求信息的挖掘，初步总结出保障对象的租房需求特征情况，如表 4-1-2 所示。

二、保障对象住房租赁需求偏好确定及需求空间集聚分析

（一）保障对象群体需求偏好确定

在初步确定保障对象住房需求特征后，需要从中做进一步筛选，找出需求特征中保障对象更关注、更在意的需求，即找出他们的住房需求偏好，以便更好地把握需求关键，为后续对供需匹配度的准确计算打下基础。本次确定需求偏好采用粗糙集理论。

保障对象需求特征情况表　　　　　　　　　　表 4-1-2

需求特征层次Ⅰ	需求特征层次Ⅱ	需求特征层次Ⅲ
租房经济特征	经济性	租金较低，可承担 X1
住房质量特征	建筑特征	建筑结构安全稳定 X2
		住房智能化程度 X3
		设计绿色环保化 X4
	房屋特征	居住面积合适（小户型）X5
		户型结构要求 X6
		有厨房设施 X7
		有冷暖气等配套配置 X8
		有基本室内家具配置 X9
		采光通风条件良好 X10
		私密性良好 X11
区位配套特征	区位特征	通勤时间少、成本低 X12
		到市中心距离短 X13
		距离公交站及地铁站距离短 X14
	配套特征	医疗服务及便利性 X15
		商业及生活餐饮配套 X16
		教育配套 X17
环境特征	社区环境	社区环境卫生状况好 X18
		周围噪声小 X19
		绿化水平高 X20
		活动场所宽敞 X21
	人文环境	社区其他住户的接纳与尊重 X22
		物业服务水平高 X23
		社区管理的参与程度高 X24

1. 粗糙集及基于信息熵的用户子群需求特征权重理论

（1）粗糙集理论

1982 年波兰数学系教授 Pawlak 教授提出了一种数据分析处理理论——粗糙集理论，粗糙集理论是一种研究不精确、不确定与不完整信息、知识与数据的数学理论与方法，该理论与方法与其他处理不确定、不精确问题方法的显著区别是：应用数据集自身的数据进行决策推理，不需要提供问题所需处理的数据集合之外的其他信息。因此具有较强的客观性。因此本书采用粗糙集理论和信息熵处理方法来确定用户基本需求的重要性。用粗糙集理论将调查数据表达为粗糙数形式，用模糊矩阵对各用户需求进行表达，并用信息熵处理方法简化用户需求模糊矩阵，从而获取用户需求的重要度排序。

首先，调查者对住房的需求可以用一组需求特征来表示，

即
$$CR = \{CR_1, CR_2, \cdots\cdots, CR_S\}$$

假设 PC_{ij} 表示第 i 个用户 C_i 对第 j 项住房需求特征 CR_j 的模糊测评值。则 n 个用户的模糊评价集为：

$$R_j\{PC_{1j}, PC_{2j}, \cdots\cdots, PC_{nj}\}; j = 1, 2, \cdots\cdots, S$$

设 PC_{kj} 为 R_j 中任一确定元素（$k=1$，2，3，……，n），PL_{kj} 为 R_j 中不大于 PC_{kj} 的元素个数，PU_{kj} 为 R_j 中不小于 PC_{kj} 的元素个数。则 PC_{kj} 的下限计算式为：

$$L(PC_{kj}) = \frac{1}{PL_{kj}} \sum_i PC_{ij} \tag{4-1}$$

式中，i 为 $PC_{ij} \leqslant PC_{kj}$ 的所有角码。同理，PC_{kj} 的上限计算式为：

$$U(PC_{kj}) = \frac{1}{PU_{kj}} \sum_i PC_{ij} \tag{4-2}$$

式中，i 为 $PC_{ij} \geqslant PC_{kj}$ 的所有角码。则粗糙数可用区间描述为：

$$R(PC_{kj}) = [L(PC_{kj}), U(PC_{kj})] \tag{4-3}$$

应用上述公式对所有调查者需求项测评数据进行处理，得到粗糙数表达的测评值。粗糙数区间的下界和上界不仅反映原始测评值的大小，而且还反映所有被测试用户测评值的差异和分布。

用算术平均法集结 n 个调查者的需求特征测评值，得到第 j 项住房需求的平均测评值为

$$[\overline{R_{lJ}}, \overline{R_{UJ}}] = \frac{1}{n} \Big[\sum_{i=1}^n L(PC_{ij}), \sum_{i=1}^n U(PC_{ij}) \Big] \tag{4-4}$$

式中 $j=1$，2，3，……，S

应用上述公式对所有调查者需求项测评数据进行处理，得到粗糙数表达的测评值。粗糙数区间的下界和上界不仅反映原始测评值的大小，而且还反映所有被测试用户测评值的差异和分布。

用算术平均法集结 s 个调查者的需求特征测评值，得到第 j 项住房需求的平均测评值为

$$[\overline{R_{lJ}}, \overline{R_{UJ}}] = \frac{1}{s} \Big[\sum_{i=1}^s L(PC_{ij}), \sum_{i=1}^s U(PC_{ij}) \Big] \tag{4-5}$$

根据粗糙数排序规则，比较每个住房需求特征项平均粗糙数的大小，即可得到初步筛选用户偏好需求。

（2）基于信息熵及用户子群的需求特征权重理论

假设需求用户的群体分为 T 个用户子群，其中第 t 个用户子群用 CGS_t 来表示，假设该子群用户的需求特征 CR_j 共有 s 项，即 $j=1$，2，3，……，s。根据需求量表程度打分原则（需求偏好程度打分），可获得需求用户子群 CGS_t 的用户评判模糊矩阵 CFS_t 为：

$$CFS_t = [PC_{ij}^t]_{s \times Q_t} \tag{4-6}$$

式中，$[PC_{ij}^t]$ 表示子群 CGS_t 中第 i 个用户（$i=1$，2，……，Q_t）对第 j 项需求的模糊评价值。接着采取平均值的方法，计算得到子群 CGS_t 中 Q_t 个用户对第 j 项需求的评分值 PC_{ij}^- 为：

$$PC_{ij}^- = \frac{1}{Q_t} \sum_{i=1}^{Q_t} PC_{ij}^t \quad j=1,2,\cdots\cdots,s \tag{4-7}$$

则模糊决策矩阵 CFS 为：$[PC_{ij}^-]_{s \times T}$

设用矩阵 CFS 表示了各个子群对各项需求模糊评价的情况，根据熵的性质，对矩阵 CFS 进行熵处理，各项需求特征作用于各个用户子群的状态概率为：

$$P_{jt} = \frac{PC_{tj}^-}{\sum_{t=1}^T PC_{tj}^-}, t=1,2,\cdots\cdots,T; j=1,2,\cdots\cdots,s \tag{4-8}$$

根据信息熵计算式可得到第 j 项需求的信息熵为：

$$E_j = -\frac{1}{\ln s}\sum_{t=1}^{T} P_{jt}\ln P_{jt} \tag{4-9}$$

式中，$j=1$，2，……，s。因为 $0 \leqslant P_{jt} \leqslant 1$，故可得 $0 \leqslant E_j \leqslant 1$。定义偏差度 d_t 为：

$$d_j = 1 - E_j \tag{4-10}$$

根据熵权计算公式可求出各个需求特征的权重 V_j：

$$V_j = \frac{d_j}{\sum_{j=1}^{n} d_j} \tag{4-11}$$

根据上式即可得所有需求特征的权重系数，其向量表达式为：

$$V = [v_1, v_2, \cdots\cdots, v_S]^N \tag{4-12}$$

2. 调查目的与调查对象

（1）调查目的

需求偏好程度的确定需要基础数据，因此有必要针对保障对象群体进行偏好程度调查。本次偏好程度调查采用线上及线下问卷调查相结合的方法。

通过问卷调查的手段，掌握目标人群的住房需求，确定其需求偏好。第一，可以更好地与市面上现有的租房供给情况进行针对性的供需匹配度分析；第二，可以更好地推动需求落地，因地制宜地制定符合当地情况的保障性租赁住房供给体系；第三，可以做好保障人群的住房保障工作，对推进保障性租赁住房的建设和管理工作提出系统化的政策建议，实现保障性租赁住房优建良管善用的目的。

（2）调查对象与范围

本次问卷的调查对象是以"保障对象"群体为主的城市租房人群，根据第一部分，本文将保障对象群体划分为城市间转移就业群体、外来经商群体、农村务工群体（含城中村改造及失地安置人员）、人才引进及新毕业大学生、本地住房困难群体共五类。

调查范围线上不限地域，只要符合中低收入人群标准即可；线下调查我们深入西安市高新、浐灞、经开区等多个公租房小区内进行随机调研。

3. 问卷设计与实施

（1）问卷设计

本次问卷主要内容分为两大部分。第一部分为个人基本信息以及现住房租房情况的基本调研。个人信息包括户口、婚姻、职业、收入等信息，并根据基本信息情况判断归类人员所属群体。现住房情况包括户型、面积、租金等信息。

第二部分为问卷的重点部分，是关于 24 个租房需求特征的居民偏好选择，并用量化打分的形式表达对某需求的偏好程度。具体打分规则如表 4-2-1 所示。

量化打分规则表　　　　　　　　　　　　　　　　　　　　　表 4-2-1

含义	非常不看重	不看重	无所谓	看重	非常看重
分值	1	3	5	7	9

另外，问卷中设置筛选（如您是否有过租房经历）及类重复问题，通过这类问题，

可以筛选出无效问卷，确保问卷调查结果的可靠性和真实性。

（2）问卷实施

在正式发放问卷之前，我们首先进行了预调研，主要通过预调研判断问卷结构的合理性，找寻问卷问题是否有模糊、歧义等情况。通过预调研对象的反馈情况，重新对问卷结构做合理优化，对部分歧义部分增加注释说明，接下来即正式发放问卷。

本次问卷共计发放 402 份，线上发放 292 份，线下发放 110 份。线下研究团队深入西安市各个区的典型公租房小区（共计 9 个公租房小区，范围遍布高新区、雁塔区、长安区、经开区、浐灞区，如图 4-2-1 所示），尽可能地使线下调查问卷填写对象符合保障对象群体。

问卷全部回收，根据问卷中所设计的筛选选项（是否有租房经历等）初步筛选问卷，实际有效问卷 342 份，问卷有效率为 85%。

图 4-2-1 调研团队调研地点和现场

4. 问卷描述与信度效度检验

（1）受访者基本信息情况

本次有效问卷中，男性 174 份，占比 50.88%，女性 168 份，占比 49.12%；年龄以 25～40 岁居多，占到总样本量的 61.11%；户籍情况外地城镇户口占比 25.12%，本地城镇户口占比 25.99%，外地农村户口占比 13.74%，本地农村户口占比 35.55%（图 4-2-2）；月收入 5000 元以下的比例接近 60%，（图 4-2-3）；受教育程结构初中及以下占比 19.43%，高职高专占比 25.59%，大专 27.01%，本科占比 20.85%，研究生以上仅占比 7.11%（图 4-2-4）。可见大部分调查群体的学历偏低，集中在本科以下，占了 72% 的比重。

本次调查人群具体分类情况见表 4-2-2、图 4-2-5，保障对象群体中人群分布较为平均，保障对象主体中城市间转移就业、农村务工人员及人才引进等子群体的样本数量接近，结构分配合埋。

（2）问卷信度、效度检验

首先对问卷的信度进行检验。调查信度分析是对本次需求调查结果的可靠程度、研究成果的前后一致性、稳定性的评价，是佐证本次调查采集的资料及其成果是否可信的量化指标。通过对所采集的资料进行前面一致性分析，可测算得到本次调查的内部一致性信度指标。

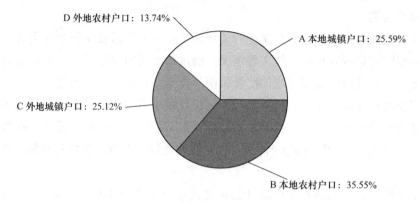

图 4-2-2　调研对象户口结构分布

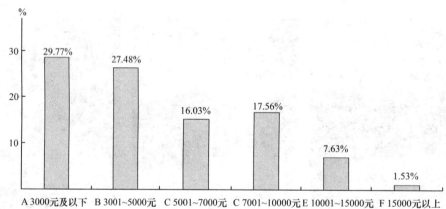

图 4-2-3　调研对象收入结构分布

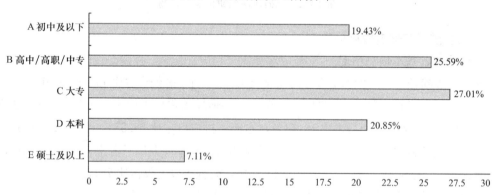

图 4-2-4　调研对象学历程度结构分布

调研对象细分人群分布结构　　　　　　　　　　　　　　表 4-2-2

群体	城市间转移就业人员	外来经商人员	农村转移务工人员（含城中村及失地拆迁安置）	人才引进及新毕业大学生	城镇户籍人员
人数	65	21	71	97	88
占比	19%	6.14%	20.76%	28.36%	25.74%

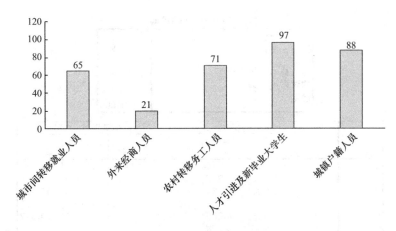

图 4-2-5　人群细分结构图

调查得出 Cronbach α 为 0.876，大于 0.8 因此说明数据信度质量高，可用于进一步分析（表 4-2-3）。

信度检验结果表（可靠性统计量）　　　　　　表 4-2-3

Cronbach's Alpha	基于标准化项的 Cronbachs Alpha	项数
0.876	0.870	0.24

然后对问卷的效度进行检验，得出 KMO 值为 0.92，大于 0.6，通过 Bartlett 球形检验，说明选择的因子变量和采集的样本数据适合做下一步分析；显著性水平为 0.000＜0.001，说明相关矩阵不是一个单位矩阵，数据适合因子分析。同时，旋转后累积方差解释率为 54.517%＞50%，说明研究项的信息量可以有效地提取出来，因而综合说明研究数据具有良好的结构效度水平（图 4-2-4）。

（3）需求项描述性统计

对问卷调查结果中"居室要求"进行分析结果发现，对一居室（含单间、一室一厅）的需求最多，需求数量占到需求总量的 56.95%。两居室的需求量占总量的 37.89%，三居室及以上的需求量占到总量的 10.16%（表 4-2-5）。

对"租金"的数据进行分析发现，可接受的租金在 500～1000 元的保障人群数量占到总量的 45.49%，低于 500 元的占到总量的 54.51%，两个价位等级上的需求人数并未有显著差异。

问卷中保障人群需求最多的室内配套主要有空调、洗衣机、热水器、冰箱和电视等家电，床和柜子等简单家具以及厨房设备等配套。这些数据将应用于后文供给匹配研究。

5. 基于粗糙集及信息熵理论的需求偏好确定

梳理问卷数据导入 excel，根据粗糙数区间公式［式（4-1）～式（4-5）］，求得各子群需求特征的粗糙区间，并结合信息熵［式（4-6）～式（4-12）］所算出来的各子群需求特征权重，即可得出各子群的需求偏好排序。

以子群一城市间转移就业群体为例，各需求特征粗糙区间和需求权重如表 4-2-6 所示。

KMO 和 Bartlett 的检验

取样足够度的 Kaiser-Meyer-Olkin 度量。		.920
Bartlett 的球形度检验	近似卡方	2766.722
	df	276
	Sig.	0.000

成份	初始特征值			提取平方和载入		
	合计	方差的 %	累积 %	合计	方差的 %	累积 %
1	7.442	31.010	31.010	7.442	31.010	31.010
2	1.775	7.395	38.406	1.775	7.395	38.406
3	1.628	6.784	45.190	1.628	6.784	45.190
4	1.216	5.067	50.256	1.216	5.067	50.256
5	1.023	4.261	54.517	1.023	4.261	**54.517**
6	.980	4.084	58.601			
7	.875	3.646	62.247			
8	.847	3.530	65.777			
9	.780	3.250	69.027			
10	.719	2.996	72.023			
11	.658	2.744	74.767			
12	.632	2.634	77.401			
13	.606	2.525	79.926			
14	.571	2.379	82.305			
15	.568	2.367	84.672			
16	.537	2.236	86.908			
17	.487	2.027	88.935			
18	.475	1.980	90.915			
19	.441	1.838	92.753			
20	.409	1.702	94.455			
21	.353	1.469	95.924			
22	.351	1.465	97.388			
23	.336	1.401	98.789			
24	.291	1.211	100.000			

图 4-2-4　效度检验结果表

需求项描述统计表　　　　　　　　　　　　　　　　表 4-2-5

需求户型	占比	居民需求
一居室	56.95%	
其中：一室一厅	45.19%	1. 空调；2. 床、柜子等简单家具；3. 厨房设备；4. 家电；5. 暖气；6. 热水器；7. 洗衣机；8. 冰箱；9 衣柜；10. 电视
二居室	37.89%	
其中：两室一厅	32.39%	
三居室	8.80%	
四居室及以上	1.36%	

粗糙集及信息熵结果输出表　　　　　　　　　　　　表 4-2-6

X1	X2	X3	X4	X5	X6	X7	X8	X9	X10	X11	X12
(5.42, 7.92)	(4.87, 8.46)	(3.67, 7.76)	(4.09, 7.77)	(4.45, 8.21)	(4.76, 8.16)	(4.51, 8.40)	(4.87, 8.31)	(4.13, 8.04)	(5.18, 8.2)	(4.98, 8.21)	(5.05, 8.01)

X13	X14	X15	X16	X17	X18	X19	X20	X21	X22	X23	X24
(4.07, 7.59)	(4.81, 8.07)	(4.15, 7.97)	(4.48, 7.82)	(4.10, 7.89)	(4.82, 7.91)	(4.83, 8.24)	(4.6, 7.81)	(3.62, 7.68)	(3.77, 7.94)	(4.89, 8.1)	(3.82, 7.76)

续表

$X1$	$X2$	$X3$	$X4$	$X5$	$X6$	$X7$	$X8$	$X9$	$X10$	$X11$	$X12$
0.0434823	0.0414681	0.040129	0.041305	0.04119	0.042142	0.040776	0.042238	0.040882	0.0427	0.0425	0.0429
$X13$	$X14$	$X15$	$X16$	$X17$	$X18$	$X19$	$X20$	$X21$	$X22$	$X23$	$X24$
0.0416	0.0424	0.0411	0.0421	0.0411	0.0422	0.0420	0.0423	0.0401	0.0402	0.0424	0.0407

经过对粗糙区间的比较，并结合信息熵求得的权重排序，筛选出城市间转移就业群体关注的前 5 个租房需求偏好。筛选出来之后，再结合信息熵权重算法，分别算出筛选出来的 5 个偏好的各自权重占比（表 4-2-7）。

城市间转移就业群体需求偏好及权重占比　　表 4-2-7

CR_1	CR_2	CR_3	CR_4	CR_5
租金合适	居住面积合适	采光通风条件良好	公共交通设施配套	基本家具及暖气配置
0.201	0.198	0.201	0.2	0.2

同理，可以此得到其余 4 个子群的需求偏好及对应权重，见表 4-2-8～表 4-2-11。

进城经商群体需求偏好及权重占比　　表 4-2-8

CR_1	CR_2	CR_3	CR_4	CR_5
租金合适	居住面积合适	公共交通设施配套	商业及生活餐饮配套	基本家具及暖气配置
0.202	0.197	0.204	0.202	0.195

农村务工群体需求偏好及权重占比　　表 4-2-9

CR_1	CR_2	CR_3	CR_4	CR_5
租金合适	居住面积合适	公共交通设施配套	采光通风条件良好	基本家具及暖气配置
0.202	0.2	0.201	0.201	0.197

人才引进及毕业大学生群体偏好及权重占比　　表 4-2-10

CR_1	CR_2	CR_3	CR_4	CR_5
租金合适	面积合适	周围噪声小	物业服务水平高	房屋私密性良好
0.201	0.2	0.2	0.199	0.2

本地住房困难群体需求偏好及权重占比　　表 4-2-11

CR_1	CR_2	CR_3	CR_4	CR_5
租金合适	面积合适	公共交通设施配套	周围噪声小	物业服务水平高
0.201	0.2	0.2	0.2	0.199

（二）保障对象住房租赁需求空间集聚分析

本模块依据上文的大数据爬虫结果，借助"密度—比重"模型，以西安市为例，对保障对象群体的住房租赁需求的集聚情况进行分析，并借助 ArcGIS 工具进行空间呈现。

1. 空间粒度划分

本书在西安市行政区街道划分的基础上，考虑道路、水体、重要标志物等因素，将研究区域范围划分为 55 个板块，以此作为分析需求在空间上分布以及之后研究供求匹配的基本研究单元。并将西安市行政区的矢量图为底图，在 ArcGIS 软件中定义板块面状数据的投影坐标为 Xian 1980 3 Degree GK CM 108E。在矢量图上呈现 55 个板块分布，并在板块图层的属性列表中添加面积字段，利用统计几何工具，获得板块的面积，板块分布见图 4-2-6。本书的研究范围为碑林区、莲湖区、雁塔区、未央区、新城区、灞桥区、沣东新城以及长安区的部分区域，共计 976.10km² 的区域面积。

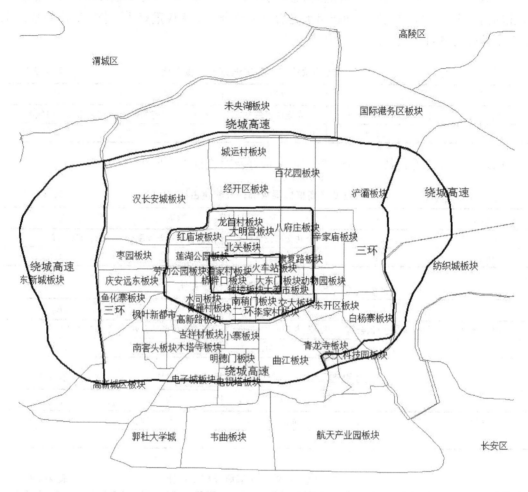

图 4-2-6　研究范围及单元

2. 空间集聚测度及模型构建

空间基尼系数、洛伦兹曲线以及赫芬达尔指数是较为常见的用于测度空间集聚的方法。然而上述方法对数据的要求较高，尤其是洛伦兹曲线和基尼系数，在实际研究过程中关键数据是不易获取的，因而方法的实用性不强。罗仁朝提出了"密度—比重"的空间聚集指数模型来对人口的空间集聚性进行研究，该方法得到多位学者的实证检验，方法实用性强。本研究借鉴"密度—比重"的空间集聚指数模型来衡量保障人群需求的空间集聚程度，并对居住空间进行集聚分区。所谓的密度指数指的是住房需求在空间上的分布密度，其表达式为：

$$Id_i = \frac{D_i}{Avg(D_i)} \quad (i = 1, \cdots\cdots, n) \tag{4-13}$$

D_i 为研究单元 i 内拥有住房需求的保障人群的分布密度，Id_i 为 D_i 与各研究单元的 D_i 的均值之比。比重指数指的是某一研究单元内，有租房需求的人群中保障人群所占有的比重。

$$Ig_i = \frac{G_i}{Avg(G_i)} \quad (i = 1, \cdots\cdots, n) \tag{4-14}$$

G_i 为研究单元 i 内拥有住房需求的保障人群占该研究单元内拥有租房需求的总人口数的比重，Ig_i 为 G_i 与各研究单元的 G_i 的均值之比。在得到 Id 和 Ig 的得分后，将两者的得分进行组合，从而将集聚情况划分为高度集聚、中度集聚和低度集聚三类。具体的划分依据如下：高度集聚区表达式为 $Id_i \geqslant 1$ 且 $Ig_i \geqslant 1$；中度集聚区可以分为 2 种，密度型集聚区，其数学表达式为 $Id_i \geqslant 1$、$Ig_i < 1$、且 $Id_i + Ig_i \geqslant 2$，还有一种比重型集聚区，其数学表达式为 $Id_i < 1$、$Ig_i \geqslant 1$、且 $Id_i + Ig_i \geqslant 2$；低度集聚区的数学表达式为 $Id_i + Ig_i < 2$。

3. 需求的空间集聚分析

利用本研究所构建的空间集聚分析模型，以 55 个板块为研究单元，以每个板块内的租房信息数量作为该板块内拥有的租房需求的总人口数，以筛选租金需求在 1000 元以下的信息数量作为该板块内拥有住房需求的保障人群的数量。由于爬取到的区位需求信息中缺少经纬度坐标，不能直接将需求分布呈现在板块单元上，本书利用百度地图的搜索功能，对每条区位需求信息进行人工识别具体的板块单元归属，并统计板块单元内的需求数量。

将上述数据带入到模型中计算，根据 Id_i 和 Ig_i 的关系，将集聚空间分成高度集聚区、中度集聚区和低度集聚区 3 类。在 ArcGIS 软件中对板块图层的属性表中执行"添加字段"的操作，在属性列表中添加"保障人群住房需求的集聚区"，并将需求在各板块的集聚结果填充到板块属性中去，见图 4-2-7。

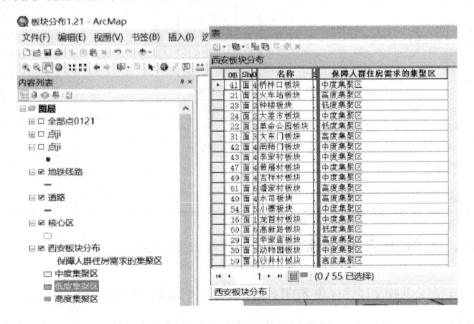

图 4-2-7 ArcGIS 对图层属性添加集聚结果

住房需求的空间集聚分析得到了保障人群住房需求的高度集聚区有 13 个板块，中度集聚区有 16 个板块，低度集聚区有 26 个板块，板块的具体集聚结果见表 4-2-12，需求的空间集聚分布见图 4-2-8。由空间分布可以看出，高度集聚区主要分布在鱼化寨附近的城市西南片区以及辛家庙附近的城市东北片区。中度集聚区主要分布在西安市的南二环周边及东三环里。整体来看保障人群的需求集聚区与地铁路线的分布存在一定的重合性。

保障对象住房需求的空间集聚程度表 表 4-2-12

板块	Id_i	Ig_i	Id_i+Ig_i	集聚程度	板块	Id_i	Ig_i	Id_i+Ig_i	集聚程度
八府庄模块	0.17	0.85	1.02	低度集聚	经开区板块	0.89	0.02	2.91	高度集聚
白杨寨板块	0.05	0.34	2.4	中度集聚	康复路板块	0.94	0.99	1.92	低度集聚
百花园板块	0.05	0.43	0.47	低度集聚	劳动公园	0.31	0.17	1.48	低度集聚
北关板块	0.36	0.35	3.71	高度集聚	李家村板块	0.45	0.78	2.23	中度集聚
浐灞板块	0.06	0.03	1.09	中度集聚	莲湖公园	0.88	0.76	2.64	中度集聚
城运村板块	0.38	0.62	1.00	低度集聚	龙首村板块	0.39	0.83	4.22	中度集聚
大差市板块	0.09	0.07	1.16	中度集聚	明德门板块	0.88	0.17	3.06	高度集聚
大东门板块	0.23	0.85	3.09	高度集聚	木塔寺板块	0.97	0.08	2.05	中度集聚
大明宫板块	0.18	0.94	1.12	低度集聚	南稍门板块	0.79	0.64	3.44	高度集聚
电视塔板块	0.3	0.19	2.49	高度集聚	南窑头板块	0.16	0.82	1.97	低度集聚
电子城板块	0.76	0.10	1.86	中度集聚	潘家村板块	0.91	0.41	3.31	高度集聚
东开区板块	0.85	0.30	2.15	中度集聚	桥梓口板块	0.47	0.17	1.64	中度集聚
动物园板块	0.58	0.34	1.92	中度集聚	青龙寺板块	0.43	0.76	2.19	中度集聚
纺织城板块	0.07	0.17	1.24	低度集聚	庆安远东	0.68	0.08	1.76	低度集聚
沣东新城	0.07	0.08	1.14	低度集聚	曲江板块	0.2	0.62	0.82	低度集聚
枫叶新都市	0.13	0.04	3.17	高度集聚	沙井村	0.39	0.11	2.5	高度集聚
高新路板块	0.43	0.51	1.94	低度集聚	水司板块	0.89	0.39	3.29	高度集聚
高新新区	0.09	0.52	0.61	低度集聚	桃园南路	0.26	0.22	2.48	高度集聚
革命公园	0.75	0.04	1.8	低度集聚	韦曲板块	0.29	0.04	1.33	低度集聚
郭杜大学城	0.22	0.02	1.23	低度集聚	未央湖板块	0.04	0.07	1.11	低度集聚
国际港务区	0.03	0.76	1.78	低度集聚	西桃园板块	0.13	0.59	1.72	低度集聚
航天产业园	0.04	0.59	0.62	低度集聚	小寨板块	0.8	0.72	2.52	中度集聚
红庙坡板块	0.25	0.78	1.03	低度集聚	辛家庙板块	0.97	0.25	3.22	高度集聚
黄雁村板块	0.58	0.59	1.17	低度集聚	鱼化寨板块	0.11	0.13	2.24	高度集聚
火车站板块	0.70	0.44	3.14	高度集聚	钟楼板块	0.47	0.39	2.85	低度集聚
吉祥村板块	0.27	0.78	4.05	中度集聚	枣园板状	0.77	0.08	1.85	低度集聚
交大板块	0.58	0.08	1.66	中度集聚	汉长安城	0.07	0.14	0.21	低度集聚
交大科技园	0.06	0.00	1.07	低度集聚					

三、保障性租赁住房供给主体的优势与效率损失

（一）准公共物品属性视角下的保障性租赁住房供给主体设定

根据萨缪尔森的定义，"纯粹的公共产品或劳务是这样的产品或劳务，即每个人消费

这种产品或劳务不会导致他人对该种产品或劳务消费的减少"。由此定义出发，与私人产品相比，公共产品具有如下特征：①非竞争性。非竞争性包括两方面的含义：一是消费者的增加不会引起生产成本的增加，即增加一个消费者的边际成本为零；二是每个消费者的消费都不影响其他消费者的消费数量和质量，即边际拥挤成本为零。②非排他性。指一旦产品被提供出来，排斥其他消费者的不可能性或无效性。纯粹的公共品多作为理论分析，现实中较少存在。现实生活中，大量存在的是介于公共产品和私有产品之间的产品，只具有两个特性之一，或具有局部的排他性，或具有局部的竞争性，或同时具有局部排他性和局部竞争性，即不能同时满足消费的非竞争性和非排他性两个特性的产品称为准公共产品。

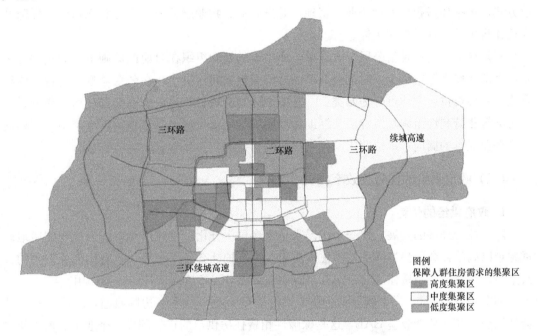

图 4-2-8　保障对象住房需求空间集聚分布图

判断是否为公共物品的依据不是由哪个部门来界定的，而是从物品自身的属性界定的。将保障性租赁住房作为一个统一整体来看的话，它具有准公共产品的属性。

（1）保障性租赁住房的非竞争性

我国保障性住房实行的政策一般是政府定价或者限价，在此基础上可分析得，保障性租赁住房的价格不会随着消费者数量的增加而增加，因此，保障性租赁住房消费的边际拥挤成本为零。

（2）保障性租赁住房的局部非排他性

保障性租赁住房的排他性体现在：一方面，一旦有消费者入住某套住房，则其他消费者便无法享受该住房；另一方面，作为保障新市民群体的保障性住房而言，保障性租赁住房涉及缓和社会住房矛盾、解决重大民生问题以及构建和谐社会等重大社会问题，任何保障群体都可以享受这一福利政策。因此，从这一角度来讲保障性租赁住房具有一定的非排他性。

此外，从保障性租赁住房的供给者角度分析，供给保障性租赁住房的私人收益小于社会收益，从而可得保障性租赁住房具有正外部性。

在准公共产品供给的实践中发现，提供准公共产品的主体包括三个：政府、市场以及以第三部门为主体的自愿供给主体。主体不同，提供准公共产品的方式也不同。

一是政府供给；是指政府通过公共选择程序，以强制征税来筹集资金并作为主要的手段，政府通过安排公共支出来实现公共产品的供给，以便供本国公民或本地区居民享用。具体来说政府类供给主体包括：各级政府住房城乡建设部门、单设的住房保障中心、国企（住房城乡建设部门下属的住房开发企业）等。

二是市场供给；是指以营利为目的的组织，根据市场需求变化，对指出采取收费的补偿方式，包括住房租赁专营企业、房地产开发企业、物业服务公司等有意愿参会与保障性租赁住房供给的各类市场主体。

三是社会供给；是指公民个人、单位所组成的社会组织在自愿的原则下，通过部分无偿或全部无偿来筹集资金，对准公共产品进行直接或间接供给，在公众监督下进行的供给方式。社会类供给主体可分为两类：一是以全体社会成员为对象的社会型住房合作社、住房协会等非营利性组织，以自愿、互助为原则供给租赁住房；二是租赁需求集中、旺盛的大型企业提供的面向本单位职工的用于出租的自建房。

（二）政府供给的优势与效率损失

1. 政府供给的优势

随着社会经济的发展，住房市场需求呈现多层次分化，单纯依靠市场力量调配房地产资源难以满足社会弱势群体的基本住房需求。为维护社会公正平等，政府作为最重要的公共主体，在保障性租赁住房建设运营过程中需要充分发挥宏观调控的重要作用。

如图 4-3-1 所示，设市场上某企业 1 供给量 Q_1，边际成本＝边际收益，政府、整个社会从该企业获得免费收益 EAB，这是保障性租赁住房供给的正外部性，企业 1 的投入使政府、整个社会的收益为 ΔEAB 面积。从社会角度，企业应将投入增加至 Q_2，尽管收益面积增加了 BCQ_1Q_2 面积，企业 1 将承受 ΔACD 面积损失，该分析结果表明保障性租赁住房供给政府投入的必要性。保障性租赁住房若完全由市场供给，企业的潜在收益无法实现。因为忽视了企业自己行为给社会带来的正外部性，该正外部性难以通过市场获得补偿，企业缺乏有效提供正外部性的动力，包括改善民生、社会稳定等。因而，对外部性较大的保障性住房供给项目政府应承担主导责任。

且政府作为供给主体有如下优势：

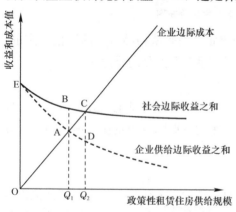

图 4-3-1　保障性租赁住房企业单独
供给的损失与局限性

（1）政府的权威性和强制性可顺利推进保障性租赁住房的建设。权威性和强制性是政府的两大特征，可为公共物品的供给提供高效、有序的制度环境。保障性租赁住房是保障性住房的一种，是向广大新市民群体的政策福利的倾斜，使弱势群体共享社会经济发展成果。保障性租赁住房作为一项巨大的社会工程，其具有投资大、利润微薄、规划、设计、建设、分配、监管程序复杂等特点，决定了政府在供给中的地位，需要依托政府力量合理调配社会资源，吸引各方投入以支持保障性租赁住房项目的顺利落地。

（2）作为公众利益维护者的政府，在保障性租赁住房政策制定和执行过程中起主导协调作用。政府的主要职能是强化公共服务、保证公共供给、维护社会公平，理性目标是追求社会福利的最大化，手段是采取宏观政策调节社会经济稳定发展。保障性租赁住房是在房地产市场价格快速上涨，城市中等偏低收入家庭、新市民等群体无法支付商品房，又没有资格申请公租房的背景下设计的一种福利保障性住房，且其本质特征是公益福利性和准公共物品性，因此，政府在保障性租赁住房政策落地过程中起主导作用。

（3）控制搭便车现象和保障性租赁住房供给的外部性影响。作为理性经济人的市场主体，为了实现自身效用最大化，在满足自身需求的同时借助"搭便车"方式回避责任，因此市场供给公共物品将会出现低效率的局面，这时，政府的调控就会很好地减少搭便车现象和保障性租赁住房外部性的影响。

2. 政府供给存在的不足—政府失灵

政府垄断导致供给效率不高原因分析

1）保障建设资金缺口明显

作为保障性住房供给主体的政府，其占有和调动的生产资源相对不足，政府供给的资金持续性堪忧。保障性租赁住房是政府为解决新市民群体住房困难问题的重要举措。若政府作为单一供给主体，其资金来源为三种：中央财政部分拨款、住房公积金、土地出让金净收益的10%。因资金缺口引发供给瓶颈从而导致供给数量不足。具体表现：

一是地方政府获得的中央财政拨款有限，但却承担着经济、教育、卫生、科技等各项公共事业投入服务的责任，不可能将大量财政支出用于保障性住房，因此，地方政府出于对GDP和自身利益的考虑，在投入建设保障性租赁住房方面的积极性不高。

二是由于现有住房公积金制度存在缺陷，住房公积金管理混乱，存在着一定的资金安全隐患。实际中存在诸多问题，比如城市个体从业者、进城务工人员、困难企业职工等广大社会弱势群体无权享受公积金制度带来的福利；部分城市违规操作，挪用公积金。

2）缺乏有效监督管理

首先，住房保障实施缺乏有效管理，降低了住房保障投资建设的效率；其次，政府供给监管缺失，住房保障建设的质量问题、分配环节的寻租问题等时有发生，严重损害政府形象，引起社会不满。

政府单一供给，监督缺位，容易造成政府工作积极性不高。在以往的保障性住房供给中，存在只重视数量、忽视质量等问题，保障性住房出现在使用过程中墙面脱皮、漏水、水电暖设施等质量问题，无法满足保障群体的基本生活要求，进一步导致保障对象的心理福利出现负效应，不仅使得政府公信力大打折，同时也影响到了其他申请对象对保障性住房的期望值，导致部分保障性住房无人问津，浪费了住房公共资源。

3）片面政绩观与建设积极性弱

上级政府对地方政府政绩考核的关键指标是经济发展速度，这使得地方政府有了"明确的政绩目标"。基于地方政府"经济人"假设，人们总是倾向于追求利益最大化的本质，地方政府着眼于自身利益，坚持以 GDP 为第一的政绩观，只要能提高财政收入的产业就大力支持如房地产行业，忽视保障性租赁住房这一民生指标，认为将土地用于保障性租赁住房建设的回报率，与商品房、商业区比较远远小于应有的效益收入。

（三）市场供给的积极意义与效率损失

1. 市场供给的积极意义

（1）减少政府投入

市场主体介入保障性住房供给，与政府单一型供给，直线降低政府的资金压力。保障性租赁住房项目可借助市场成熟的融资渠道、融资平台取得稳定的资金供给，从而在很大程度上减轻了政府在保障性住房建设中的财政压力。

（2）提高供给效率

与政府部门相比，市场具备大量的专业人员及从事住房建设相关业务的丰富经验，会大大提高保障性住房的规划、建设乃至运营整个过程的效率。加之在政府激励机制的前提下，企业受自身利润目标的驱策，将自发提高技术水平、控制生产成本并提高服务质量。另一方面，有助于控制政府机构的规模，避免政府机构对市场机制过度的冲击和干预，降低政府的行政成本和控制政府管理的范畴。

（3）改进供给效应

在客观上，政府供给不会将位于优势区位的增值性强的土地用于保障房建设，而市场参与供给，在企业开发的住房中配建保障性租赁住房。一方面，避免形成贫民窟，给保障对象造成心理标签效应；另一方面，通过保障性住房与普通商品房的布局搭配，提高保障性住房供给的多样性，实现城市协调规划的目标。

2. 市场供给的效率损失—市场失灵

发挥市场主体优势固然可以有效提高我国公租房建设效率，但市场及私人供给主体的逐利性导致项目效用损失和福利损失。私人公司为收回投资，必然收取一定服务费用，私人公司在进行投资决策时的考量标准是投资回报率及投资风险，难以从社会效用角度进行经营决策，容易导致社会福利损失。保障性租赁住房属于保障性住房，具有保本微利的成本控制标准，其与市场主体的经营投资方向相差甚远。

由于保障性租赁住房供给的正外部性，市场主体在满足新市民群体住房需求的同时，无法实现自身利益最大化，在自发条件下市场主体的保障性租赁住房建设积极性不高，参与量不足，从而导致保障性租赁住房供需不匹配情况，从而出现保障性住房建设的"市场失灵"。

保障性租赁住房投资回报率低，市场主体难以实现资金平衡。保障性租赁住房的目的是解决城市新市民群体、中等偏低收入家庭的住房困难问题，各地租金水平制定均低于市场租金，具有严格的利润控制标准、低廉的租金、微薄的利润无法吸引以营利为目的的市场主体主动投资参与保障性租赁住房的建设。

保障性租赁住房建设的投资回报期限长，不确定性因素多。保障性租赁住房按市场价70％的租金水平测算，成本回收期限可长达五六十年，由此可见市场供给难以实现资本金的快速回流，无法确保建设主体在正常的商业贷款还款期内还清建设投资贷款，从而阻碍了企业正常运转。同时，在较长的资金回收期内可能存在着政策修订和保障性租赁住房市场供求的变化等无法预估的情况，这些都是市场主体参与保障性租赁住房建设的风险。

（四）社会及第三部门优势、效率损失

社会、政府、市场共同构成当今社会经济发展的三大支柱。在保障性租赁住房供给问题上，市场主体从自身利益出发，保本微利的低额利润不能激起他们参与投建的热情；而根据我国之前保障房建设的经验可知，过于依赖政府的力量，单一持续供给容易导致保障失效、政府失灵，甚至遭到社会普遍非议。较之政府和市场主体，社会组织具有自身独特的优势，在公共管理里，公共物品、准公共物品供给中发挥着平衡、协调作用。

1. 社会组织供给的特点和优势

非营利的社会组织的发展对保障性租赁住房的供给具有重要意义，主要体现在以下几方面：

（1）转变政府职能。一方面，政府为了精简机构，提高行政效率，促进职能转变，降低政府压力，将部分原本由政府承担的公共服务职能委托给社会组织行使。另一方面，社会组织通过自筹资金，自觉自发，积极主动地供给多种形式的保障性租赁住房，在某种程度上起到了代替政府一部分职能的效果。对实现从"大政府小社会"到"小政府大社会"具有积极意义。

（2）面对保障性住房供给这类多重、复杂的社会问题，如前述分析政府和市场通常存在着"政府失灵"和"市场失灵"。而社会组织将组成成员的"利他"倾向和公众的公益性消费需求相结合，以非营利性为基本特征，通过组织民间力量，自愿、自发和自主地提供社会所需要的公益性的志愿服务在很大程度上减少了"搭便车"的行为。

（3）完善利益表达渠道，体现不同群体利益。完善的利益表达渠道是公民行使利益表达权的前提。就我国现阶段来看，初步形成了多元权力结构，但国家、市场、社会三者的力量处于不平衡状态。而社会组织的存在为不同利益群体搭建了表达渠道，并将保障群体的真实利益诉求以理性、合法的方式及时传达给政府，促进政府与公众之间的互动，在政府与保障群体之间起到了"搭桥人"的作用。

2. 社会组织供给的缺陷与效率损失

（1）社会组织理念错位。非营利组织的组织理念是以非营利性的原则开展活动的，一切从事营利的活动显然偏离了非营利组织的原则。"挂羊头卖狗肉"的现象严重。根据清华大学的一项研究非营利组织的数据来看，我国大约70％的非营利组织是营利的，而且其组织大多有着明确的营利宗旨和目标。在组织的理念发生偏离的同时也存在缺失的现象。例如我国的非营利组织营销观念非常薄弱，而国外非营利组织非常重视这一手段，基本上

每一个非营利组织都有一个营销部门，并把营销部门放在重要的位置上。因为我国非营利组织的营销意识不强，影响了公众对非营利组织的正确认识，不利于非营利组织获取社会的支持，也进一步影响政府对其的支持。在保障性住房这项庞大的项目建设中，项目资金运转量巨大，必然有某些非营利组织存在"挖墙脚"，窃取项目资金等危险意识，必须对这类组织强化理念。

（2）筹资能力不强。一般来说，非营利组织的资金来源主要有三方面渠道：政府财政拨款，如财政补贴等，以及政府所实行的一些税收优惠政策。服务收费，通过其所提供的公共物品和公共服务，收取成本、营销等必要性的费用。社会捐助，接收社会公众个人和企业的捐赠。但这也仅限非营利组织自身的生存和维系，面对保障性住房这一庞大的民生工程，项目启动资金更是目前迫在眉睫的问题，非营利组织用自身的资金投入项目建设，这显然是杯水车薪，不切合实际的。而且在项目资金的筹集上，由于没有相关法律法规的保障，并且政府在这方面政策支持又相对较少，具体实施起来也比较困难。我国非营利组织的筹资能力不强，导致其所控制的资金较少，我国近 66% 的非营利组织年度支出在 10 万元以下，年支出超过 100 万元仅占总数的 1.6%。据估计，我国非营利组织的总规模约 724 亿元，约占国内生产总值的 0.92%，约占第三产业国内生产总值 2.88%，远远低于其他西方发达国家，也低于一些发展中国家。资金不足致使一定数量的非营利组织不能开展正常的活动，更不能为保障性住房建设分担资金压力，影响着非营利组织对保障性住房供给和管理中的参与性。

（3）内部管理不完善。目前我国的非营利组织内部管理混乱也是自身能力不足的一个重要原因，组织规章制度不严谨，有时甚至没有严格遵守，相关的规章制度不健全。制度的不健全也难以有效地吸收人才，也较难提供更好的服务。另一方面我国的非营利组织自律性不高，项目活动的实施没有公开透明的民主参与、民主决策等，这将影响其能力的改善。财务管理系统不健全，没有固定的内部审计，也没有形成有利于组织发展的财务报告。在资金的使用上，没有在公开透明的情况下运行，一定程度上影响着非营利组织在社会上的信誉度。

（4）专业人员欠缺。当前我国的一些非营利组织资金匮乏，难以招聘到合格的专业人才，加上我国非营利组织发展时间不长，社会认同度较低，招募志愿者参加也变得十分困难。除此以外，目前我国的非营利组织工作人员没有进行专业培训，人员素质参差不齐。根据清华大学非政府组织研究所做的我国非营利组织人力资源现状的一项调查显示，我国有 6.9% 非营利组织没有专职人员，在有专职人员的非营利组织中，33.5% 的非营利组织仅有专职人员 1～4 人，38% 的非营利组织中专职人员仅为 5～9 人，有 10～39 个专职人员的非营利组织仅占到 19.4%，有 40 人及以上专职人员的非营利组织只有 2.2%。专业人员的欠缺，阻碍了非营利组织的发展。在保障性住房供给和管理的参与方面，需要的不同层次和不同专业的人员，且我国社会志愿注意的意识不强，一些具有这方面能力人员一般不愿意为非营利组织工作，导致我国非营利组织因陷入人才匮乏的困境而发展缓慢。

以上从组织理念、自身能力、内部管理、人力资源四个层面，对我国非营利组织自身能力缺陷进行了分析。目前我国非营利组织自身能力的不足，严重影响着非营利组织在保障性供给和管理中的参与。

四、保障性租赁住房供给模式分析

（一）多中心治理模式

上述任何主体在单边供给模式下，其主体都无法有效克服公共产品供给中存在的某种程度失灵。基于此，公共管理领域兴起一种新的研究范式—新公共管理理论，其核心问题是变革公共物品供给结构。在新公共管理理论诸多流派和主张中，具有代表性的就是"多中心治理"理论。

多中心治理理论的核心是，在私有化和国有化这两个极端之间，存在着其他多种可能的治理方式，由于各类主体在结构、功能、外部运行环境等方面的互补性，可以有效解决采用某种单一的供给方式而无法解决的问题，从而实现公共产品供给的优化配置。多中心治理理论指出准公共物品在政府部门主导下的供给并不意味着政府是唯一的供给者，强调了第三部门参与供给的资源配置作用，从而形成多主体合作共治的公共事务治理模式，把多元竞争机制引入准公共物品供给，极大地提高供给效率。

多中心治理充分肯定了社会组织在公共事务治理中的作用。社会组织（第三部门）不以营利为目的，通过政府或社会捐赠等途径的资金支持和有组织的私人自愿性活动来向公众提供公共产品。同政府组织相比，由于社会组织独立于政府体系之外，可以摆脱政府组织官僚化结构的固定模式，形成自己特有的多样性和灵活性，因而可带来低成本和高效率，而且能弥补由政府单一供给或民营化生产模式所带来的效率缺失问题。同私人部门相比，社会组织更具公益性，它不像私人部门那样追求自身利益最大化，而是以某种公益性的目的为取向，以极强的使命感维护社会的公平和追求公共产品供给的高效率。

多中心治理模式下，政府、市场和社会的相互依赖、相互竞争、相互合作及制衡，构建模拟的市场机制，可以有效地解决某种单一的供给模式无法解决的供给低效率问题。在多元供给模式下，通过各个生产主体之间的竞争，可迫使各生产者自我约束、降低成本、提高质量和增强回应性。这使得各生产主体必须通过竞争提供公共产品，并使得各主体都只能获得一个合理的成本补偿，使超额利润为零，从而最大限度地提高公共产品的生产效率。而且，该种模式能够防止任何组织因权力过于集中而产生危害公共利益的问题。

我国在解决城市中低收入家庭住房保障中，政府基本上是唯一供给主体，单一的政府供给管理体制，囿于对传统公共产品的认识和把握。从公共产品供给理论的发展和变迁来看，保障性住房作为准公共产品，其供给主体是可以多元化的。由于长期以来我国在保障性住房建设供给领域与忽视第三部门的资源配置作用，形成开发商一家独大局面，缺乏多元供给主体参与竞争机制，导致住房供给渠道单一、效率低下、财政资金压力巨大、地方政府积极性不高等问题。多中心治理理论为克服我国保障性租赁住房供给面临的"市场失灵"与"政府失灵"问题提供了良好的理论视角。多中心治理理论为构建保障性租赁住房多主体协同供给平台提供了理论依据，并印证了多主体协同供给的必要性。

（二）政府、市场与社会三大主体在供给体系中的职责界定

政府、市场、社会是保障性租赁住房供给的三大主体，根据上述分析，三大主体都有其各自的优、劣势。在保障性租赁住房供给中，三大部门之间具有密不可分的联系，因此有必要明晰政府、市场、非营利机构的职能及关系，构建以市场为供给中心的政府、市场、社会"三位一体"的保障性租赁住房筹建运营模式。

1. 政府在协同供给网络体系中发挥政策主导作用

政府在协同供给网络体系中，一方面承担供给主体的角色，政府主体中的国有企业主要承担着这一职责，国企自有土地存量盘活用于保障性租赁住房供给。

另一方面多元化供给效率取决于以下三个条件：一是不同主体与不同公共效应的规模一致；二是不同供给主体之间具有合作性的制度安排，可以采取合作的共同行动；三是有另外的决策安排来处理和解决不同供给主体之间的冲突。可见，多元化供给模式有效的先决条件是政府、市场及社会主体针对公共产品的不同消费者的供给模式、竞争环境下互利的行动以及政府协调的制度安排。显然，政府的另一重要作用是发挥政策主导作用，给协同供给网络提供制度供给、政策供给以及监督补位。具体如下：

（1）政府是保障性租赁住房制定政策及编制规章制度的法定主体，作为保障性租赁住房建设的"掌舵人"，政府负责制定相关政策法规、土地供给办法、建设规范、租金标准、准入退出机制等相关实施细则及建设开工计划，把控保障性租赁住房建设的整体发展方向。并且政府作为主要的公共主体，有责任为市场、社会主体参与建设保障性租赁住房提供相关土地、税收优惠政策。

（2）通过文件形式明确保障性租赁住房的准入和退出机制、租金补贴标准、审批项目租金标准，配租对象经由住房保障部门进行资格审核后，由社会组织在政策规定的基础上负责承租人员的具体安排及租金收取等租赁管理。

（3）监管整个保障性租赁住房的投建、运营过程，协同社会组织验收竣工工程，调查调解建设运营过程中出现的纠纷。

2. 市场在协同供给网络体系中发挥供给主导作用

在保障性租赁住房供给中，市场主体具有运作方式灵活，能准确掌握市场供求状况的特点。一方面与公租房、廉租房不同，保障性租赁住房的保障对象面向新市民群体，其小户型、低租金、交通、区位需求决定了市场主体在保障性租赁住房供给中的优势；另一方面是市场主体的自身优势：①房地产投资经验丰富的市场主体，发挥自身的特长，可根据市场供需及时、合理的分析保障性租赁住房的投资建设方向。同时，借助私营机构高效有序的市场运行机制、科学的管理模式，以提升投资建设效率。②市场主体的自由竞争机制可克服保障性住房供给的垄断格局，合理调配市场资源，以降低投资建设成本，拓展市场发展空间。③保障性租赁住房项目可以借助并拓展，市场主体在业务发展过程中已经建立起来的稳定有序的投融资渠道，以取得稳定的资金供给，从而很大程度上减轻了政府在保障性租赁住房建设中的财政压力。

上述两方面优势决定了市场主体在协同网络平台中的供给主导地位。

3. 社会在协同供给网络体系中发挥补充平衡作用

在社会主体中，一方面租赁需求集中、旺盛的大型私企，利用自由土地或闲置房屋就近自行新建、改建租赁住房，以满足本单位员工的租赁住房需求；另一方面非营利住房组织在协同供给体系中发挥补充平衡作用，同政府组织相比，由于社会组织独立于政府体系之外，可以摆脱政府组织官僚化结构的固定模式，形成自己特有的多样性和灵活性，因而可以带来低成本和高效率，而且能弥补有政府单一供给或民营化生产模式所带来的效率缺失问题，同私人部门相比，社会组织更具公益性，它不想私人部门那样追求自身利益最大化，而是以某种公益性的目的为取向，以极强的使命感维护社会的公平和追求产品供给的高效率。

长期以来我国在保障性住房建设供给领域忽视第三部门的资源配置作用，形成开发商一家独大局面，缺乏多元供给主体参与竞争机制，导致住房供给渠道单一、效率低下、财政资金压力巨大、地方政府积极性不高等问题，社会组织的提出有助于克服我国保障性住房供给面临的"市场失灵"与"政府失灵"问题。

由此看来，社会组织在协同供给网络体系中除了提供部分单位自建房供给外还发挥着更加重要的补充平衡作用。

五、保障性租赁住房多主体协同供给演化博弈模型构建

（一）多主体协同供给机制下的合作演化博弈模型基本假设

1. 多主体协同供给机制

根据前述分析，我们设定如下多主体协同供给机制：在以政府、市场、社会为主体的多中心治理模式下，以市场主体为主导多主体协同供给。

政府除作为供给主体外，更重要的是承担制度供给、健全政策以及监督角色。在前期决策阶段，根据国家保障性租赁住房建设任务，政府相关负责部门提出投资建房计划和用地供应策略，以确定建设计划。其次针对保障性租赁住房的保障对象、范围、内容、标准的规定提出保障性租赁住房的申租条件以及超过保障标准时的具体处理办法，并以文件的形式得以实施。为了避免城市中较好的地段大多被商业用地占用，造成保障性租赁住房项目地理位置偏远，基础设施条件差，致使保障性租赁住房不能充分发挥其作用，需要政府部门通过制定保障性租赁住用地方面的法律法规给予支持。在保障性租赁住房项目施工过程中，市场是保障性租赁住房项目施工管理的主体，在保障性住房项目施工过程中，市场主体受利润最大化趋势，很难保证保障性住房的工期和质量，因此，政府部门需要建立专门的保障性租赁住房监管机构，从宏观上控制监督整个全寿命周期建设。

市场在供给机制中承担供给角色。市场主体能快速、准确地掌握市场供求状况，且运作方式灵活。在前期决策阶段，房地产投资经验丰富的市场主体，利用自身专业特长，收集市场供需状况，合理的分析保障性租赁住房的投资建设方向，为政府部门制定投资建设计划、用地供应策略等保障性租赁住房规划建设政策提供基础调查数据。保障房标准化设计是一种全寿命周期的技术标准，具有严格的硬性指标，不同的建设标准与不同类型的保

障房相对应，针对性强，为实现节能省地、经济实用的要求提供了技术保障，在建设规划阶段，对于配建的保障性租赁住房市场主体应充分考虑利用周边原有的基础配套设施，对于集中新建的应尽量保证配套服务设施齐全。此外，可按一定标准配置相应比例的物业经营性用房及商业地产，一方面经营性用房的收入及合理配比的商业地产的收入均可作为后期物业管理财政补贴的资金来源，另一方面商业地产的配置在一定程度上可以提升社区的生活水平。在项目建设施工阶段，市场主体是保障性租赁住房项目建设施工的主体，建设过程管理是整个项目落地的重点，一方面保障性租赁住房项目的质量问题关系到新市民群体的生活质量，另外严格的建设施工把控有助于后期物业管理及整个项目后期管理的顺利运行。对于后期的物业管理，由于市场主体是保障性租赁住房的建设者、提供者，因此市场主体是保障性租赁住房后期维修、管理的最佳选择，避免重新委托其他管理机构进行管理，一方面因保障性租赁住房物业管理的利润空间较之于商品房要小很多，若委托物业公司管理，会导致物业管理公司对保障性租赁住房物业管理的积极性不高，从而影响后期运营的管理质量；另一方面建管结合，考虑到后期的物业管理成本，可以倒逼市场主体在建设过程中严把质量、成本关。

社会除作为供给主体外，更重要的是发挥补充平衡作用。社会组织独立于政府体系之外，可以摆脱政府组织官僚化结构的固定模式，形成自己特有的多样性和灵活性，且社会组织更具公益性，它不同于私人部门那样追求自身利益最大化，而是以公益性目的为取向，以极强的使命感维护社会公平并追求产品供给的高效率。因此社会主体在保障性租赁住房整个全寿命周期管理中：首先完善了公民的表达渠道，将受保障群体的真实的利益诉求以集体行动的方式理性、合法、及时地转达给政府部门，使得政府精准地制定政策、制度、计划；其次与终端用户联系最近的社会组织全程参与监督保障性租赁住房整个"规建管"过程，从而提高房屋建设质量、减少寻租现象，防止腐败滋生。

全寿命周期管理下的保障性租赁住房多主体协同供给是一种保证政策性租赁住房项目实施科学性和系统性的全方位的管理模式，是三大供给主体实现保障性租赁住房项目建设"规建管"不可缺少的。

2. 基本假设

演化博弈论是把博弈论分析和动态演化过程分析结合起来的一种理论，本文采取三群体反复博弈——复制动态演化博弈方法，研究基于三类策略的协同供给合作动态过程。通过对相关文献的梳理，为简化问题，本文在假设满足以下条件的基础上构建模型并进行分析。

假设1：保障性租赁住房协同供给过程中存在三类主体，对于公共物品或准公共物品而言，抽象来讲存在政府、市场、社会三类主体。根据前文对保障性租赁住房供给过程中三类供给主体的分析可知，具体而言，政府是指各级政府住建部门、单设的住房保障中心、住建部门下属的住房开发企业等；市场是指自行筹集资金的营利性组织，包括住房租赁专营企业、房地产开发企业、物业服务公司等有意愿参与保障性租赁住房供给的各类市场主体；社会主体可以分为两类，一是住房合作社、住房协会等非营利性组织以自愿、互助为原则供给租赁住房，二是租赁需求集中、旺盛的大型企业，利用自有土地或闲置房屋就近自行新建、改建租赁住房，以满足本单位住房需求。政府、市场、社会策略一致，均为深度合作、简单合作和不合作三种策略。深度合作是沟通—协调—合作—深度协同的过程，深度合作涉及各供给主体资源、行为和绩效的全面整合，整合度越高，能带来的协同供给增值越大。鉴于此，本文在传统的两类策略"合作""不合作"以外，增加了第三类策略"深度合作"，为避免合作和协同的内涵重复，将两种策略区分为"简单合作"和"深度合作"。在"深度合作"中，参与者期望长期合作，甚至形成同盟，沟通交互频繁有效，注重信息共享，以深度发挥协同效应，带来较多的协同供给增值。而"简单合作"策略是浅层合作，多指一次性合作，沟通互动和信息共享程度较低，只能带来较少的协同供给增值。不合作包括在协同合作前期未达成合作协议和达成合作协议后违约两种情形导致合作终止。这样，协同供给系统中存在着政府、市场、社会三类主体进行合作的策略博弈，三方的策略集合均为｛深度合作，简单合作，不合作｝。在演化博弈过程中，三方会通过学习和模仿，并根据对方的策略持续调整和选择自身的策略。

假设 2：三方均采取不合作策略时，相当于政府、市场、社会三大主体单一供给。根据上述对社会组织的分析，社会主体脱离政府和市场的协助，没有进行独立自主开发供给的能力，所以社会采取不合作策略时的收益为 0，而若政府和市场均采取不合作策略，当社会主体采取合作策略时（不论何种程度的合作策略）付出的成本为 b。对于政府和市场，本身就有单一供给的能力，因此在其采取不合作策略时仍有收益。假设政府的收益为 N_G（non cooperation），市场的收益为 N_M。三方均采取深度合作策略时，政府的收益为 C_G，市场的收益为 C_M，社会的收益为 C_S。而当三方均采取简单合作策略时，假设政府的收益为 C'_G，市场的收益为 C'_M，社会的收益为 C'_S。根据公共选择理论可以看出，保障性租赁住房供给的控制权完全交由政府掌握会产生"政府失灵"；同时保障性租赁住房的准公共物品属性，且其具有经济的外部性，而市场主体中的私营部门及社会资本的目标是追逐经济利益的最大化，因此通过市场主体自由分配资源供给的保障性租赁住房，其供给量是远远小于社会总需求的，从而产生"市场失灵"。因此，合作相比不合作会带来协同供给收益，深度合作相比简单合作能为主体带来更多的协同供给增值，从而带来额外的收益。这里进一步假设 $C_G > C'_G > N_G$，$C_M > C'_M > N_M$，$C_S > C'_S$。

假设 3：由于三大主体资源禀赋不对等以及各自追求的目标不同，使得保障性租赁住房协同供给的主体激励问题非常复杂，在实现供给的过程中可能存在一定的"搭便车"行为。政府类供给主体的目的是高效地实现保障性租赁住房供给以解决新市民等群体存在的住房困难问题，同时由于财政资金缺口或政策优惠折算成本的约束，存在成本控制行为。市场类供给主体由企业组成，其经营目的为尽可能多的获取利润。社会类供给主体在保障性租赁住房供给过程中，其供给对象特定，一般为本单位职工或住房合作社成员，目的在于满足特定范围群体的住房需求。上述主体在合作的过程中一般均受"较少付出、较多收益"行为准则驱动，造成了较多投入和产出的一方收益减少，而较少投入和产出的一方的供给收益不合理地增加。这里假设因"搭便车"而增减的协同供给收益均为 h。

假设 4：在保障性租赁住房协同供给过程中，博弈主体可能会因为发展战略调整、政策变化、经营风险不确定性、信任危机等原因放弃或中止合作。在现实中，若有一方主体违约或历经一系列谈判后未达成合作协议，而另外两方主体在此过程中已支付的合作成本为 a；而当有两方主体违约或历经一系列谈判未达成合作协议时，剩余一方主体在此过程中支付的合作成本为 b。由于上述这两种情况要求各参与主体之间互动的强度不同，其支付的合作成本也不同，这里进一步假设 $b>a$。

（二）多主体协同供给机制下的合作演化博弈模型构建

在以上假设的基础上，根据博弈模型的思想，即人类为维护既得利益的决心大于获取新利益的决心，亦即个人利益往往优先于集体利益，导致集体利益难以实现，建立"政府—市场—社会"不对称合作博弈的收益支付矩阵，见表4-5-1。

协同供给三维重复不对称演化博弈的支付矩阵　　　　　　　　　　　　　　表 4-5-1

策略组合	政府类主体、市场类主体、社会类主体
（深度合作，深度合作，深度合作）	(C_G, C_M, C_S)
（深度合作，深度合作，简单合作）	$(C_G-h, C_M-h, C_S'+2h)$
（深度合作，深度合作，不合作）	$(C_G-a, C_M-a, 0)$
（深度合作，简单合作，深度合作）	$(C_G-h, C_M'+2h, C_S-h)$
（深度合作，简单合作，简单合作）	$(C_G-2h, C_M'+h, C_S'+h)$
（深度合作，简单合作，不合作）	$(C_G-a-h, C_M'-a+h, 0)$
（深度合作，不合作，深度合作）	(C_G-a, N_M, C_S-a)
（深度合作，不合作，简单合作）	$(C_G-a-h, N_M, C_S'-a+h)$
（深度合作，不合作，不合作）	$(C_G-b, N_M, 0)$
（简单合作，深度合作，深度合作）	$(C_G'+2h, C_M-h, C_S-h)$
（简单合作，深度合作，简单合作）	$(C_G'+h, C_M-2h, C_S'+h)$
（简单合作，深度合作，不合作）	$(C_G'-a+h, C_M-a-h, 0)$
（简单合作，简单合作，深度合作）	$(C_G'+h, C_M'+h, C_S-2h)$
（简单合作，简单合作，简单合作）	(C_G', C_M', C_S')
（简单合作，简单合作，不合作）	$(C_G'-a, C_M'-a, 0)$
（简单合作，不合作，深度合作）	$(C_G'-a+h, N_M, C_S-a-h)$
（简单合作，不合作，简单合作）	$(C_G'-a, N_M, C_S'-a)$
（简单合作，不合作，不合作）	$(C_G'-b, N_M, 0)$
（不合作，深度合作，深度合作）	(N_G, C_M-a, C_S-a)
（不合作，深度合作，简单合作）	$(N_G, C_M-a-h, C_S'-a+h)$
（不合作，深度合作，不合作）	$(N_G, C_M-b, 0)$
（不合作，简单合作，深度合作）	$(N_G, C_M'-a+h, C_S-a-h)$
（不合作，简单合作，简单合作）	$(N_G, C_M'-a, C_S'-a)$
（不合作，简单合作，不合作）	$(N_G, C_M'-b, 0)$
（不合作，不合作，深度合作）	$(N_G, N_M, -b)$
（不合作，不合作，简单合作）	$(N_G, N_M, -b)$
（不合作，不合作，不合作）	$(N_G, N_M, 0)$

假设政府选择深度合作的比例为 x_1，选择简单合作的比例为 x_2，选择不合作的比例为 $1-x_1-x_2$。市场选择深度合作的比例为 y_1，选择简单合作的比例为 y_2，选择不合作的

比例为 $1-y_1-y_2$。社会选择深度合作的比例为 z_1，选择简单合作的比例为 z_2，选择不合作的比例为 $1-z_1-z_2$。

根据表 4-5-1 的策略组合的得益情况，可以得出政府主体的深度合作策略（$G^{(1)}$）、简单合作策略（$G^{(2)}$）以及不合作策略（$G^{(3)}$）的期望得益以及政府主体策略的平均得益分别为：

$$\begin{aligned}
U_{G^{(1)}} =\ & y_1 z_1 C_G + y_1 z_2 (C_G - h) + y_1 (1 - z_1 - z_2)(C_G - a) \\
& + y_2 z_1 (C_G - h) + y_2 z_2 (C_G - 2h) + y_2 (1 - z_1 - z_2)(C_G - a - h) \\
& + (1 - y_1 - y_2) z_1 (C_G - a) + (1 - y_1 - y_2) z_2 (C_G - a - h) \\
& + (1 - y_1 - y_2)(1 - z_1 - z_2)(C_G - b)
\end{aligned}$$

$$\begin{aligned}
U_{G^{(2)}} =\ & y_1 z_1 (C'_G + 2h) + y_1 z_2 (C'_G + h) + y_1 (1 - z_1 - z_2)(C'_G - a + h) \\
& + y_2 z_1 (C'_G + h) + y_2 z_2 C'_G + y_2 (1 - z_1 - z_2)(C'_G - a) \\
& + (1 - y_1 - y_2) z_1 (C'_G - a + h) + (1 - y_1 - y_2) z_2 (C'_G - a) \\
& + (1 - y_1 - y_2)(1 - z_1 - z_2)(C'_G - b)
\end{aligned}$$

$$\begin{aligned}
U_{G^{(3)}} =\ & y_1 z_1 N_G + y_1 z_2 N_G + y_1 (1 - z_1 - z_2) N_G + y_2 z_1 N_G + y_2 z_2 N_G \\
& + y_2 (1 - z_1 - z_2) N_G + (1 - y_1 - y_2) z_1 N_G \\
& + (1 - y_1 - y_2) z_2 N_G + (1 - y_1 - y_2)(1 - z_1 - z_2) N_G
\end{aligned}$$

$$\overline{U_G} = x_1 U_{G^{(1)}} + x_2 U_{G^{(2)}} + (1 - x_1 - x_2) U_{G^{(3)}}$$

政府主体采取深度合作与简单合作策略的复制动态方程分别为：

$$F_{(x_1)} = \frac{d_{x_1}}{d_t} = x_1 (U_{G^{(1)}} - \overline{U_G})$$

$$F_{(x_2)} = \frac{d_{x_2}}{d_t} = x_2 (U_{G^{(2)}} - \overline{U_G})$$

市场主体的深度合作策略（$M^{(1)}$）、简单合作策略（$M^{(2)}$）以及不合作策略（$M^{(3)}$）的期望得益以及政府主体策略的平均得益分别为：

$$\begin{aligned}
U_{M^{(1)}} =\ & x_1 z_1 C_M + x_1 z_2 (C_M - h) + x_1 (1 - z_1 - z_2)(C_M - a) \\
& + x_2 z_1 (C_M - h) + x_2 z_2 (C_M - 2h) + x_2 (1 - z_1 - z_2) \\
& (C_M - a - h) + (1 - x_1 - x_2) z_1 (C_M - a) + (1 - x_1 - x_2) z_2 \\
& (C_M - a - h) + (1 - x_1 - x_2)(1 - z_1 - z_2)(C_M - b)
\end{aligned}$$

$$\begin{aligned}
U_{M^{(2)}} =\ & x_1 z_1 (C'_M + 2h) + x_1 z_2 (C'_M + h) + x_1 (1 - z_1 - z_2)(C'_M - a + h) \\
& + x_2 z_1 (C'_M + h) + x_2 z_2 C'_M + x_2 (1 - z_1 - z_2)(C'_M - a) \\
& + (1 - x_1 - x_2) z_1 (C'_M - a + h) + (1 - x_1 - x_2) z_2 (C'_M - a) \\
& + (1 - x_1 - x_2)(1 - z_1 - z_2)(C'_M - b)
\end{aligned}$$

$$\begin{aligned}
U_{M^{(3)}} =\ & x_1 z_1 N_M + x_1 z_2 N_M + x_1 (1 - z_1 - z_2) N_M + x_2 z_1 N_M \\
& + x_2 z_2 N_M + x_2 (1 - z_1 - z_2) N_M + (1 - x_1 - x_2) z_1 N_M \\
& + (1 - x_1 - x_2) z_2 N_M + (1 - x_1 - x_2)(1 - z_1 - z_2) N_M
\end{aligned}$$

$$\overline{U_M} = y_1 U_{M^{(1)}} + y_2 U_{M^{(2)}} + (1 - y_1 - y_2) U_{M^{(3)}}$$

市场主体采取深度合作与简单合作策略的复制动态方程分别为：

$$F_{(y_1)} = \frac{d_{y_1}}{d_t} = y_1(U_{M^{(1)}} - \overline{U_M})$$

$$F_{(y_2)} = \frac{d_{y_2}}{d_t} = y_2(U_{M^{(2)}} - \overline{U_M})$$

社会主体的深度合作策略（$S^{(1)}$）、简单合作策略（$S^{(2)}$）以及不合作策略（$S^{(3)}$）的期望得益以及政府主体策略的平均得益分别为：

$$\begin{aligned}
U_{S^{(1)}} = {} & x_1 y_1 C_S + x_1 y_2 (C_S - h) + x_1(1 - y_1 - y_2)(C_S - a) \\
& + x_2 y_1 (C_S - h) + x_2 y_2 (C_S - 2h) + x_2(1 - y_1 - y_2)(C_S - a - h) \\
& + (1 - x_1 - x_2) y_1 (C_S - a) + (1 - x_1 - x_2) y_2 (C_S - a - h) \\
& + (1 - x_1 - x_2)(1 - y_1 - y_2)(-b)
\end{aligned}$$

$$\begin{aligned}
U_{S^{(2)}} = {} & x_1 y_1 (C'_S + 2h) + x_1 y_2 (C'_S + h) + x_1(1 - y_1 - y_2)(C'_S - a + h) + x_2 y_1 (C'_S + h) \\
& + x_2 y_2 C'_S + x_2(1 - y_1 - y_2)(C'_S - a) + (1 - x_1 - x_2) y_1 (C'_S - a + h) \\
& + (1 - x_1 - x_2) y_2 (C'_S - a) + (1 - x_1 - x_2)(1 - y_1 - y_2)(-b)
\end{aligned}$$

$$U_{S^{(3)}} = 0$$

$$\overline{U_S} = z_1 U_{S^{(1)}} + z_2 U_{S^{(2)}}$$

社会主体采取深度合作与简单合作策略的复制动态方程分别为：

$$F_{(z_1)} = \frac{d_{z_1}}{d_t} = z_1(U_{S^{(1)}} - \overline{U_S})$$

$$F_{(z_1)} = \frac{d_{z_2}}{d_t} = z_2(U_{S^{(2)}} - \overline{U_S})$$

（三）多主体协同供给机制下的合作演化博弈模型分析

进一步通过求解由 $\dfrac{dx_1}{dt} = \dfrac{dx_2}{dt} = \dfrac{dy_1}{dt} = \dfrac{dy_2}{dt} = \dfrac{dz_1}{dt} = \dfrac{dz_2}{dt} = 0$ 组成的复制动态方程组，可以求出政府主体、市场主体和社会主体合作博弈系统共有 101 个均衡点，考虑到 $C_G > C'_G > N_G$，$C_M > C'_M > N_M$，$C_S > C'_S$，$C_M > C_S > C_G$，$C'_M > C'_S > C'_G$，$N_M > N_G$，$b > a$，$h < C'_G$，且所有参数均大于等于 0，为便于分析，在不失一般性的情况下，用具体的数值来代替代数符合。取 $C_G = 4$，$C_M = 6$，$C_S = 5$，$C'_G = 3$，$C'_M = 5$，$C'_S = 4$，$N_G = 2$，$N_M = 4$，$N_S = 0$，$a = 1$，$b = 2$，$h = 1$。代入以上 101 个解中，考察是否满足 $0 \leqslant x_1, x_2, y_1, y_2, z_1, z_2 \leqslant 1$ 的条件，发现以下 23 个均衡解符合要求：

分别为：

$$E_1(1, 0, 1, 0, 0, 0), E_2(1, 0, 0, 0, 1, 0), E_3(0, 0, 0, 0, 1, 0), E_4(0, 0, 1, 0, 1, 0),$$

$$E_5(0, 1, 0, 0, 1, 0), E_6(0, 0, 0, 1, 1, 0),$$

$$E_7\left(0, \frac{b}{C_S - a - h + b}, 0, 0, \frac{b + N_G - C'_G}{h + b - a}, 0\right),$$

$$E_8\left(0, 0, 0, \frac{b}{C_S \times -a - h + b}, \frac{N_M + b - C'_M}{h + b - a}, 0\right),$$

$$E_9(0, 0, 0, 1, 0, 0), E_{10}(0, 1, 0, 0, 0, 0), E_{11}(0, 0, 0, 0, 0, 1), E_{12}(0, 0, 0, 0, 0, 0),$$

$E_{13}(0,0,0,0,1,0)$，$E_{14}(1,0,1,0,1,0)$，$E_{15}(0,1,1,0,1,0)$，$E_{16}(1,0,0,1,1,0)$，

$E_{17}(1,0,1,0,0,1)$，$E_{18}(0,1,0,1,1,0)$，$E_{19}\left(\dfrac{b}{C'_{S}-a-h+b},0,0,0,0,\dfrac{C'_{G}-N_{G}-B}{a-b+h}\right)$，

$E_{20}(0,1,0,1,0,1)$，$E_{21}\left(0,0,\dfrac{b}{C'_{S}-a+b+h},0,0,\dfrac{C_{M}-N_{M}-b}{a-b+h}\right)$，$E_{22}(0,1,0,0,0,1)$，

由动力系统理论可知，任何线性系统的解的稳定性问题都可以化为对应的线性齐次系统的零解的稳定性问题。

对于线性齐次常系数系统 $x=Ax$（$t\in(-\infty,+\infty)$），$x\in R^{n}$，A 为 $n\times n$ 常数值矩阵），其零解是局部渐近稳定的必要充分条件是 A 的一切特征值都具有负实部。

对于这 23 个平衡点是否演化稳定，可以通过平衡点对应的雅可比矩阵的特征值来判定，当其特征值均小于 0 时，该平衡点为稳定点。该博弈系统的雅可比矩阵为：

$$J=\begin{bmatrix} \dfrac{dx_1/dt}{dx_1} & \dfrac{dx_1/dt}{dx_2} & \dfrac{dx_1/dt}{dy_1} & \dfrac{dx_1/dt}{dy_2} & \dfrac{dx_1/dt}{dz_1} & \dfrac{dx_1/dt}{dz_2} \\[2mm] \dfrac{dx_2/dt}{dx_1} & \dfrac{dx_2/dt}{dx_2} & \dfrac{dx_2/dt}{dy_1} & \dfrac{dx_2/dt}{dy_2} & \dfrac{dx_2/dt}{dz_1} & \dfrac{dx_2/dt}{dz_2} \\[2mm] \dfrac{dy_1/dt}{dx_1} & \dfrac{dy_1/dt}{dx_2} & \dfrac{dy_1/dt}{dy_1} & \dfrac{dy_1/dt}{dy_2} & \dfrac{dy_1/dt}{dz_1} & \dfrac{dy_1/dt}{dz_2} \\[2mm] \dfrac{dy_2/dt}{dx_1} & \dfrac{dy_2/dt}{dx_2} & \dfrac{dy_2/dt}{dy_1} & \dfrac{dy_2/dt}{dy_2} & \dfrac{dy_2/dt}{dz_1} & \dfrac{dy_2/dt}{dz_2} \\[2mm] \dfrac{dz_1/dt}{dx_1} & \dfrac{dz_1/dt}{dx_2} & \dfrac{dz_1/dt}{dy_1} & \dfrac{dz_1/dt}{dy_2} & \dfrac{dz_1/dt}{dz_1} & \dfrac{dz_1/dt}{dz_2} \\[2mm] \dfrac{dz_2/dt}{dx_1} & \dfrac{dz_2/dt}{dx_2} & \dfrac{dz_2/dt}{dy_1} & \dfrac{dz_2/dt}{dy_2} & \dfrac{dz_2/dt}{dz_1} & \dfrac{dz_2/dt}{dz_2} \end{bmatrix}$$

以平衡点 E_1（1，0，1，0，0，0）为例，其雅可比矩阵可以简写为：

$$J_1=\begin{bmatrix} -C_G+N_G+a & -C'_G+N_G+a-h & 0 & 0 & 0 & 0 \\ 0 & -C_G+C'_G+h & 0 & 0 & 0 & 0 \\ 0 & 0 & -C_M+N_M+a & -C'_M+N_M+a-h & 0 & 0 \\ 0 & 0 & 0 & -C_M+C'_M+h & 0 & 0 \\ 0 & 0 & 0 & 0 & C_S & 0 \\ 0 & 0 & 0 & 0 & 0 & C'_S+2h \end{bmatrix}$$

该雅可比矩阵的特征值分别为 $\lambda_1=C_S$，$\lambda_2=C'_S+2h$，$\lambda_3=C'_G-C_G+h$，$\lambda_4=C'_M-C_M+h$，$\lambda_5=N_G-C_G+a$，$\lambda_6=N_G-C_G+a$，同理可得另外 22 个平衡点对应雅可比矩阵的特征值分别如表 2 所示。设 E_5（0，1，0，0，1，0）的特征值为 $\lambda_1^{(1)}$，$\lambda_2^{(1)}$，$\lambda_3^{(1)}$，$\lambda_4^{(1)}$，$\lambda_5^{(1)}$，$\lambda_6^{(1)}$，E_6（0，0，0，1，1，0）的特征值为 $\lambda_1^{(2)}$，$\lambda_2^{(2)}$，$\lambda_3^{(2)}$，$\lambda_4^{(2)}$，$\lambda_5^{(2)}$，$\lambda_6^{(2)}$，$E_7\left(0,\dfrac{b}{C_S-a-h+b},0,0,\dfrac{b+N_G-C'_G}{h+b-a},0\right)$ 的特征值为 $\lambda_1^{(3)}$，$\lambda_2^{(3)}$，$\lambda_3^{(3)}$，$\lambda_4^{(3)}$，$\lambda_5^{(3)}$，$\lambda_6^{(3)}$，$E_8\left(0,0,0,\dfrac{b}{C_S-a-h+b},\dfrac{N_M+b-C'_M}{h+b-a},0\right)$ 的特征值为 $\lambda_1^{(4)}$，$\lambda_2^{(4)}$，$\lambda_3^{(4)}$，$\lambda_4^{(4)}$，

$\lambda_5^{(4)}$，$\lambda_6^{(4)}$，$E_{19}\left(\dfrac{b}{C_S'-a-h+b},\ 0,\ 0,\ 0,\ 0,\ \dfrac{C_G'-N_G-B}{a-b+h}\right)$的特征值为 $\lambda_1^{(5)}$，$\lambda_2^{(5)}$，$\lambda_3^{(5)}$，

$\lambda_4^{(5)}$，$\lambda_5^{(5)}$，$\lambda_6^{(5)}$，$E_{21}\left(0,\ 0,\ \dfrac{b}{C_S'-a+b+h},\ 0,\ 0,\ \dfrac{C_M-N_M-b}{a-b+h}\right)$的特征值为 $\lambda_1^{(6)}$，$\lambda_2^{(6)}$，

$\lambda_3^{(6)}$，$\lambda_4^{(6)}$，$\lambda_5^{(6)}$，$\lambda_6^{(6)}$（表 4-5-2）。

各平衡点对应雅可比矩阵的特征值　　　　　　　　　表 4-5-2

均衡点	特征值 λ_1	特征值 λ_2	特征值 λ_3	特征值 λ_4	特征值 λ_5	特征值 λ_6
E_1 (1, 0, 1, 0, 0, 0)	C_S	$C_S'+2h$	$C_G'-C_G+h$	$C_M'-C_M+h$	N_G-C_G+a	N_G-C_G+a
E_2 (1, 0, 0, 0, 1, 0)	C_M-N_M	$a-C_S$	$C_M'-N_M+2h$	$C_G'-C_G+h$	$C_S'-C_S+h$	N_G-C_G+a
E_3 (0, 0, 0, 0, 1, 0)	0	b	C_G-N_G-a	C_M-N_M-a	$C_G'-N_G-a+h$	$C_M'-N_M-a+h$
E_4 (0, 0, 1, 0, 1, 0)	C_G-N_G	$a-C_S$	$C_G'-N_G+2h$	$C_M'-C_M+h$	$C_S'-C_S+h$	N_M-C_M+a
E_5 (0, 1, 0, 0, 1, 0)	$\lambda_1^{(1)}$	$\lambda_2^{(1)}$	$\lambda_3^{(1)}$	$\lambda_4^{(1)}$	$\lambda_5^{(1)}$	$\lambda_6^{(1)}$
E_6 (0, 0, 0, 1, 1, 0)	$\lambda_1^{(2)}$	$\lambda_2^{(2)}$	$\lambda_3^{(2)}$	$\lambda_4^{(2)}$	$\lambda_5^{(2)}$	$\lambda_6^{(2)}$
E_7 $\left(0,\ \dfrac{b}{C_S-a-h+b},\ 0,\ 0,\ \dfrac{b+N_G-C_G'}{h+b-a},\ 0\right)$	$\lambda_1^{(3)}$	$\lambda_2^{(3)}$	$\lambda_3^{(3)}$	$\lambda_4^{(3)}$	$\lambda_5^{(3)}$	$\lambda_6^{(3)}$
E_8 $\left(0,\ 0,\ 0,\ \dfrac{b}{C_S-a-h+b},\ \dfrac{N_M+b-C_M'}{h+b-a},\ 0\right)$	$\lambda_1^{(4)}$	$\lambda_2^{(4)}$	$\lambda_3^{(4)}$	$\lambda_4^{(4)}$	$\lambda_5^{(4)}$	$\lambda_6^{(4)}$
E_9 (0, 0, 0, 1, 0, 0)	C_M-C_M'	$C_S'-a$	$C_G'-N_G-a$	C_S-a-h	$N_M-C_M'+b$	C_G-N_G-a-h
E_{10} (0, 1, 0, 0, 0, 0)	C_G-C_G'	$C_S'-a$	$C_M'-N_M-a$	C_S-a-h	$N_G-C_G'+b$	C_M-N_M-a-h
E_{11} (0, 0, 0, 0, 0, 1)	0	b	$C_G'-N_G-a$	$C_M'-N_M-a$	C_G-N_G-a-h	C_M-N_M-a-h
E_{12} (0, 0, 0, 0, 0, 0)	$-b$	$-b$	C_G-N_G-b	$C_G'-N_G-b$	C_M-N_M-b	$C_M'-N_M-b$
E_{13} (0, 0, 0, 0, 1, 0)	0	b	C_G-N_G-a	C_M-N_M-a	$C_G'-N_G-a+h$	$C_M'-N_M-a-h$
E_{14} (1, 0, 1, 0, 1, 0)	N_G-C_G	N_M-C_M	$-C_S$	$C_G'-C_G+2h$	$C_M'-C_M+2h$	$C_S'-C_S+2h$
E_{15} (0, 1, 1, 0, 1, 0)	$h-C_S$	$C_G-C_G'-2h$	$C_M'-C_M+2h$	$C_S'-C_S+2h$	$N_G-C_G'-2h$	N_M-C_M+h
E_{16} (1, 0, 0, 1, 1, 0)	$h-C_S$	$C_G-C_G'+2h$	$C_M'-C_M-2h$	$C_S'-C_S+2h$	$N_M-C_M'-2h$	N_M-C_M+h
E_{17} (1, 0, 1, 0, 0, 1)	$-C_S'-2h$	$C_G'-C_G+2h$	$C_M'-C_M+2h$	$C_S-C_S'-2h$	N_G-C_G+h	$N_M-C_M'-h$

续表

均衡点	特征值 λ_1	特征值 λ_2	特征值 λ_3	特征值 λ_4	特征值 λ_5	特征值 λ_6
E_{18} $(0, 1, 0, 1, 1, 0)$	$2h - C_S$	$C_G - C'_G$ $+2h$	$C_M - C'_M$ $-2h$	$C'_S - C_S$ $+2h$	$N_G - C'_G$ $-h$	$N_M - C'_M$ $-h$
$E_{19}\left(\dfrac{b}{C'_S-a-h+b}, 0, 0, 0, 0, \dfrac{C'_G-N_G-B}{a-b+h}\right)$	$\lambda_1^{(5)}$	$\lambda_2^{(5)}$	$\lambda_3^{(5)}$	$\lambda_4^{(5)}$	$\lambda_5^{(5)}$	$\lambda_6^{(5)}$
E_{20} $(0, 1, 0, 1, 0, 1)$	$N_G - C'_G$	$N_M - C'_M$	$-C'_S$	$C_G - C'_G$ $-2h$	$C_M - C'_M$ $-2h$	$C_S - C'_S$ $-2h$
$E_{21}\left(0, 0, \dfrac{b}{C'_S-a+b+h}, 0, 0, \dfrac{C_M-N_M-b}{a-b+h}\right)$	$\lambda_1^{(6)}$	$\lambda_2^{(6)}$	$\lambda_3^{(6)}$	$\lambda_4^{(6)}$	$\lambda_5^{(6)}$	$\lambda_6^{(6)}$
E_{22} $(0, 1, 0, 0, 0, 1)$	$C'_M - N_M$	$a - C'_S$	$C_G - C'_G$ $-h$	$C_S - C'_S$ $-h$	$C_M - N_M$ $-2h$	$N_G - C'_G$ $+a$
E_{23} $(0, 0, 0, 1, 0, 1)$	$C'_G - N_G$	$a - C'_S$	$C_M - C'_M$ $-h$	$C_S - C'_S$ $-h$	$C_G - N_G$ $-2h$	$N_M - C'_M$ $+a$

各平衡点对应雅可比矩阵的特征值的符号判断　　　　表 4-5-3

均衡解	特征值符号	稳定性
E_1 $(1, 0, 1, 0, 0, 0)$	有正特征根	不稳定点
E_2 $(1, 0, 0, 0, 1, 0)$	有正特征根	不稳定点
E_3 $(0, 0, 0, 0, 1, 0)$	有非负特征根	不稳定点
E_4 $(0, 0, 1, 0, 1, 0)$	有正特征根	不稳定点
E_5 $(0, 1, 0, 0, 1, 0)$	存在符号相异的特征根	不稳定点
E_6 $(0, 0, 0, 1, 1, 0)$	存在符号相异的特征根	不稳定点
$E_7\left(0, \dfrac{b}{C_S-a-h+b}, 0, 0, \dfrac{b+N_G-C'_G}{h+b-a}, 0\right)$	存在符号相异的特征根	不稳定点
$E_8\left(0, 0, 0, \dfrac{b}{C_S-a-h+b}, \dfrac{N_M+b-C'_M}{h+b-a}, 0\right)$	存在符号相异的特征根	不稳定点
E_9 $(0, 0, 0, 1, 0, 0)$	有正特征根	不稳定点
E_{10} $(0, 1, 0, 0, 0, 0)$	有正特征根	不稳定点
E_{11} $(0, 0, 0, 0, 0, 1)$	有非负特征根	不稳定点
E_{12} $(0, 0, 0, 0, 0, 0)$	当 $b>C_G-N_G$ 且 $b>C_M-N_M$ 所有特征根为负	渐进稳定点
E_{13} $(0, 0, 0, 0, 1, 0)$	有非负特征根	不稳定点
E_{14} $(1, 0, 1, 0, 1, 0)$	当 $2h<C_G-C'_G$, $C_M-C'_M$, $C_S-C'_S$ 所有特征根为负	渐进稳定点
E_{15} $(0, 1, 1, 0, 1, 0)$	当 $C_M-C'_M$, $C_S-C'_S>2h>$ $C_G-C'_G$ 且 $h<C_M-N_M$ 所有特征根为负	渐进稳定点
E_{16} $(1, 0, 0, 1, 1, 0)$	有正特征根	不稳定点
E_{17} $(1, 0, 1, 0, 0, 1)$	当 $C_M-C'_M$, $C_G-C'_G>2h>C_S-$ C'_S 且 $h<C_G-N_G$ 所有特征根为负	渐进稳定点
E_{18} $(0, 1, 0, 1, 1, 0)$	有正特征根	不稳定点

续表

均衡解	特征值符号	稳定性
$E_{19}\left(\dfrac{b}{C'_S-a-h+b},\ 0,\ 0,\ 0,\ 0,\ \dfrac{C'_G-N_G-B}{a-b+h}\right)$	存在符号相异的特征根	不稳定点
$E_{20}\ (0,\ 1,\ 0,\ 1,\ 0,\ 1)$	当 $C_M-C'_M$, $C_S-C'_S$, $C_G-C'_G<2h$ 所有特征根为负	渐进稳定点
$E_{21}\left(0,\ 0,\ \dfrac{b}{C'_S-a+b+h},\ 0,\ 0,\ \dfrac{C_M-N_M-b}{a-b+h}\right)$	存在符号相异的特征根	不稳定点
$(0,\ 1,\ 0,\ 0,\ 0,\ 1)$	有正特征根	不稳定点
$E_{23}\ (0,\ 0,\ 0,\ 1,\ 0,\ 1)$	有正特征根	不稳定点

根据以上分析可以看出，在一定条件下，E_{12}（0，0，0，0，0，0），E_{14}（1，0，1，0，1，0），E_{15}（0，1，1，0，1，0），E_{17}（1，0，1，0，0，1），E_{20}（0，1，0，1，0，1）均为局部渐进稳定点，即对于政府、市场和社会三方而言，深度合作、简单合作和不合作策略都可能是最终演化博弈策略，而三方所选择策略的稳定性与博弈系统的初始状态有关。为了更直观说明以上结论，我们用数值模拟方法分别对 E_{12}，E_{14}，E_{15}，E_{17}，E_{20} 五中具体情形进行验证。

六、陕西省保障性租赁住房政策支持体系

发展房地产租赁市场不仅是要满足现居民不断增长的改善性住房的需求，也要保证新市民的基本居住需求。在我省，人口流入较大，解决广大新市民的住房需求成为当前最迫切的问题。陕西省在过去的住房制度改革和发展中，取得了较大的成就，很大程度上解决了住房短缺的问题，促进了经济社会的快速发展。近年来随着城市人口的净流入，商品住房价格不断上涨，住房供需不匹配，结构不合理，保障不充分等问题日益凸显，现行的住房制度难以满足新市民群体对改善住房条件的新需求，难以满足我省未来发展的战略需要。进入新时代，陕西省亟需深化住房制度改革，加大住房供应，扩大保障范围，不断增强各城市对人才的吸引力，广大新市民群体的获得感、满足感、幸福感、归属感。努力让新市民群体住有所居，住有宜居。在总结了国内外先进国家和城市的租房租赁政策以及制度后，结合陕西省的实际情况，经过实地调研，总结得出在人口净流入较大的城市加快培育和发展住房租赁市场，加快推进住房租赁立法，保护租赁利益相关方合法权益成为当前的重要任务。

（一）金融：政府支持引导下的市场融资机制

保障性租赁住房是社会资源和社会福利的一部分，企事业单位、社会团体都应有责任为保障性租赁住房建设做贡献。从保障性租赁住房建设的资金结构来看，主要是以市场融资为主。这种融资模式的优势是项目资金来源灵活，渠道较广，社会参与度高。其局限性是社会资金的特性要求资金保值升值，而保障性租赁住房的销售对象或租金水平受到严格控制，保障性租赁住房一般只租不售，这造成保障性租赁住房开发利润水平偏低，多数普通开发商嫌无利可图，又占用资金，不愿涉足。因此，就需要政府加以引导，为市场化融

资模式提供制度保障和方向指引。

1. 政府支持引导下的市场融资机制的具体措施

（1）成立专营性金融机构，推动银企合作。随着租赁支持政策的实施，银企合作成为租赁市场发展的亮点。陕西省可以通过促进以建行为代表的金融机构联合房企和实体经济企业，提供与保障性租赁住房期限相匹配的长期公司贷款，打通政策性住房租赁供需通道，有力推动开发商转型和居民住房消费模式转变。

当前，间接融资在我国的融资方式中仍然占据非常重要的地位，并且其对应的融资成本较低。银行信贷资金也随着日益发展成熟的租赁机构适当应时介入。就由开发商转向自持住房租赁机构的房地产企业而言，由于在前期的投入较大，回收的时期也较长，原本的开发贷款模式显得并不那么适用。所以，根据租赁机构特点，可鼓励商业银行开发对应的金融产品。长远看来，可以研设专门的金融机构，为这些住房租赁机构提供可靠的长期贷款，从而促进租赁市场繁荣、健康地发展。

（2）资产支持证券（ABS）。保障性租赁住房具有租金稳定、运营模式清晰等特点，是一种比较合适的证券化基础资产。当前，住房租赁 ABS 主要分为两大类：一种是信托受益权类 ABS，此类的产品运用双 SPV 架构设计的形式——"专项计划＋信托受益权"，以信托受益权作为基础资产，公寓的租金收入由底层资产而来；一种是住房租金分期类 ABS，此类的基础资产由租金分期应收款得来。

2. 发展以 REITs 为代表的租赁市场配套融资体系

房地产投资信托（REITs）本质上是一种投资基金。它于 1960 年在美国通过法律得以确立。房地产投资信托，就其实质而言，是房地产投资权益的证券化，是房地产证券化中的一种形式。通过证券化住房租赁资产，有利于活跃住房租赁存量资产、有利于加快资金的回收、从而提高资金的有效使用率，为住房租赁市场建设引入社会资金；使得相应的住房租赁企业能有效降低其杠杆率，促进行业进行供给侧结构性改革，从而形成金融与房地产之间的良性循环；这将有利于资本市场的产品供给更加丰富，提供的投资品种伴随着中等风险、中等收益，能够满足投资者对投资多元化的需求。依据资金投向的不同，REITs 分为权益型、抵押型与混合型三类。依据组织形式，房地产投资信托可以分为公司型与契约型。与房地产直接投资、一般公司股票和债券这些金融工具相比较，房地产投资信托为其组织者和投资者提供了超越其他房地产投资工具的显著优势。目前，我省租房租赁企业融资在很大程度上仍依赖银行贷款，只有少数企业利用股票及债券等金融工具进行融资。这种融资方式不仅限制了住房租赁企业的融资规模并影响其资本结构的合理性，也给银行贷款业务带来较大风险。

为实现我省政策性住房租赁市场的可持续健康发展，需要为企业提供有效的融资渠道，通过合法投资渠道吸纳社会闲散资金。发达国家的住房租赁市场的融资体系有物业租金资产证券化、应收购房尾款资产证券化、应收物业费资产证券化、抵押的资产证券化和房地产信托基金（REITs）等多种融资模式。其中，又以 REITs 的应用最为普遍和广泛。我国目前正开始试点 REITs 模式，天津市开始试运行首例保障房的 REITs 产品。我省可以加大对 REITs 类住房租赁市场配套融资产品的支持力度，并积极试点和推广应用住房租赁融资模式。新的融资渠道有利于建立多元化的、风险分散的融资体系。

3. 发展以 REITs 为代表的租赁市场配套融资体系的具体流程

（1）支持资产证券化在住房企业中开展。根据自身的运营现状和对财务方面的需求，住房租赁企业可自行开展住房租赁的资产证券化，积极配合并接受中介机构的相关调查，提供具有价值的相关材料，为资产证券化的方案设计和物业估值提供相应的协助。向有关单位或部门提交发行申请。

（2）对租赁住房建设的验收、备案以及交易等相关程序进行优化。对于住房租赁资产证券化过程中所涉及的租赁住房建设验收、备案以及交易等相关事情，各地的住房建设主管部门应当建立相应的绿色通道。如果有房屋建设于租赁住房用地上，将允许抵押或者转让给诸如资产支持专项计划等特殊目的载体，从而应用于资产证券化的开展。

（3）对住房租赁资产证券化的相关审核程序进行优化。根据相关的资产证券化业务规定，各证券投资基金协会和证券交易场所可以对申报的有关住房租赁资产证券化的项目进行有关审核、备案、监督和管理，研究一定的绿色通道用于受理、审核以及备案。实行专人转岗的责任制度，使得审核、备案、发行以及挂牌的工作效率得到提升。

（4）建立健全业务规范、风险控制与管理体系。在建立健全住房租赁资产证券化业务规范、风险控制与管理体系的过程中，住房城乡建设部与中国证监会应当积极督促与支持。对相关单位处理负面清单和完善自律规则进行有效指导，将有关住房租赁资产证券化的违规处置、风险监测、信息揭露以及存续期管理等规则制度进行落实与健全。引导相关的企业主体进行合理的交易结构设计，坚决做好风险阻隔安排，严格遵循行业操守，防范利益冲突，做好投资者权益保护，使各项监督管理要求落实到位。根据行业特点和要求，研设专业的住房租赁资产证券化增信机构。

（5）建立健全自律化监管体系。中国证券投资基金业协会、中国证券业、房地产经纪人学会以及中国房地产估价师应当积极配合住房租赁资产证券化自律监管服务平台的搭建，强化组织协作理念，使得资产证券化管理人、住房租赁的有关企业、相关的物业服务机构、房地产估价机构以及等级评估机构等积极参与自律化管理体系，推动住房租赁证券化的项目稳步运行，做出相应的住房租赁企业信用考核，以及研究出相应的评价体系考核指标，按照法律法规，对严重失信的企业进行依法联合惩处。

（6）合理化评估住房租赁资产价值。在对住房租赁证券化底层的不动产物业进行评估的时候，房地产估价机构应当将收益法作为首要的评估方法。严格遵守房地产证券化物业评估的有关制度和规则，做出具有真实可信的房地产评估报告。即将受理房地产资产证券化物业估值工作的有关机构，必须是具有专业力量强、声誉良好的，且在住房城乡建设部备案的房地产估价机构。对于有资产支持证券的存续期间，按照相关的规定或者约定为底层的不动产物业采取定期或者不定期的估值。如果有收购资产或者处置资产等重大问题的，房地产评估机构应当对其进行重新评估。

（7）积极做好相应的尽职调查、资产交付以及持续运营管理等工作。具有相应资质的房地产估价机构、资产证券化管理人、等级评估机构等中介机构，应当在实际物业过程中，尽职尽责，做到全面尽职调查所涉及的交易主体和基础资产，以确保在工作中符合相关法律法规和监管政策。对于资产证券化法律文件中规定的现金流归集、信息揭露、基础资产教育与隔离、提供增信措施等相关义务，发起人（原始权益人）应当切实履行，并且积极配合中介机构的尽职调查工作。

（8）积极培育具有多元化的投资主体，提高资产支持证券流动性。住房城乡建设部、中国证监会也将共同努力，通过政府引导基金，鼓励证券、产业积极投资基金、保险资产等有关投资主体参与证券化物业，建立起具有多元化、可持续性等特点的资金保障体制机制。

（9）选择住房租赁机构，给予政策支持。通过市场化的选择方式，鼓励当地政府和有关部门选择具有机构化、专业化或者具有一定资产证券物业经验的住房租赁和运营机构参与住房租赁市场的建设。对于此类开展租赁住房资产证券化的企业或者机构，可给予政策支持。

（10）建立健全监管协作机制。通过住房城乡建设部以及中国证监会建立住房租赁资产证券化物业信息共享、日常监督与管理、违规违约处置的工作管理机制，协调住房租赁资产证券化过程中的矛盾，帮助其处理相应的问题与困难。促进住房租赁资产证券化全面有序可持续发展。中国证监会派出的机构及深圳、上海等证券交易所与各地省级住房城乡建设主管部门积极展开合作，充分应用资本市场，高效推出符合相关规定的证券化产品，为资本融资拓宽渠道；同时，加强资产证券化过程中的监管力度，防止违规资金流入房地产市场，严厉打击、惩处利用特殊目的载体非法转让租赁性土地使用权或者改变土地租赁性质的行为。

4. 发挥住房公积金的租房支持功能

住房公积金的推出最初是为了支付职工家庭购买或自建自住住房、私房翻修等住房费用所用，如今，住房公积金制度经完成了其历史使命，在我国的发展已经进入新时代的大背景下，应当重新定位住房公积金制度。基于保障性租赁住房发展的需要，我省可以放开住房公积金支持租房的政策规定，拓宽住房公积金的使用渠道，大力鼓励新市民群体利用住房公积金租房从而满足居住需要，迅速扩大住房公积金制度的受益面，提升居住保障效应。

除大力支持住房公积金用于保障性租赁住房外，应当完善配套政策措施，放宽住房公积金支付房租的条件标准，同时简化办理流程，提高办理效率。即进一步放宽住房公积金的使用渠道，提高使用的灵活便利程度，既保障新市民群体特别是买不起房的中低收入公积金缴存群体的合法权益，又提高住房公积金账户的活跃度；开放更多的住房公积金提取和使用渠道，简化住房公积金的提取手续，同时优化住房公积金异地转移接续平台，形成住房公积金资金合理流动的良性循环机制，提高公积金利用效率。

（二）土地：新增供给、盘活存量、职住平衡并举

土地是人类生活和生产活动的主要空间场所，是人类最宝贵的资源，是城市建设发展的基础。住房发展的基本前提是土地供应，要发展保障性租赁住房就应当保障土地的适时适量供给，保障性租赁住房的建设用地供给问题是保障性租赁住房的主要问题之一。随着城市化的发展，供地紧张已成为各大城市普遍存在的现象。以此，加强保障性租赁住房用地的合理规划以及有效管理是完成保障性租赁住房建设任务的关键。我省保障性租赁住房的土地供应可以分为三类，新增用地，盘活存量用地，盘活存量住房。

1. 新增加用地

全省各地应当根据住房供需等因素，将新建的保障性租赁住房纳入到本地区的发展规划之中，从而合理明确保障性租赁住房的建设规模，并且将具体的安排落实到年度住房供应计划和住房建设计划之中，优化资金、土地等资源分配，促使保障性租赁住房建设有序开展。具体来说，可以通过优先出让等方式安排专项用地用于新建保障性租赁住房的，设定土地竞价溢价率上限，超过一定比例后转为竞配建公共服务设施面积，支持土地出让金分期支付；新建商品房项目在毗邻产业园区、科创新园区、大学园区等住房租赁需求量大的区域时，可将配建一定比例的保障性租赁住房作为土地出让条件；支持在存量工业、商业办公用地上建设保障性租赁住房；鼓励农村集体经济组织成立住房租赁企业或委托专业化住房租赁企业利用集体建设用地建设保障性租赁住房；研究制定国有住房租赁企业参与集体建设用地建设保障性租赁住房的机制。

2. 盘活存量用地

盘活存量用地主要针对城市批而未供、闲置土地、城市低效用土地。这需要政府以行政手段去引导，经济手段来实现，即政府通过规划和年度计划进行控制和引导，同时运用地价杠杆，发挥市场作用，形成盘活存量土地的利益驱动机制。对那些近期不能使用的土地制订相应的政策有偿予以收回，作为储备土地用于保障性租赁住房建设；对闲置的厂房进行回收，用于保障性租赁住房建设；允许将商业用房等按规定改建为租赁住房，土地使用年限和容积率不变，土地用途调整为居住用地；拆除违法建筑，以此盘活土地，为保障性租赁住房建设提供储备用地；同时还可以通过清退部分建设用地，用于保障性租赁住房建设。当然，政府有关部门也需做好存量土地的登记造册工作，在此基础上为盘活存量土地进行保障性租赁住房建设做准备工作。

3. 职住平衡

随着城市的不断发展，大量新市民群体涌入城市，城市就业者的数量不断增加，且偏年轻化。大部分低收入新市民群体的居住地呈郊区化趋势，其通勤距离和通勤时间偏长，使得职住失衡，这也会造成城市交通拥堵的情况。因此，保障性租赁住房的建设可以考虑在产业园区周边、地铁站附近等地进行建设，同时对商业密集区的闲置住房进行改造，建设保障性租赁住房，以此来改善职住不平衡的现状。

（三）财税：强化财税政策有效支持

财税政策是一种重要的利益引导机制，对住房租赁市场的改革和发展都能起到较强的引导作用。发展保障性租赁住房就需要科学运用财税工具，引导和鼓励新市民群体从自身利益出发，自觉做出既满足自身需求，同时又有利于实现政府改革目标的合理化选择，从而实现租赁住房资源的合理化配置，从而使住房租赁市场实现可持续化发展。如果单单依靠企业、投资个体的自觉性去自发成为住房租赁制度改革的主导者，不符合市场发展的逻辑。因此必须通过政策优惠去鼓励、引导市场相关利益主体做出符合市场发展逻辑的选择，积极响应政府的改革政策，达到政府、市场、社会三者合力发展保障性租赁住房的目的。为了促进政策性租赁市场的发展，提高各大供给主体加入保障性租赁住房建设的积极性，就有必要采取一定的税收措施。具体而言，可以从以下几个方面进行：

1. 探索多元化融资方式

加大保障性租赁住房建设资金保障力度，拓宽保障性租赁住房融资渠道，探索多元化融资方式。建立建设资金政府与社会力量合理共担机制。地方政府专项债给予倾斜，积极争取中省资金和政策性贷款，确保建设资金到位。鼓励金融机构按照依法合规、风险可控、商业可持续的原则，向政策性住房租赁企业提供金融支持。支持符合条件的住房租赁企业发行债券、不动产证券化产品，增加社会资本和社会力量参与保障性租赁住房建设的积极性，充分发挥西安银行、长安银行等地方性银行的优势，将商业贷款引入保障性租赁住房建设项目。

2. 加大绿色技术的财税激励

积极争取绿色金融支持绿色建筑技术发展，对取得绿色建筑评价标识的项目，给予开发商或消费者一定程度的奖励。各级财政对装配式建筑项目建设给予资金支持，并按照逐年递减原则进行调整；装配式建筑项目施工企业、建设单位等相关主体按照《国务院办公厅关于大力发展装配式建筑的指导意见》（国办发〔2016〕71号）等政策关于税收优惠的有关规定予以落实。

3. 落实税收优惠

对参与保障性租赁住房建设的企业和个人给予税收上的政策优惠。加大税收激励，鼓励租赁消费，充分考虑多元租赁需求；加强税收调控，引导个人出租闲置住房，增加租赁供给；增强税收引导，支持租赁企业专业化、规模化发展，稳定租赁供给。

（四）品质：住有所居、居有所宜

保障性租赁住房不仅为广大新市民提供一个适宜的住所，更是要做到经济与住房品质相结合，要保障保障性租赁住房的品质，需要从住房规划阶段合理界定住房片区功能、加强周围公共配套与基础设施配套建设，做到用地规划与土地交易阶段提高住区规划指标要求、提高成品住房比例要求，到建设管理阶段严格把控工程质量、提高绿色建筑指标要求、鼓励智慧社区开发建设，到运营管理阶段提升服务质量、鼓励服务内容多样化，让人人"住有宜居"。保障性租赁住房建设要做到以人为中心，而非以房为中心；更加注意让住房的居住功能兼顾人的生存与发展，而非只满足生存需求。

1. 严格把控新建住房质量

保障性租赁住房设计阶段的质量管理对策．勘察设计阶段对保障性租赁住房的可靠性、经济性和适用性有决定性的作用，勘察设计阶段体现了保障性租赁住房项目的质量目标、水平以及项目使用价值，构成了工程质量体系中的内在质量。陕西省保障性租赁住房的设计应遵循"小套型、功能全、精细化、全装修"的原则，强调贯彻安全、经济、美观、适用的要求，注重规划的深度，倡导精细化设计。

保障性租赁住房施工质量管理对策。保障性租赁住房的施工质量管理是保障性租赁住房建设的核心环节，既要满足建筑工程施工项目质量的层次要求，又要遵循质量管理从确立质量管理目标、制定质量保证体系、质量管控体系到质量改进的基本程序。对于保障性租赁住房的施工质量管理主要可以采取以下措施：

（1）确立保障性租赁住房施工质量管理目标。在制定保障性租赁住房施工质量管理目标时，既要考虑保障性租赁住房质量标准要求、相关的施工质量法律、法规、技术标准等因素，还要考虑施工单位的施工质量管理水平、施工人员素质等因素。

（2）保障性租赁住房施工质量保证体系。从思想认识、组织管理、质量控制等方面构建保障性住房项目施工质量保证体系，确保项目施工质量符合工程设计要求，符合技术标准规范、满足建设单位和保障对象的需要等。

（3）建立保障性租赁住房施工质量控制体系。为保证施工质量达到合同规定的质量标准，全面建立施工单位施工准备质量控制、施工过程质量控制和施工后期质量控制的系统。

（4）保障性租赁住房施工质量改进。在保证施工质量的前提下，提倡技术创新，鼓励推广应用新技术、新材料、新设备、新工艺，实现工程质量的持续推进，使工程质量达到新水平、新高度。

保障性租赁住房的工程验收质量管理对策。对保障性租赁住房建设工程的验收实施分户验收与竣工验收双轨制度。分户验收，是指建设单位组织施工、监理等单位，在住宅工程各检验批、分项、分部工程验收合格的基础上，在住宅工程竣工验收前，依据国家有关工程质量验收标准，对每户住宅及相关公共部位的观感质量和使用功能等进行专门检查验收，并在分户验收合格后出具工程质量竣工验收记录。竣工验收由保障性租赁住房相关建设单位负责，邀请工程质量监督部门和保障性租赁住房管理部门会同勘察设计、施工、监理等单位项目负责人进行单位工程验收。验收时可根据不同专业划分若干个验收小组，验收小组组长一般由建设单位或设计单位专业人员担任。

保障性租赁住房改建的质量管理。在进行住房改造的时候，首先，需要专业的房屋质量安全检测机构对原房屋的安全性能进行测试，符合安全性能要求的，方可进行改建。一、在进行墙体改造时，需要改动承重抗震的构件，如果要扩大室内空间将承重墙拆除的话，那么将会使墙体的承重和抗震能力减低，会产生安全问题。承重墙是不能乱拆的，非承重墙是次要的承重构件，但是也是承重墙及其重要的支撑。二、水电是关乎整个家居的安全，在水电方面一定要非常谨慎，在改造过程中，还要注意避免破坏建筑物原来的防水设计，否则就要重新做防水。三、长时间的使用造成门窗老化，若是木门窗起皮或变形，需要进行改造重做。对于改建的保障性租赁住房质量不达标的情况，进行严肃处理，且禁止继续出租。

2. 健全住房基础设施与公共配套设施

保障性租赁住房在注重房屋质量的同时，也需要健全小区的基础设施和公共配套设施，这就需要政府部门出台保障性租赁住房小区配套设施相关管理规定，科学规划设计，明确建设主体，加强多方监管，实现基础配套与土建工程同步建设。

(1) 注重小区配套设施的规划设计。根据实际情况，坚持先配套，后开发的原则，完善配套设施建设；建设主体必须保证资金按期足额投入，严格按照规划执行新建租赁住房小区开发策略；在规划的执行过程中要加强规划监察，保证规划的有效实施。

(2) 完善小区业主委员会建设。政府要加强对小区业主委员会建设的正确引导，完善业主委员会组建办法，夯实业主委员会运作基础；不断加强业主委员会自治水平，提高公民意识，充分发挥其在社区管理中的作用，维护自身权益。

(3) 提升开发主体建设与管理能力。开发商应主动与专业配套部门配合，在工序和工艺配合上通过科学的程序和周密的衔接做到同步设计、同步施工、同步交付使用。

(4) 完善公共配套。完善的公共配套应做到供给充足、内容齐全、服务专业，尽量全方位满足保障对象的物质与文化生活需要。同时完善的公共配套也能满足新市民群体对提升生活品质的追求，增加他们的租住意愿。

3. 打造绿色环保保障性租赁住房

发展绿色建筑已成为当前建筑发展的趋势。保障性租赁住房需全面执行绿色建筑标准，多角度构建绿色租赁住房可持续发展模式。提升保障性租赁住房绿色建筑发展水平，需遵循"抓标准、重监督、提品质"的发展原则，从标准体系、审查监督、宣传推广、政策激励等多角度出发，实现良好的建设氛围。

根据建筑节能与绿色建筑发展需求，适时制修订相关设计、施工、验收、检测、评价、改造等工程建设标准。加大新建（改建）保障性租赁住房中绿色建筑标准强制执行力度；推广绿色物业管理模式，确保各项绿色建筑技术措施发挥实际效果；加强绿色建筑评价标识项目质量事中事后监管；尽量使用安全耐久、节能环保、施工便利的绿色建材。

4. 加强智能化建设

智能化建设是以住宅为基础，其核心是利用综合布线技术、网络通信技术、安全防范技术、自动控制技术、音视频技术将居家生活的有关设施集成，构建高效的住宅设施与家庭日程事务的管理系统，提升居家的舒适性、便利性，并大大提高住房的安全性能，同时也能使居住环境更加节能环保。加强保障性租赁住房的智能化建设，推进智慧社区建设，加强智慧社区顶层设计，统一规划，整合资源，以人为本，建设智能化租赁住房小区，这有利于增强社区居民之间的信息共享互动，增强住房保障对象的归属感，提升居住质量和居住水平。

（五）分配：精准匹配、动态调整

保障性租赁住房建设是最新提出的一项工程，陕西省委、省政府都高度重视保障性租赁住房的建设和分配工作。其性质决定了它的分配必须坚持公平、公正、公开的原则，构建并完善保障性租赁住房信息系统，阳光透明操作，分配好保障性租赁住房，让广大新市民享受到政策红利。由于保障性租赁住房是住房租赁制度的新尝试，还必须加大宣传力度，让新市民群体全面了解保障性租赁住房，为政策的实施和后续发展做铺垫。为了让受益群体尽早知晓其保障性租赁住房的分配情况，各市要定期公开轮候方案。保障性租赁住房的公平分配细化工作如下。

1. 构建保障对象大数据平台

保障性租赁住房的主要对象是以当地城镇无房常住人口、非户籍常住人口和新落户的新就业大学生等群体为主。应充分利用"互联网＋"和大数据技术，构建全市统一的住房租赁服务平台，通过住房租赁平台，实现市、区、街道、社区四级网格化监管和服务体系。对各市需要申请保障性租赁住房的新市民群体进行摸底调查，并通过住房租赁平台录入他们的基本数据，掌握其需求，进行科学的规划和安排。由于新市民群体的流动性较大，因此，应定期对数据库中的基础数据进行筛选核查，将不符合条件的数据删除。对满足条件的进行数据新增，以保证公平分配的基础。同时，陕西省住房租赁服务平台通过房源信息发布、房源核验、租赁合同网上签约备案等措施，强化住房租赁交易安全，实现了项目从计划到进展的全面监督管理，并且能动态监管市县两级住房保障对象、房源、项目进度等变化，满足要求的对象通过申请，审批流程进入数据库。

2. 加强分配管理

保障性租赁住房公平分配是其不断完善不断发展的前提和基础。必须高度重视分配管理工作，将其作为落实保障性租赁住房重中之重来抓，要详细制定保障性租赁住房分配方案。严格执行"三审两公示"、年度核查和信息公开三项制度，确保实现分配公平。健全诚信申报和信息公开制度，完善准入和退出机制，除专门的监督单位以外，引入，接受纪检监察部门、媒体和社会监督，确保实现保障性租赁住房分配公开、公平、公正。同时，借助住房租赁平台进行信息审查和后期监督。其次加强租赁对象日常管理。注重加强对保障性租赁住房使用情况和使用对象的日常管理，定期、不定期对保障性租赁住房进行排查。重点检查房屋是否由原申请家庭居住，是否存在转让、转租、出租、出借和调换等违规行为。

3. 加大信息公开力度

加大保障性租赁住房信息公开力度，向广大市民公开保障性租赁住房的年度建设计划和任务、项目建设地址、建设规模和建设套数，公布具体建设项目的户型面积和租金价格等，并实行保障性租赁住房公示、告知和分配现场公证；对保障性租赁住房的申请条件、房源和租金实行三公开。然后通过网络媒体、纸质媒体、电视等加强对保障性租赁住房的主要配租对象以及房屋具体面积、装饰配置等信息进行动态公开，以便广大群体及时了解该租赁住房的相关情况。同时充分利用信息平台，开展保障性租赁住房房源和分配信息的数据调整工作，确保建设项目、房源和进展信息同步更新。

4. 规范审批程序并加大处罚力度

实施保障性租赁住房前对主要对象所在地、户籍性质、年龄范围、家庭人均月收入标准、住房面积等方面做出具体规定，若申请人在申请地存在房屋买卖、赠与等转让行为，将明令禁止申请。建立保障性租赁住房审核申请制度，按照由街道办事处、区住房保障中心、市住房保障中心三级审核，三次公示的程序，最终审定资格。对于有居民通过虚假的信息骗取了保障性租赁住房，首先是清退，其次是五年之内不再享有申请资格。同时持续开展违法违规租赁行为综合治理工作。完善多部门联合执法机制，加大执法力度，维护住房租赁各方合法权益，确保人民群众财产安全。

（六）运行：政府监督，市场运行

1. 稳定租金水平，提高审批效率

稳定租金水平。租金是影响居民租房选择的重要因素，在租金方面，租赁双方应当根据出租住房所在区域市场租金水平合理约定租金，保障性租赁住房的资金严格应控制在市场租金的50%～70%。在合同期内出租方不得单方面提高租金，同时各地市住建部门应当建立当地住房租金动态发布制度，及时发布住房租赁市场实际成交租金水平等信息。各地市住建部门未来将发布的这个租金"参考价"并不是强制要求出租方和租户照此出租，而是起到参考作用。出租方和租户可以根据这个价格水平，在规定的租金水平范围内合理约定具体的租金情况。

加大行政审批政策支持。政府各相关部门要落实"放管服"改革的总体要求，梳理新建、改建、改造租赁住房项目立项、规划、建设、竣工验收、运营管理等规范性程序。建立快速审批通道，为住房租赁企业和个人办理行政审批相关事宜提供便利，进一步优化工作流程，梳理业务事项，简化办事程序，减少中间环节，拓宽线上、线下保障性租赁住房申请受理渠道，提高审批监管的效率。

2. 法律兜底，强化监管

健全法律制度。保障性租赁住房政策是在公租房，廉租房等基础上提出来的。一项新的政策的运行必须有相关法律制度为支撑。应充分借鉴国内外的立法经验，在已有法律的基础上，制定相关法律法规，弥补保障性租赁住房的法律空缺，着重保护承租人的利益，让各项措施有法可依。并持续开展违法违规租赁行为综合治理工作，严厉查处未经金融监管部门批准设立的机构开展个人"租金贷"业务，以及出租人随意定价、随意涨价、随意退租等现象。完善多部门联合执法机制，加大执法力度，维护政策性住房租赁各方合法权益，确保人民群众财产安全。

加大住房租赁市场监管力度。明确房产行政主管部门要和有关部门，通过主动进行检查、投诉信息审查、转办交办核查等方式，加强从业企业日常监管；明确对未按要求开展住房租赁业务的供给方，市、区两级房产行政主管部门要采取约谈、警告、责令限期整改、移出政策性住房租赁企业名单、不得享受财政扶持政策等措施进行处理；相关措施可以单独使用也可以合并使用，并视情向社会公开；明确探索建立从业企业及从业人员星级评价体系，强化信用管理，对失信主体实施联合惩戒。必要时可以实行一城一策，加强针对性督导，力求实效。

3. 促进合同备案，落实平台责任

大力促进保障性租赁住房合同网签备案。努力实现住房租赁合同网签、备案一体化，通过互联网大数据平台推行住房租赁行业信用体系建设，构建全市住房租赁市场监测分析和预警体系。

落实网络平台责任。网络信息平台应当对房源信息发布主体的资格和相关房源的必要信息进行核验。具体应当做到如下，对房屋所有人自行发布房源信息的，应核验发布者的身份和房源的真实性；对机构及从业人员发布房源信息的，应当核验机构的身份和人员的

真实从业信息，对不具备发布主体资格或者被列入经营异常名录以及被列入严重违法失信名单等机构及从业人员发布的房源信息进行撤销并处以罚款。住房和城乡建设部门、市场监管等部门要求网络信息平台提供有关住房租赁数据的，网络信息平台应当积极配合。

4. 推动政府与市场的协调配合

推动政府与市场的协调配合。使政府这只有形的手抓牢保障性租赁住房，市场与政府协调配合。保障性租赁住房本身是政府给予政策支持、企业和其他机构投资建设的租赁住房。同时政府又为保障性租赁住房，筑牢保障底线，稳定住房租赁市场价格、引导市场预期。并要通过市场的力量合理配置资源，发挥市场供给的灵活性优势，让更多主体参与到保障性租赁住房建设中来，从而确保更加多元化的住宅供给渠道，满足人民群众多层次、多样化的非基本公共服务需求。

强化政府对保障性租赁住房的规范化管理。完善陕西省现有的住房租赁公共服务平台功能。综合施行有效举措，夯实地方政府责任，调动各方积极性，将各大租房信息、规章制度、优惠政策等向社会公开透明的展示，以便租房者第一时间了解租房信息。同时建立租赁数据化平台，以便政府有关部门实时了解各地租房市场动态，获得第一手资料。针对不同情况制定及时有效的方针政策。

第五篇
陕西省公共租赁住房的专题研究

一、陕西省公共租赁住房建设与分配现状剖析

（一）主要成就

1. 前期建设成效突出，"兜底"作用发挥显著

2008 年以来，陕西省委、省政府积极探索和建立城镇住房保障制度，大规模推进保障性住房建设，开工进度、公租房分配、发放租赁补贴等主要指标连续多年走在全国前列，形成了陕西模式、陕西速度和陕西经验。2008—2016 年，全省公租房目标任务总量88.62 万套，住房保障覆盖率达到 11.4%（全国平均水平为 5.62%），有效改善了城镇中低收入家庭的住房条件，促进解决"新市民"住房困难问题，13.36 万城镇低保住房困难家庭基本实现"应保尽保"。

2. 服务机构健全完备，管理制度初步建立

2013 年，陕西省在全国率先成立省、市、县三级保障性住房管理中心之时，即明确各级保障中心主要职责包括"做好保障性住房资产运营管理工作"。2014 年，省住房和城乡建设厅等四部门联合印发《陕西省租赁型保障房资产管理办法（试行）》（陕建发〔2014〕415 号），对相关部门和单位的职责、资产核定、管理使用、资产处置做了要求。2019 年，依据财政部、住房城乡建设部联合印发的《公共租赁住房资产管理暂行办法》（财资〔2018〕106 号），结合实际，省财政厅、住房和城乡建设厅又在全国较早制定了《陕西省公共租赁住房资产管理暂行办法》（陕财办资〔2019〕179 号，以下简称《暂行办法》），初步建立了我省公租房资产管理制度。

3. 确权工作稳步推进，后期管理扎实开展

确权是开展资产管理工作的基础。依据陕建发〔2014〕415 号文，省保障中心要求市县将政府投资项目确权在同级保障中心名下，将联建项目按产权比例确权在同级保障中心和联建单位名下，及时从建设分配环节进入资产管理环节。指导督促各市（区）按照竣工验收、审计决算、资产核定、确权登记"四步法"，对已竣工验收备案、建设手续完善、各方产权明晰的公租房项目优先进行确权。根据确权进度差异，针对性地实施"关中、陕北大力推进，陕南做好收尾"，每年确定目标任务，持续抓落实。

（二）存在问题

1. 制度建设不完善，政策执行有偏差

资产管理制度体系不健全，《暂行办法》的出台时间是 2019 年，与陕建发〔2014〕415 号文相比，对公租房资产管理工作的适用范围、资产分类、管理原则、核定方式做了不一样的要求，因此，需要对之前的"规定动作"进行修正；特别是对融资抵押、会计核算有了明确规定，应在今后工作中着重强调。相较于一般资产管理制度，《暂行办法》仅对公租房资产的配置、使用、处置、财务管理、资产报告、监督管理做了框架性要求，没有对应的规范解释，缺失评价标准，未建立绩效评价体系，容易导致资产配置、会计核算、建卡、资产年度报告等工作在执行中发生偏差。正相关作用不强烈，缺乏问责机制，

没有刚性约束，未形成全寿命周期公租房资产闭合管理机制。

2. 确权总量偏少，管理主体分散

部分市（区）确权步伐滞后，从已确权与投入使用的比值看，全省公租房平均确权率为 37.81%。宝鸡、咸阳、渭南、延安、榆林、安康等 6 市高于全省平均水平；铜川、杨凌、西咸 3 个市（区）的比率较低，分别为 12.37%、18.48%、12.30%；西安市确权率最低，为 7.68%。主要原因：一是建设初期任务重、工期紧，土地使用手续这个"核心要件"未及时办理，造成后续所有手续均无法办理，仅这一项就占全省未确权公租房的 22.83%。二是办理各类手续均存在一定周期，有的未办理规划许可、施工许可，有的未按规划总平建设，还有的未批先建、未验先用，消防设计未审核、未验收，导致无法竣工验收。三是个别市县缴纳规费有争议，审计与财政核算口径不一致，不能按时竣工决算。

二、陕西省公共租赁住房建设与分配研究

（一）研究目的及数据说明

1. 编制目的

一是摸清不同保障对象对公共租赁住房的实际需求，为未来五年公共租赁住房发展规划做准备。在总结过去公租房建设管理取得的成绩与尚存的问题的基础上，摸清陕西省公租房保障对象对公租房的实际需求，判断陕西省公共租赁住房发展的不平衡不充分性，概括陕西省公共租赁住房发展所面临的问题；结合现有的经验与政策的指导，学习新理念新方法，科学定位公共租赁住房发展方向，精确制定公共租赁住房发展目标，明确公共租赁住房工作重点任务与实施措施，为未来 5 年公共租赁住房的发展作出合理规划。

二是严格围绕公共租赁住房"四个三准确"进行规划指导，精准落实公共租赁住房保障。即准确把握三类保障对象，准确把握三类准入条件，准确把握三类保障方式，准确把握三个关键环节。准确把握三类保障对象是指对城镇中等偏下收入家庭、新就业职工和外来务工人员住房困难者三类保障对象地严格界定；准确把握三类准入条件是指从收入、住房和财产三方面进行保障对象和非保障对象划分；准确把握三类保障方式是指要更加明确实物补贴、货币补贴和先租后售三种方式的具体执行细则；准确把握三个关键环节是指具体制定"申请资格—登记—摇号选房"的实施办法。

三是改善新时代陕西省公共租赁住房的质量，提升住房保障新形象。在居民住房条件不断改善的基础上，合理协调公共租赁住房居住、生活与就业空间布局，满足公共租赁住房保障对象的职住一体化需求；深入了解公共租赁住房小区生活配套服务需求，健全新时代背景下公共租赁住房小区完善的基础配套设施和公共配套设施的标准；探索公共租赁住房的绿色节能新理念、新技术提升空间以满足绿色环保要求；基于建管结合的理念，研究公共租赁住房小区"和谐社区·幸福家园"的建设标准与评价标准及公共租赁住房小区老年宜居设施的建设与管理标准，加快公共租赁住房的建设管理质量与数量保障齐头并进，

从而提升陕西省公共租赁住房保障新形象。

2. 指标及数据说明

（1）指标数据来源（表5-2-1）

指标数据来源 表5-2-1

指标	数据来源	数据年份
陕西省各市、区、县常住人口数量	陕西省统计局	2017年底
陕西省各市、区、县常住人口城镇化率	陕西省统计局	2017年底
陕西省各市、区、县公共租赁住房开工总量	陕西省住建厅	2008年至当前
陕西省各市、区、县公共租赁住房盘活套数	陕西省住建厅	2008年至当前
陕西省各市、区、县公共租赁住房分配套数	陕西省住建厅	2008年至当前
全国公租房总套数及已分配套数（除陕西省）	统计局	2018年7月底
各省市地区生产总值	国家统计局	2016年底
各省市人均地区生产值	国家统计局	2016年底
各省市城镇居民消费水平	国家统计局	2016年底
各省市城镇常住人口	国家统计局	2016年底
各省市城镇固定资产投资	国家统计局	2016年底
各省市地方财政一般预算收入	国家统计局	2016年底
各省市城镇居民人均可支配收入	国家统计局	2016年底
新一线城市、三线城市、四线城市租金	中国房地产数据年鉴	2018年8月

（2）数据提供时间及方式

1）陕西省各市、区、县常住人口数据、城镇化率由陕西省统计局提供为2017年底最新数据，其中未查到延安市各县人口城镇化率与西咸新区人口数，故只统计其公共租赁住房开工量与分配率。

2）陕西省各市、区、县公共租赁住房开工总量、盘活套数均为陕西省住房和城乡建设厅提供2008年至今最新数据，其中盘活量只有宝鸡、铜川、延安3个市，盘活数量分别为3010套、3436套、200套，处置量分别为5951套、642套，延安没有处置量，其他各市县均没有盘活量。

（3）计算公式及解释说明

1）公共租赁住房城镇常住人口家庭覆盖面（%）=目前公共租赁住房套数/城镇常住人口户数×100%

2）目前公共租赁住房套数（套）=开工总量-盘活套数-处置套数（注：公租房开工总量为2008—2015年数据，由于没有2016年、2017年新建量，故该数据为目前最新数据，盘活套数也只有2015年宝鸡、铜川市，其他市县均没有盘活量，故盘活也为目前最新数据）

3）城镇常住人口（万）=常住人口×城镇化率

4）城镇人口户数（户）=城镇常住人口÷户均人口数（注：户均人口数为2.9人/户，该数据由陕西省统计局提供）

5）目前公共租赁住房空置数（套）=开工总量-盘活套数-分配套数

6）公共租赁住房分配率（％）＝分配套数÷开工总量

7）房租收入比＝人均住房租金/城镇居民可支配收入＝单位平方米住房月租金×36.6m²/城镇居民可支配收入月度平均数。根据 2017 年 7 月国家统计局发布数据显示，2016 年全国城镇居民人均住房建筑面积为 36.6m²。

（二）陕西省公共租赁住房建设与分配总体情况

截至 2018 年 9 月，陕西省累计开工建设公共租赁住房 89.19 万套，竣工 81.14 万套，竣工率（各地市竣工量/该地市开工量）为 90.79％，其实物保障覆盖率（各地市公租房开工建设总量/该地市常住人口户数）较小，为 11.57％，分配入住 79.55 万套，分配率（各地市分配入住量/该地市开工量）为 89.19％。具体如表 5-2-2 所示。

陕西省公共租赁住房建设与分配情况表　　　　　表 5-2-2

	2017 年城镇常住人口（户）	竣工率（％）	覆盖率（％）	分配率（％）
陕西省	7593813	90.79	11.57	89.19

数据来源：2017 年常住城镇人口来自陕西省统计局，竣工率、覆盖率、分配率的原指标数据均来自陕西省住房和城乡建设厅。

（三）陕西省各市公共租赁住房建设与分配现状剖析

1. 西安市公共租赁住房实物保障覆盖率为 8.2%

截至 2018 年 9 月，西安市累计开工建设公租房 18.15 万套；竣工 14.45 万套，竣工率为 79.64％；实物保障覆盖率为 8.2％；分配率为 78.92％。西安市本级累计开工建设公租房 14.95 万套；竣工率为 79.03％；实物保障覆盖率为 9.52％；分配率为 79.55％。从开工总量来看，长安区最多，为 2.18 万套，蓝田县、周至县最少，分别为 0.01 万套、0.04 万套；从竣工率来看，高陵区最低，为 66.94％，而蓝田县、鄠邑区最高，达 100％；从公租房实物保障覆盖率来看，长安区最高，为 10.35％，而蓝田县、周至县最低，分别为 0.21％、0.58％；从分配率来看：高陵区最低，为 66.94％，蓝田县、鄠邑区最高，均为 100％，如表 5-2-3 和图 5-2-1 所示。

西安市公共租赁住房建设与分配情况表　　　　　表 5-2-3

西安市	2017 年城镇常住人口（户）	竣工率（％）	覆盖率（％）	分配率（％）
西安市（含区县）	2211586	79.64	8.20	78.92
市本级	1570345	79.03	9.52	79.55
阎良区	58241	76.89	3.51	67.95
临潼区	83138	77.95	1.85	77.95
长安区	210966	85.25	10.35	76.52
高陵区	79379	66.94	5.72	66.94
蓝田县	61000	100.00	0.21	100.00
周至县	68724	86.57	0.58	86.57
鄠邑区	79793	100.00	1.83	100.00

数据来源：2017 年常住城镇人口来自陕西省统计局，竣工率、覆盖率、分配率的原指标数据均来自陕西省住房和城乡建设厅。

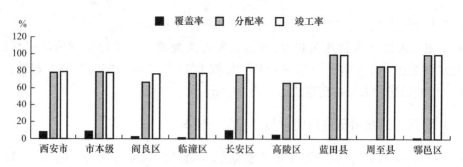

图 5-2-1　西安市公共租赁住房建设与分配情况

2. 宝鸡市公共租赁住房实物保障覆盖率为 12.22%

截至 2018 年 9 月，宝鸡市累计开工建设公租房 9.25 万套；竣工 8.43 万套，竣工率为 91.24%；实物保障覆盖率为 12.22%；分配率为 91.21%。宝鸡市市本级累计开工建设公租房 4.81 万套；竣工 4.07 万套，竣工率为 84.64%；实物保障覆盖率为 11.62%；分配率为 84.64%。从开工总量来看，梅县最多，为 0.89 万套，麟游县最少，为 0.29 万套；从竣工率来看，眉县最低，为 92.00%，其他县区均为 100.00%；从公租房实物保障覆盖率来看，太白县最高，为 44.16%，岐山县最低，为 6.35%；从分配率来看：梅县最低，为 91.73%，而其他县区均为 100.00%，具体如表 5-2-4 和图 5-2-2 所示。

宝鸡市公共租赁住房建设与分配情况表　　　　　　　　　　表 5-2-4

宝鸡市	2017 年城镇常住人口（户）	竣工率（%）	覆盖率（%）	分配率（%）
宝鸡市（含区县）	679552	91.24	12.22	91.21
市本级	354379	84.64	11.62	84.64
眉县	38828	92.00	22.48	91.73
凤翔县	72138	100.00	8.63	100.00
扶风县	47862	100.00	8.86	100.00
麟游县	11690	100.00	19.03	100.00
陇县	32621	100.00	13.23	100.00
千阳县	17345	100.00	30.64	100.00
太白县	7759	100.00	44.16	100.00
凤县	21897	100.00	12.05	100.00
岐山县	75034	100.00	6.35	100.00

数据来源：2017 年常住城镇人口来自陕西省统计局，竣工率、覆盖率、分配率的原指标数据均来自陕西省住房和城乡建设厅。

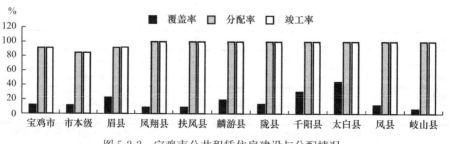

图 5-2-2　宝鸡市公共租赁住房建设与分配情况

3. 渭南市公共租赁住房实物保障覆盖率为 15.53%

截至 2018 年 9 月，渭南市累计开工建设公租房 11.91 万套；竣工 10.23 万套，竣工率为 85.95%；实物保障覆盖率为 15.53%；分配率为 82.39%。渭南市市本级累计开工建设公租房 6.55 万套；竣工 5.5 万套，竣工率为 83.96%；实物保障覆盖率达 40.78%；分配率为 80.12%。从开工建设量来看，蒲城县最多，为 1.05 万套，华阴市最少，为 0.23 万套；从竣工率和分配率来看，潼关县、华阴市、华州区最高，均为 100.00%，而蒲城县最低，均为 72.31%；从公租房实物保障覆盖率来看，潼关县最高，为 15.09%，而华阴市最低，为 4.43%，具体如表 5-2-5 和图 5-2-3 所示。

渭南市公共租赁住房建设与分配情况表　　　　　　　　表 5-2-5

渭南市	2017 年城镇常住人口（户）	竣工率（%）	覆盖率（%）	分配率（%）
渭南市（含区县）	766651	85.95	15.53	82.39
市本级	160743	83.96	40.78	80.12
大荔县	94799	86.19	6.55	86.19
澄城县	58373	95.58	11.52	75.24
合阳县	65869	87.64	9.92	87.64
潼关县	25361	100.00	15.09	100.00
华阴市	51154	100.00	4.43	100.00
富平县	105281	91.74	7.82	90.04
白水县	44715	82.89	8.98	78.26
华州区	54016	100.00	9.62	100.00
蒲城县	106340	72.31	9.89	72.31

数据来源：2017 年常住城镇人口来自陕西省统计局，竣工率、覆盖率、分配率的原指标数据均来自陕西省住房和城乡建设厅。

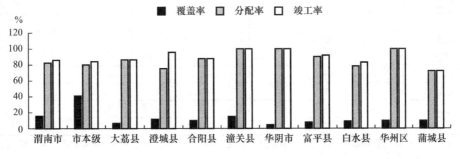

图 5-2-3　渭南市公共租赁住房建设与分配情况

4. 铜川市公共租赁住房实物保障覆盖率为 26.80%

截至 2017 年 9 月，铜川市累计开工建设公租房 5.34 万套；竣工 4.57 万套，竣工率为 85.58%；公租房实物保障覆盖率为 26.8%；分配率为 89.64%。铜川市市本级累计开工建设公租房 5.07 万套；竣工 4.31 万套，竣工率为 85.05%；公租房实物保障覆盖率为 26.89%；分配入住 4.53 万套，分配率为 89.47%。宜君县累计开工建设公租房 1.07 万套；竣工率为 95.58%；公租房实物保障覆盖率为 25.37%；分配率均 92.85%，具体如表 5-2-6 所示。

铜川市公共租赁住房建设与分配情况表　　　　　　表 5-2-6

铜川市	2017 年城镇常住人口（户）	竣工率（%）	覆盖率（%）	分配率（%）
铜川市（含区县）	185720	85.58	26.80	89.64
市本级	175030	85.05	26.89	89.47
宜君县	10690	95.58	25.37	92.85

数据来源：2017 年常住城镇人口来自陕西省统计局，竣工率、覆盖率、分配率的原指标数据均来自陕西省住房和城乡建设厅。

5. 咸阳市公共租赁住房实物保障覆盖率为 9.92%

截至 2018 年 9 月，咸阳市累计开工建设公租房 7.53 万套；竣工 7.02 万套，竣工率为 93.31%；实物保障覆盖率为 9.92%；分配率为 88.04%。咸阳市市本级累计开工建设公租房 3.98 万套；竣工 3.77 万套，竣工率为 94.55%；公租房实物保障覆盖率为 21.29%；分配入住 3.57 万套，分配率为 89.53%。从开工建设总量来看，兴平市最多，为 0.79 万套，淳化县最少，为 0.19 万套；从竣工率来看，泾阳县最低，为 75.20%，礼泉县、淳化县、永寿县、长武县最高，为 100%；从实物保障覆盖率来看，泾阳县、长武县最高，分别为 10.09%、10.67%，乾县最低，为 3.86%；从分配率来看，兴平市最少，为 64.94%，而礼泉县、长武县、淳化县最高，为 100%，具体如表 5-2-7 和图 5-2-4 所示。

咸阳市公共租赁住房建设与分配情况表　　　　　　表 5-2-7

咸阳市	2017 年城镇常住人口（户）	竣工率（%）	覆盖率（%）	分配率（%）
咸阳市（含区县）	758404	93.31	9.92	88.04
市本级	187199	94.55	21.29	89.53
兴平市	107512	87.83	7.31	64.94
武功县	53730	91.82	4.91	91.82
乾县	81212	92.33	3.86	92.33
泾阳县	30688	75.20	10.09	75.20
永寿县	24310	100.00	8.47	92.04
礼泉县	58029	100.00	5.03	100.00
长武县	22781	100.00	10.67	100.00
彬州市	58597	92.80	6.64	92.80
旬邑县	34345	93.58	6.81	93.58
淳化县	25345	100.00	7.67	100.00
三原县	74655	91.74	4.17	91.74

数据来源：2017 年常住城镇人口来自陕西省统计局，竣工率、覆盖率、分配率的原指标数据均来自陕西省住房和城乡建设厅。

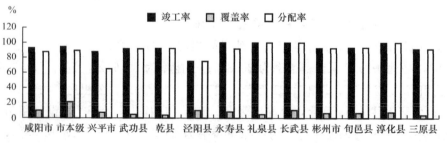

图 5-2-4　咸阳市公共租赁住房建设与分配情况

6. 榆林市公共租赁住房实物保障覆盖率为 9.34%

截至 2018 年 9 月，榆林市累计开工建设公租房 6.33 万套；竣工 6.23 万套，竣工率为 98.37%；实物保障覆盖率为 9.34%；分配率为 92.77%。榆林市市本级累计开工建设公租房 1.52 万套；竣工 1.52 万套，竣工率为 100.00%；公租房实物保障覆盖率为 8.95%；分配入住 1.52 万套，分配率为 100.00%。从开工建设总量来看，神木市最高，为 0.83 万套，吴堡县、佳县最低，分别为 0.15 万套、0.11 万套；从竣工率来看，榆林市各县区竣工率较高，均在 90.00% 以上；从实物保障覆盖率来看，吴堡县、子洲县最高，分别为 15.37%、14.06%，佳县最低，为 5.00%；从分配率来看，府谷县、子洲县最低，分别为 57.84%、76.12%，除米脂县和绥德县外其他县区均为 100.00%，具体如表 5-2-8 和图 5-2-5 所示。

榆林市公共租赁住房建设与分配情况表　　　　　　　表 5-2-8

榆林市	2017 年城镇常住人口（户）	竣工率（%）	覆盖率（%）	分配率（%）
榆林市（含区县）	677690	98.37	9.34	92.77
市本级	169552	100.00	8.95	100.00
神木市	113759	100.00	7.29	100.00
府谷县	61483	92.25	10.49	57.84
米脂县	23345	97.15	12.95	84.18
佳县	22138	100.00	5.00	100.00
靖边县	83000	100.00	8.06	100.00
绥德县	42276	94.81	8.03	81.31
清涧县	16897	100.00	12.03	100.00
子洲县	22138	91.26	14.06	76.12
吴堡县	9862	100.00	15.37	100.00
横山区	56379	100.00	10.07	100.00
定边县	56862	100.00	12.03	100.00

数据来源：2017 年常住城镇人口来自陕西省统计局，竣工率、覆盖率、分配率的原指标数据均来自陕西省住房和城乡建设厅。

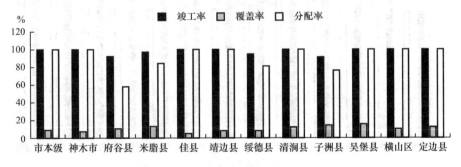

图 5-2-5　榆林市公共租赁住房建设与分配情况

7. 延安市公共租赁住房实物保障覆盖率为 12.99%

截至 2018 年 9 月，延安市累计开工建设公租房 10.16 万套；竣工 9.75 万套，竣工率为 95.97%；实物保障覆盖率为 12.99%；分配率为 94.26%。延安市市本级累计开工建设公租房 3.13 万套；竣工 2.78 万套，竣工率为 88.89%；实物保障覆盖率为 18.44%；分配率为 88.89%。从公租房开工建设总量来看：延川县、子长县最多，分别为 1.20 万套、0.68 万套，黄陵县、洛川县最少，分别为 0.30 万套、0.44 万套；从竣工率来看，富县、志丹县、黄陵县最低，分别为 93.80%、98.25%、99.84%，其余各县均为 100%；从实物保障覆盖率来看，黄龙县最高，为 34.70%，洛川县最少，为 5.53%；从分配率来看，各县区都在 90% 以上，其中延川县、洛川县最少，分别为 90.73%、91.14%，子长县、安塞区、黄龙县、宜川县、吴起县均为 100%，具体如表 5-2-9 和图 5-2-6 所示。

延安市公共租赁住房建设与分配情况表　　　　　　　　　表 5-2-9

延安市	2017 年常住人口（户）	竣工率（%）	覆盖率（%）	分配率（%）
延安市（含区县）	780370	95.97	12.99	94.26
市本级	169589	88.89	18.44	88.89
志丹县	50723	98.25	9.23	94.36
富县	54342	93.80	9.79	92.82
吴起县	52451	100.00	12.07	100.00
延长县	44361	100.00	16.37	99.99
甘泉县	27471	96.39	19.45	96.39
洛川县	79521	100.00	5.53	91.14
宜川县	42205	100.00	10.80	100.00
延川县	59232	100.00	20.26	90.73
黄陵县	45638	99.84	6.66	99.84
黄龙县	17299	100.00	34.70	100.00
子长县	76201	100.00	8.86	100.00
安塞区	61338	100.00	7.19	100.00

数据来源：2017 年常住城镇人口来自陕西省统计局，竣工率、覆盖率、分配率的原指标数据均来自陕西省住房和城乡建设厅。

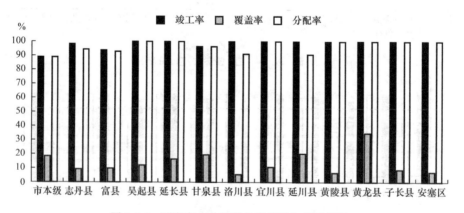

图 5-2-6　延安市公共租赁住房建设与分配情况

8. 安康市公共租赁住房实物保障覆盖率为 11.92%

截至 2018 年 9 月，安康市累计开工建设公租房 5.17 万套；竣工 5.17 万套，竣工率为 100%；实物保障覆盖率为 11.92%；分配率为 99.90%。安康市市本级累计开工建设公租房 1.56 万套；竣工 1.56 万套，竣工率为 100%；公租房实物保障覆盖率为 9.32%；分配率为 99.68%。从开工总量来看，石泉县、紫阳县最多，分别为 0.67 万套、0.68 万套，宁陕县、镇坪县最少，分别为 0.16 万套、0.19 万套；从竣工率来看，全市各县区均为 100%；从公租房实物保障覆盖率来看：石泉县、镇坪县最高，分别为 25.72%、26.80%，汉阴县最低，为 9.45%；从分配率来看，全市各县区均为 100%，具体如表 5-2-10 和图 5-2-7 所示。

安康市公共租赁住房建设与分配情况表　　　　　　表 5-2-10

安康市	2017 年城镇常住人口（户）	竣工率（%）	覆盖率（%）	分配率（%）
安康市（含区县）	434019	100.00	11.92	99.90
市本级	167271	100.00	9.32	99.68
石泉县	25926	100.00	25.72	100.00
白河县	24175	100.00	11.28	100.00
汉阴县	35627	100.00	9.45	100.00
岚皋县	22914	100.00	17.60	100.00
紫阳县	41002	100.00	16.55	100.00
旬阳县	68035	100.00	7.51	100.00
宁陕县	11207	100.00	13.95	100.00
平利县	30638	100.00	12.88	100.00
镇坪县	7224	100.00	26.80	100.00

数据来源：2017 年常住城镇人口来自陕西省统计局，竣工率、覆盖率、分配率的原指标数据均来自陕西省住房和城乡建设厅。

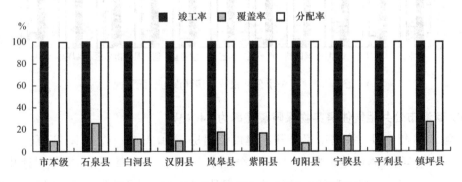

图 5-2-7　安康市公共租赁住房建设与分配情况

9. 汉中市公共租赁住房实物保障覆盖率为 10.03%

截至 2018 年 9 月，汉中市累计开工建设公租房 5.88 万套；竣工 5.87 万套，竣工率为 99.83%；实物保障覆盖率为 10.03%；分配率为 99.43%。汉中市市本级累计开工建设公租房 2.01 万套；竣工 2.0 万套，竣工率为 99.50%；公租房实物保障覆盖率 14.54%；分配入住 1.98 万套，分配率为 98.34%。从公租房开工总量来看，勉县最多，为 12.32 万套，留坝县、镇巴县最少，分别为 0.07 万套、0.15 万套；从竣工率来看，全市各县区均为 100%；从公租房实物保障覆盖率来看，南郑区最高，为 26.21%，佛坪县、镇巴县最低，分别为 5.97%、4.45%；从分配率来看，全市县区均为 100%，具体如表 5-2-11 和图 5-2-8 所示。

汉中市公共租赁住房建设与分配情况表　　　　表 5-2-11

汉中市	2017 年城镇常住人口（户）	竣工率（%）	覆盖率（%）	分配率（%）
汉中市（含区县）	586559	99.83	10.03	99.43
市本级	138174	99.50	14.54	98.34
洋县	55101	100.00	7.91	100.00
勉县	68597	100.00	17.96	100.00
城固县	75751	100.00	5.77	100.00
西乡县	51996	100.00	6.40	100.00
镇巴县	33908	100.00	4.45	100.00
宁强县	46580	100.00	6.42	100.00
留坝县	6535	100.00	11.97	100.00
南郑区	4957	100.00	26.21	100.00
佛坪县	72977	100.00	5.97	100.00
略阳县	31983	100.00	10.67	100.00

数据来源：2017 年常住城镇人口来自陕西省统计局，竣工率、覆盖率、分配率的原指标数据均来自陕西省住房和城乡建设厅。

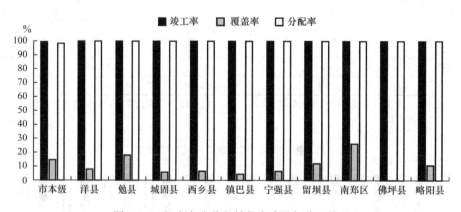

图 5-2-8　汉中市公共租赁住房建设与分配情况

10. 商洛市公共租赁住房实物保障覆盖率为 14.43%

截至 2018 年 9 月，商洛市累计开工建设公租房 5.40 万套；竣工 5.32 万套，竣工率为 98.50%；实物保障覆盖率为 14.43%；分配率为 94.54%。商洛市市本级累计开工建设公租房 1.53 万套；竣工 1.53 万套，竣工率达 100.00%；公租房实物保障覆盖率为 17.97%；分配率为 86.84%。从公租房开工总量来看，商南县、镇安县最大，分别为 0.86 万套、0.73 万套，柞水县最小，为 0.40 万套；从公租房实物保障覆盖率来看，商南县最高为 23.93%，而洛南县最低为 8.32%；从竣工率和分配率来看，所有县都达到了 90%，具体如表 5-2-12 和图 5-2-9 所示。

商洛市公共租赁住房建设与分配情况表　　　　表 5-2-12

商洛市	2017 年城镇常住人口（户）	竣工率（%）	覆盖率（%）	分配率（%）
商洛市（含区县）	374521	98.50	14.43	94.54
市本级	85371	100.00	17.97	86.84

商洛市	2017 年城镇常住人口（户）	竣工率（%）	覆盖率（%）	分配率（%）
镇安县	44017	93.56	16.59	93.56
洛南县	70455	96.25	8.32	94.20
山阳县	67194	100.00	9.53	100.00
丹凤县	46783	100.00	14.19	100.00
商南县	35852	98.60	23.93	98.60
柞水县	24848	100.00	15.73	100.00

数据来源：2017 年常住城镇人口来自陕西省统计局，竣工率、覆盖率、分配率的原指标数据均来自陕西省住房和城乡建设厅。

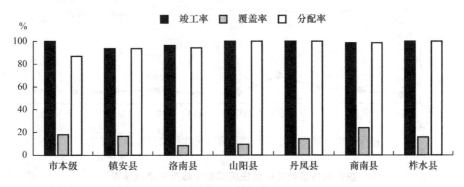

图 5-2-9　商洛市公共租赁住房建设与分配情况

11. 其他区县公共租赁住房建设与分配现状

截至 2018 年 9 月，韩城市累计开工建设公共租赁住房 0.76 万套；竣工 0.76 万套，竣工率为 100%；公租房实物保障覆盖率为 8.19%；分配入住 0.71 万套，分配率为 92.70%。

截至 2018 年 9 月，杨凌示范区累计开工建设公共租赁住房 1.86 万套；竣工 1.86 万套，竣工率为 100%；公租房实物保障覆盖率为 40.68%；分配入住 1.83 万套，分配率为 98.80%。

截至 2018 年 9 月，西咸新区开工建设公租房 1.46 万套；竣工 1.46 万套，竣工率为 100%；分配入住 1.46 万套，分配率为 100%，具体见表 5-2-13。

其他区县公共租赁住房建设与分配情况表　　　　　表 5-2-13

	2017 年城镇常住人口（户）	竣工率（%）	覆盖率（%）	分配率（%）
韩城市	93127	100.00	8.19	92.70
杨凌示范区	45614	100.00	40.68	98.80
西咸新区	—	100.00	—	100.00

数据来源：2017 年常住城镇人口来自陕西省统计局，竣工率、覆盖率、分配率的原指标数据均来自陕西省住房和城乡建设厅。

（四）陕西省各市公共租赁住房建设与分配情况对比

1. 各市实物保障覆盖率情况对比（铜川市排名第一，西安市排名最末）

截至 2018 年 9 月，陕西省累计开工建设公共租赁住房 89.17 万套。其中，从公租房实物保障覆盖率来看，西安市、榆林市的覆盖率最低，分别为 8.20％、9.34％，而铜川市、渭南市、商洛市的覆盖率相对较高，分别为 26.80％、15.53％、14.43％；从公租房开工总量来看，排名前五位的城市分别为西安、宝鸡、渭南、咸阳、延安；从分配率来看，大部分城市占比均在 70％以上，安康市最高为 99.90％，西安市最低为 78.92％；从竣工率来看，安康最高为 100％，而西安市、铜川市相对较低，分别为 79.64％、85.58％，如图 5-2-10 所示，各市按公租房实物保障覆盖率排序见表 5-2-14。

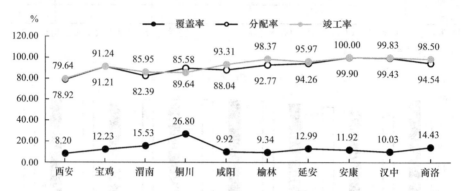

图 5-2-10　陕西省各市公共租赁住房建设与分配情况对比

陕西省各市公共租赁住房实物保障覆盖率排序表　　　　　　　　　　表 5-2-14

各市	2017 年常住人口（户）	开工总量（套）	分配总量（套）	竣工总量（套）	覆盖率（％）	分配率（％）	竣工率（％）
铜川	185720	53429	47895	45727	26.80	89.64	85.58
渭南	766651	119061	98097	102331	15.53	82.39	85.95
商洛	374521	54040	51091	53230	14.43	94.54	98.50
延安	780370	101570	95742	97479	12.99	94.26	95.97
宝鸡	679552	92465	84305	84329	12.23	91.21	91.24
安康	434019	51736	51686	51736	11.92	99.90	100.00
汉中	586559	58824	58490	58724	10.03	99.43	99.83
咸阳	758404	75260	66260	70223	9.92	88.04	93.31
榆林	677690	63301	58727	62267	9.34	92.77	98.37
西安	2211586	181454	143208	144517	8.20	78.92	79.64

数据来源：2017 年常住城镇人口来自陕西省统计局，竣工率、覆盖率、分配率的原指标数据均来自陕西省住房和城乡建设厅。

2. 各市本级实物保障覆盖率情况对比（渭南市排名第一，榆林市排名最末）

截至 2018 年 9 月，从公租房实物保障覆盖率来看，渭南市、铜川市市本级最大，分别为 40.78％、26.89％，榆林市、安康市市本级最小，分别为 8.95％、9.32％；从公租房开工建设量来看，排名前三的市本级为西安市、渭南市、铜川市；从分配率来看，榆林、安康最大，分别为 100％、99.68％，而西安市、渭南市最小，分别为 79.55％、80.12％；从竣工率来看，安康市、商洛市、榆林市最大，均为 100％，而西安市、渭南市相对较小，分别为 79.03％、83.96％，如图 5-2-11 所示，各市本级按公租房实物保障覆盖率排序见表 5-2-15。

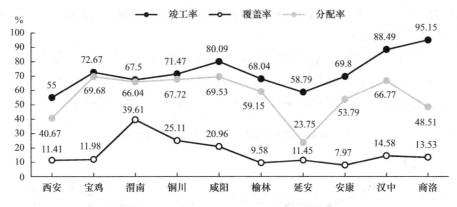

图 5-2-11　陕西省各市本级公共租赁住房建设与分配对比

陕西省各市本级公共租赁住房覆盖率排序表　　　　　　　　　　表 5-2-15

各市本级	2017 年常住人口（户）	开工总量（套）	分配总量（套）	竣工总量（套）	覆盖率（%）	分配率（%）	竣工率（%）
渭南	160743	65545	52514	55034	40.78	80.12	83.96
铜川	175030	50717	45377	43135	26.89	89.47	85.05
咸阳	187199	39846	35676	37676	21.29	89.53	94.55
延安	169589	31269	27795	27795	18.44	88.89	88.89
商洛	85371	15344	13325	15344	17.97	86.84	100.00
汉中	138174	20085	19751	19985	14.54	98.34	99.50
宝鸡	354379	48113	40723	40723	11.62	84.64	84.64
西安	1570345	149498	118929	118149	9.52	79.55	79.03
安康	167271	15596	15546	15596	9.32	99.68	100.00
榆林	169552	15169	15169	15169	8.95	100.00	100.00

数据来源：2017 年常住城镇人口来自陕西省统计局，竣工率、覆盖率、分配率的原指标数据均来自陕西省住房和城乡建设厅。

3. 各县区实物保障覆盖率情况对比（太白县排名第一，蓝田县排名最末）

截至 2018 年 9 月，从所有县区公租房实物保障覆盖率来看，太白县、杨凌示范区最大，分别为 44.16%、40.68%，而周至县、蓝田县最低，分别为 0.58%、0.21%；从所有县区公租房开工建设量来看，排名前三的为长安区、杨凌示范区、西咸新区；从所有县区分配率来看，太白县、千阳县、黄龙县等县区最大，均为 100%，而兴平市、府谷县最小，分别为 64.94%、57.84%；从所有县区竣工率来看，太白县、杨凌示范区、黄龙县等县区最大，均为 100%，而泾阳县、蒲城县、高陵区最小，分别为 75.2%、72.31%、66.94%。

（五）陕西省各市租金收入比对比

租金收入比，是指个人租房租金费用与个人可支配收入的比值，计算方式为：租金收入比＝人均住房租金/城镇居民可支配收入＝单位平方米住房月租金×32.6m²×12/城镇居民年可支配收入。根据 2017 年陕西省统计局数据显示，2016 年陕西省城镇居民人均住房建筑面积为 32.6m²。租金收入比水平是根据国际经验来定义的，从国际经验看，租金收入比在 30％以下算是合理。

截至 2017 年底，陕西省各市租金收入比大部分偏低，仅有西安市租金收入比高于 30％，为 31.70％，其他市均低于 30％，且铜川、宝鸡的最低，分别为 15.14％、17.01％，具体如图 5-2-12 所示，陕西省各市租金收入比排序见表 5-2-16。

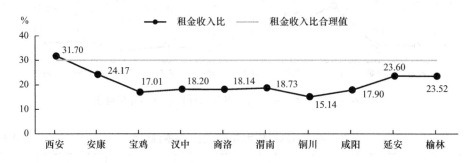

图 5-2-12 陕西省各市房租入比对比

数据来源：月租金来源于中国房价行情网，人均住房面积和城镇居民

可支配收入来源于 2017《陕西统计年鉴》。

陕西省各市租金收入比排序表　　　　　　　　　　表 5-2-16

各市	2017 年人均可支配收入（元）	租金[元/(月·m²)]	人均面积（m²）	租金收入比（％）
西安	35630	28.87	32.6	31.70
安康	28158	17.4	32.6	24.17
延安	33168	20.01	32.6	23.60
榆林	32153	19.33	32.6	23.52
渭南	29808	14.27	32.6	18.73
汉中	27812	12.94	32.6	18.20
商洛	27647	12.82	32.6	18.14
咸阳	34246	15.67	32.6	17.90
宝鸡	34351	14.94	32.6	17.01
铜川	29928	11.58	32.6	15.14

数据来源：月租金来源于中国房价行情网，人均住房面积和城镇居民可支配收入来源于 2017《陕西统计年鉴》。

三、全国公共租赁住房建设与分配的比较研究

（一）全国公租房建设及分配现状

从公共租赁住房总量来看，各省数量差别较大，截至 2018 年 7 月底，全国公共租赁住房总套数为 1572.1047 万套。其中河南、湖南、新疆、安徽、云南、贵州、陕西共 7 个省份总量较大，占全国公租房总套数的 43.13％；北京、天津、辽宁、上海、海南、西藏、宁夏七个省份总量较少，只占全国公租房总套数的 6.56％；陕西省公租房总套数居于全国第七位，为 89.19 万套。具体见图 5-3-1 及表 5-3-1。

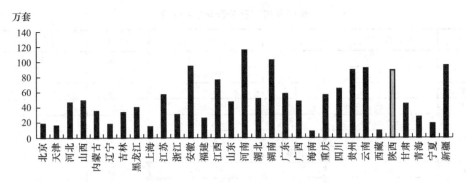

图 5-3-1 全国各省公租房总套数情况

数据来源：统计局

从公租房已分配情况来看，各省的已分配比例基本能达到 80％以上，只有辽宁、河南、重庆三个地区低于 80％，分别为 79.29％、77.75％、78.77％；已分配比例最高的三个省份为福建、吉林、湖南，分别达到 95.59％、95.2％、95.04％；陕西省的已分配比例处于中等水平，为 89.19％。具体见图 5-3-2、表 5-3-2 及表 5-3-3。

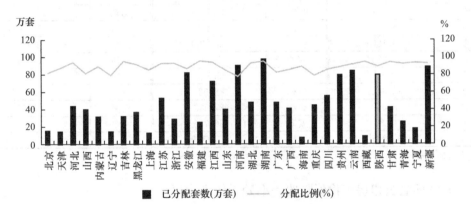

图 5-3-2 各省公租房已分配套数（单位：万套）及比例

全国各省市公租房总套数排名表　　　　　　　　　　　　　　　表 5-3-1

指标	总套数（万套）	指标	总套数（万套）	指标	总套数（万套）
河南	115.723	重庆	56.4056	青海	27.3728
湖南	102.398	湖北	51.3142	福建	25.8092
新疆	95.4457	山西	49.1456	宁夏	18.5826
安徽	94.3629	广西	47.8494	北京	18.4974
云南	91.696	山东	46.8362	辽宁	18.03
贵州	89.3462	河北	46.47	天津	16.2656
陕西	89.1917	甘肃	44.5001	上海	14.6139
江西	76.3899	黑龙江	40.0822	西藏	9.11
四川	64.6013	内蒙古	35.2484	海南	7.9888
广东	57.9205	吉林	33.5976		
江苏	56.6562	浙江	30.6541		

数据来源：统计局

全国各省市已分配套数排名表　　　　　　　　　　　　　　表 5-3-2

指标	总套数（万套）	指标	总套数（万套）	指标	总套数（万套）
湖南	97.3218	广东	47.6261	青海	25.2386
河南	89.9744	重庆	44.4316	福建	24.6715
新疆	88.4712	河北	43.675	宁夏	17.3465
云南	83.8917	甘肃	41.8837	北京	15.1083
安徽	81.8938	广西	40.8328	辽宁	14.2952
陕西	79.5535	山西	39.9963	天津	14.2215
贵州	79.1938	山东	39.8424	上海	12.4744
江西	71.7874	黑龙江	36.7697	西藏	8.6072
四川	55.1798	吉林	31.9852	海南	7.1238
江苏	52.6035	内蒙古	31.5182		
湖北	47.7583	浙江	28.4703		

数据来源：统计局

全国各省市比例排名表　　　　　　　　　　　　　　　　表 5-3-3

指标	总套数（万套）	指标	总套数（万套）	指标	总套数（万套）
福建	95.5919	新疆	92.6927	上海	85.3598
吉林	95.2008	青海	92.2032	广西	85.3361
湖南	95.0428	黑龙江	91.7357	山东	85.0675
西藏	94.4808	云南	91.4889	广东	82.2267
甘肃	94.1205	内蒙古	89.4174	北京	81.678
河北	93.9854	陕西	89.1938	山西	81.3833
江西	93.975	海南	89.1723	辽宁	79.2856
宁夏	93.3481	贵州	88.637	重庆	78.7716
湖北	93.0703	天津	87.433	河南	77.75
浙江	92.876	安徽	86.786		
江苏	92.8469	四川	85.4159		

数据来源：统计局

（二）陕西省公租房实物保障覆盖率处于较高水平

根据各省份地区生产总值、人均地区生产总值、城镇居民消费水平、城镇人口、城镇固定资产投资、地方财政一般预算收入、城镇居民人均可支配收入的情况与陕西省相近，选取重庆、广西、福建、云南、内蒙古、湖南、江西、安徽、吉林、黑龙江、贵州、辽宁、新疆、湖北、山西 15 个省份与陕西省进行对比分析。具体指标情况见表 5-3-4。

与陕西省综合实力相近的 15 个省份的指标情况　　　　　　表 5-3-4

指标	地区生产总值（亿元）	人均地区生产值（元/人）	城镇居民消费水平（元）	城镇常住人口（万人）	城镇固定资产投资（亿元）	地方财政一般预算收入（亿元）	城镇居民人均可支配收入（元）
湖北	32665.38	55665	25703	3419	29503.88	3102.06	29385.8
湖南	31551.37	46382	24025	3599	27688.45	2697.88	31283.9
福建	28810.58	74707	27859	2464	22927.99	2654.83	36014.3
安徽	24407.62	39561	22030	3221	26577.37	2672.79	29156
辽宁	22246.9	50791	29254	2949	6436.33	2200.49	32876.1
陕西	19399.59	51015	23206	2110	20474.85	1833.99	28440.1

指标	地区生产总值（亿元）	人均地区生产值（元/人）	城镇居民消费水平（元）	城镇常住人口（万人）	城镇固定资产投资（亿元）	地方财政一般预算收入（亿元）	城镇居民人均可支配收入（元）
江西	18499	40400	20335	2438	19378.69	2151.47	28673.3
广西	18317.64	38027	22491	2326	17652.95	1556.27	28324.4
内蒙古	18128.1	72064	28289	1542	14893.96	2016.43	32975
重庆	17740.59	58502	28209	1908	15931.78	2227.91	29610
黑龙江	15386.09	40432	22318	2249	10432.55	1148.41	25736.4
云南	14788.42	31093	22365	2148	15662.49	1812.29	28610.6
吉林	14776.8	53868	18144	1530	13773.17	1263.78	26530.4
山西	13050.41	35532	19724	2070	13859.35	1557	27352.3
贵州	11776.73	33246	22301	1570	12929.17	1561.34	26742.6
新疆	9649.7	40564	22272	1159	9983.86	1298.95	28463.4

数据来源：国家统计局

从覆盖率来看，截至 2018 年 7 月底，全国公租房实物保障覆盖率为 3.64％，其中陕西省公租房实物保障覆盖率 11.57％，其他 15 个省份公租房实物保障平均覆盖率为 4.58％，有 6 个省份公租房实物保障覆盖率低于全国公租房实物保障覆盖率，其余 9 个省份均高于全国水平。具体见图 5-3-3 及表 5-3-5。

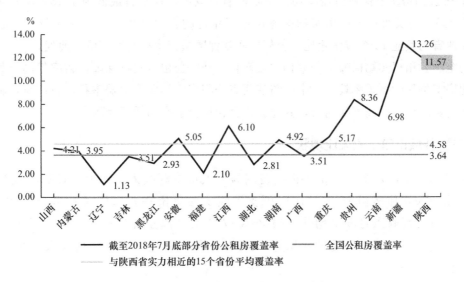

图 5-3-3　全国部分省份公租房覆盖率情况

数据来源：根据统计局公租房总套数和家庭户数计算得出

与陕西省综合实力相近的 15 个省份覆盖率排名表　　　　　表 5-3-5

省份	覆盖率（％）
新疆	13.26
陕西	11.57
贵州	8.36

省份	覆盖率（%）
云南	6.98
江西	6.10
重庆	5.17
安徽	5.05
湖南	4.92
山西	4.21
内蒙古	3.95
广西	3.51
吉林	3.51
黑龙江	2.93
湖北	2.81
福建	2.10
辽宁	1.13

数据来源：根据统计局公租房总套数和家庭户数计算得出

其中，高于陕西省公租房实物保障覆盖率的有一个省份，即新疆，为13.26%；其他14个省份公租房实物保障覆盖率均低于陕西省，其中，辽宁省最低为1.13%，其次为福建省2.1%。与陕西省公租房实物保障覆盖率相近的省份有贵州省，为8.36%。总体而言，陕西省与其他15个省份相比，公租房实物保障覆盖率相对而言位于前列。

与全国公租房实物保障覆盖率相比较而言，新疆公租房实物保障覆盖率较高，其他省份公租房实物保障覆盖率较为集中；与陕西省公租房实物保障覆盖率相比较而言，新疆公租房实物保障覆盖率高于陕西省，其他省份公租房覆盖率均低于陕西省。

（三）各城市租金收入比现状

房租收入比，是指个人租房租金费用与个人可支配收入的比值。计算方式为：房租收入比＝人均住房租金/城镇居民可支配收入＝单位平方米住房月租金×36.6m²/城镇居民可支配收入月度平均数。根据2017年7月国家统计局发布数据显示，2016年全国城镇居民人均住房建筑面积为36.6m²。从国际经验看，房租收入比在30%以下较为合理。

根据现有城市等级划分，在338个中国地级以上城市中有4个一线城市（北京、上海、广州、深圳）、15个"新一线"城市、30个二线城市、70个三线城市、90个四线城市和129个五线城市。陕西省西安市被列入"新一线"城市，咸阳市被列入三线城市，渭南市，宝鸡市和榆林市被列入四线城市。

如表5-3-6所示，在"新一线"城市中，浙江省杭州市的租金收入比高达43.81%，位列第一；江苏省无锡市最低，为20.38%；其中租金收入比超过30%的有8个城市，分别是成都市、杭州市、重庆市、武汉市、西安市、南京市、郑州市、天津市。

新一线城市租金收入比　　　　　表 5-3-6

"新一线"城市	租金 [元/(月·m²)]	人均住房面积 (m²)	人均年可支配收入(元) (2016 年数据)	租金收入比 (%)
杭州	56.14	36.6	56276	43.81
天津	35.37	36.6	37022	41.96
成都	32.65	36.6	35902	39.94
重庆	29.18	36.6	32193	39.81
南京	46.12	36.6	54538	37.14
郑州	29.29	36.6	36050	35.68
武汉	33.46	36.6	43405	33.86
西安	29.1	36.6	38536	33.17
青岛	30.65	36.6	47176	28.53
东莞	28.87	36.6	46739	27.13
长沙	28.42	36.6	46948	26.59
沈阳	24.73	36.6	41359	26.26
宁波	32.88	36.6	55656	25.95
苏州	31.82	36.6	58806	23.77
无锡	24.44	36.6	52659	20.38

数据来源：根据租金《中国房地产数据年鉴》和人均住房面积（国家统计局）计算得出

如图 5-3-4 所示，西安市在与其他"新一线"城市中，租金收入比处于中等水平。可以从表 5-3-6 看出，西安市的租金并不是很高，在 15 个城市中排倒数第三，仅仅高于无锡市和沈阳市，但是因为西安市城镇人口年均可支配收入过低，导致西安市的房租收入比过高，所以可以通过对租房者租金货币补贴来降低西安市的房租收入。

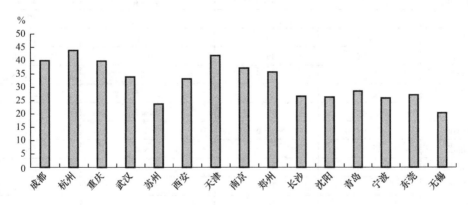

图 5-3-4　新一线城市租金收入比

在 70 个三线城市中，海南省三亚市的租金收入比最高，为 60.96%，主要原因是因为他的租金高达 46.69[元/(月·m²)]；租金收入比高于 30% 的有 21 个城市。具体情况见表 5-3-7。

三线城市租金收入比 表 5-3-7

三线城市	租金 [元/(月·m²)]	人均住房面积 (m²)	人均年可支配收入(元) (2016年数据)	租金收入比 (%)
三亚市	46.69	36.6	33638	60.96
汕头市	29.18	36.6	27175	47.16
海口市	33.5	36.6	33320	44.16
湛江市	26.61	36.6	27119	43.10
揭阳市	22.02	36.6	24100	40.13
潮州市	20.11	36.6	22695	38.92
宁德市	26.5	36.6	30502	38.16
西宁市	25.31	36.6	30043	37.00
肇庆市	22.82	36.6	28276	35.45
呼和浩特市	23.07	36.6	29458	34.40
常德市	22.4	36.6	28735	34.24
莆田市	26.76	36.6	34490	34.08
威海市	21.61	36.6	27898	34.02
赣州市	22.5	36.6	29567	33.42
江门市	24.13	36.6	32478	32.63
驻马店市	14.45	36.6	19476	32.59
珠海市	34.43	36.6	46826	32.29
柳州市	23.86	36.6	32661	32.09
吉林市	19.73	36.6	27179	31.88
宜昌市	23.05	36.6	32316	31.33
菏泽市	17.08	36.6	24116	31.11
漳州市	22.4	36.6	33359	29.49
荆州市	19.65	36.6	29973	28.79
岳阳市	19.59	36.6	30009	28.67
遵义市	18.9	36.6	29617	28.03
盐城市	20.77	36.6	33115	27.55
衡阳市	19.52	36.6	31300	27.39
桂林市	20.28	36.6	32534	27.38
扬州市	23.94	36.6	38828	27.08
宜春市	18.21	36.6	29871	26.77
邯郸市	17.45	36.6	28774	26.64
黄冈市	15.93	36.6	26884	26.02
上饶市	18.49	36.6	31853	25.49
湖州市	28.96	36.6	49934	25.47
信阳市	14.99	36.6	26061	25.26
连云港市	17.3	36.6	30293	25.08
九江市	18.61	36.6	32592	25.08
襄阳市	17.73	36.6	31316	24.87
洛阳市	18.65	36.6	33273	24.62
商丘市	15.38	36.6	27595	24.48

续表

三线城市	租金 [元/(月·m²)]	人均住房面积 (m²)	人均年可支配收入(元) (2016年数据)	租金收入比 (%)
芜湖市	19.6	36.6	35175	24.47
邢台市	14.48	36.6	26179	24.29
宿迁市	14.38	36.6	26118	24.18
阜阳市	15.15	36.6	27713	24.01
银川市	18	36.6	32981	23.97
廊坊市	19.97	36.6	37474	23.41
秦皇岛市	17.46	36.6	32795	23.38
南阳市	15.3	36.6	29128	23.07
铜陵市	17.3	36.6	33283	22.83
淮安市	16.85	36.6	32976	22.44
泰州市	20.19	36.6	40059	22.14
许昌市	14.72	36.6	29445	21.96
唐山市	18.18	36.6	36415	21.93
新乡市	14.39	36.6	29071	21.74
湘潭市	16.61	36.6	34167	21.35
蚌埠市	14.99	36.6	31160	21.13
绵阳市	15.23	36.6	31822	21.02
沧州市	14.74	36.6	31044	20.85
滁州市	13.56	36.6	28612	20.81
株洲市	18.74	36.6	39787	20.69
咸阳市	16.13	36.6	34246	20.69
大庆市	17.07	36.6	38734	19.36
镇江市	19.25	36.6	45386	18.63
德阳市	13.3	36.6	31609	18.48
淄博市	15.98	36.6	39410	17.81
曲靖市	11.85	36.6	29485	17.65
临沂市	13.25	36.6	33266	17.49
包头市	17.53	36.6	44231	17.41
鞍山市	13.1	36.6	33320	17.27
济宁市	12.72	36.6	32420	17.23

数据来源：根据租金《中国房地产数据年鉴》和人均住房面积（国家统计局）计算得出

其中陕西省咸阳市的租金收入比只有 20.96％，将表 5-3-7 的租金收入比进行排序，选取与咸阳市租金收入比情况相当的共 15 个城市进行比较。如表 5-3-8 所示，与它相近的城市有新乡市、湘潭市、蚌埠市、绵阳市、沧州市、滁州市、株洲市、大庆市、镇江市、德阳市、淄博市、曲靖市、临沂市、包头市、鞍山市。

与咸阳市情况相当的城市租金收入比   表 5-3-8

三线城市	租金 [元/(月·m²)]	人均住房面积 （m²）	人均年可支配收入(元) （2016 年数据）	租金收入比 （%）
新乡市	14.39	36.6	29071	21.74
湘潭市	16.61	36.6	34167	21.35
蚌埠市	14.99	36.6	31160	21.13
绵阳市	15.23	36.6	31822	21.02
沧州市	14.74	36.6	31044	20.85
滁州市	13.56	36.6	28612	20.81
株洲市	18.74	36.6	39787	20.69
咸阳市	16.13	36.6	34246	20.69
大庆市	17.07	36.6	38734	19.36
镇江市	19.25	36.6	45386	18.63
德阳市	13.3	36.6	31609	18.48
淄博市	15.98	36.6	39410	17.81
曲靖市	11.85	36.6	29485	17.65
临沂市	13.25	36.6	33266	17.49
包头市	17.53	36.6	44231	17.41
鞍山市	13.1	36.6	33320	17.27

数据来源：根据租金《中国房地产数据年鉴》和人均住房面积（国家统计局）计算得出

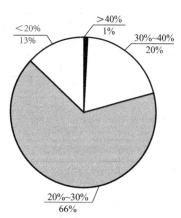

图 5-3-5　四线城市房租
收入比分级

如图 5-3-5 和表 5-3-9 所示，在四线城市中，房租收入比位于 20%～30% 的四线城市最多，占总量的 66%，其中，陕西省渭南市、榆林市分别为 21.53%、26.7%；大于 40% 的四线城市只有 1 个，即广东省茂名市，为 43.04%；房租收入比位于 30%～40% 的城市占 20%；房租收入比小于 20% 的城市占 13%，其中陕西省宝鸡市房租收入比为 19.19%。

四、陕西省 2018—2022 年城镇常住人口及收入线预测

（一）陕西省城镇常住人口预测

对人口进行科学预测，对公租房规划具有重要意义。依据陕西省人口变化趋势和人口结构特征，选用合适的方法对陕西省各地市人口发展规模进行预测。人口预测方法主要有数学法、因素法、经济法和外推性预测方法。考虑到各种预测方法的限制性和陕西省人口数据特点，本书采用灰色预测 GM（1，1）模型以及回归模型对陕西省各地市 2018—2022 年的城镇常住人口规模进行预测。由于西安市和咸阳市 2017 年常住人口数量发生了突变，不适宜采用灰色预测 GM（1，1）模型和回归模型进行预测，因此选择用马尔萨斯模型对西安市和咸阳市的常住人口数量进行预测，并采用灰色 Verhulst 模型对其城镇化率进行预测，以得到最终城镇常住人口规模。

四线城市租金收入比 表 5-3-9

四线城市	租金 [元/(月·m²)]	人均住房面积 (m²)	人均年可支配收入(元) (2016 年数据)	租金收入比 (%)
茂名市	20.97	36.6	21397	43.04
延边朝鲜族自治州	22.1	36.6	24766	39.19
河源市	21.11	36.6	23780	38.99
龙岩市	26.61	36.6	30408	38.43
大理白族自治州	22.75	36.6	27106	36.86
梅州市	20.26	36.6	25695	34.63
清远市	19.66	36.6	25267	34.17
铜仁市	19.15	36.6	24651	34.12
怀化市	17.25	36.6	22554	33.59
黔东南苗族侗族自治州	19.33	36.6	25282	33.58
汕尾市	18.23	36.6	24086	33.24
北海市	21.61	36.6	29412	32.27
赤峰市	21.18	36.6	29660	31.36
邵阳市	15.02	36.6	21072	31.31
三明市	22.9	36.6	32261	31.18
阳江市	19.18	36.6	27400	30.74
丹东市	18.1	36.6	26111	30.45
益阳市	18.64	36.6	26934	30.40
韶关市	17.88	36.6	25855	30.37
丽水市	25.82	36.6	38996	29.08
齐齐哈尔市	17.4	36.6	26304	29.05
聊城市	15.39	36.6	23277	29.04
安顺市	17.98	36.6	27224	29.01
娄底市	16.84	36.6	25634	28.85
黔南布依族苗族自治州	16.94	36.6	26063	28.55
承德市	17.18	36.6	27042	27.90
宜宾市	18.01	36.6	28390	27.86
永州市	16.56	36.6	26190	27.77
通辽市	18.66	36.6	29667	27.62
舟山市	30.42	36.6	48423	27.59
丽江市	18.9	36.6	30403	27.30
开封市	16.6	36.6	26864	27.14
周口市	14.95	36.6	24313	27.01
榆林市	19.55	36.6	32153	26.70
黄石市	18.02	36.6	29906	26.46
松原市	14.4	36.6	23947	26.41
吉安市	17.62	36.6	20307	26.41
张家口市	17.09	36.6	28512	26.33
泸州市	18.34	36.6	30727	26.21
南平市	17.85	36.6	30070	26.07

续表

四线城市	租金 [元/(月·m²)]	人均住房面积 (m²)	人均年可支配收入(元) (2016 年数据)	租金收入比 (%)
六安市	15.76	36.6	26731	25.89
毕节市	15.85	36.6	27320	25.48
抚州市	15.63	36.6	27195	25.24
临汾市	14.6	36.6	25498	25.15
内江市	15.96	36.6	27986	25.05
玉林市	18.31	36.6	32159	25.01
衢州市	20.4	36.6	36188	24.76
咸宁市	15.74	36.6	28053	24.64
乐山市	16.4	36.6	29257	24.62
锦州市	15.87	36.6	28484	24.47
南充市	14.39	36.6	25993	24.31
黄山市	16.99	36.6	30821	24.21
日照市	15.22	36.6	28340	23.59
晋中市	14.64	36.6	27525	23.36
大同市	13.77	36.6	26273	23.02
通化市	14.9	36.6	28430	23.02
濮阳市	15.06	36.6	28823	22.95
焦作市	14.03	36.6	26876	22.93
平顶山市	14.14	36.6	27102	22.91
孝感市	14.55	36.6	27939	22.87
牡丹江市	15.88	36.6	30569	22.82
呼伦贝尔市	16.05	36.6	31195	22.60
佳木斯市	13.29	36.6	26332	22.17
德州市	12.41	36.6	24640	22.12
红河哈尼族彝族自治州	14.25	36.6	28342	22.08
安庆市	14.41	36.6	28675	22.07
玉溪市	17.48	36.6	34880	22.01
运城市	12.7	36.6	25636	21.76
渭南市	14.61	36.6	29808	21.53
宿州市	12.42	36.6	25533	21.36
十堰市	13.91	36.6	28732	21.26
遂宁市	13.95	36.6	29308	20.91
抚顺市	14.31	36.6	30346	20.71
鄂尔多斯市	18.93	36.6	40221	20.67
亳州市	12.78	36.6	27246	20.60
淮南市	15.16	36.6	32976	20.19
衡水市	10.93	36.6	23787	20.18
宣城市	14.07	36.6	30876	20.01
宝鸡市	15.01	36.6	34351	19.19
漯河市	12.6	36.6	28859	19.18

四线城市	租金 [元/(月·m²)]	人均住房面积 (m²)	人均年可支配收入(元) (2016年数据)	租金收入比 (%)
盘锦市	14.8	36.6	34322	18.94
眉山市	12.66	36.6	31130	17.86
泰安市	12.88	36.6	32739	17.28
郴州市	11.71	36.6	30005	17.14
枣庄市	11.66	36.6	29924	17.11
安阳市	11.81	36.6	30421	17.05
马鞍山市	15.63	36.6	41403	16.58
营口市	12.66	36.6	34419	16.15
滨州市	11.71	36.6	32919	15.62
东营市	12.44	36.6	44763	12.21

数据来源：根据租金《中国房地产数据年鉴》和人均住房面积（国家统计局）计算得出

1. 灰色 GM(1，1) 模型

灰色理论是由中国著名学者邓聚龙教授在 1982 年首先提出来的，并以此为基础，建立了灰色模型 GM(1，1)。这种模型可以通过较少的、不完全的信息来对事物的长期发展规律做出模糊性的描述。其基本思想是，利用原始数据数列经累加生成新的序列，从而弱化原始数据的随机性，使其呈现出一定的规律，以此建立微分方程型的模型即 GM 模型，方便计算。灰色模型凭借这种只需考虑自身的时间序列，从中找到有用信息，发现和认识事物内在的规律，从而进行预测，巧妙地躲过了繁杂的数据和影响因素，大大简化了计算量的优点，在人口预测领域得到了迅速的发展和广泛的应用。

灰色系统将离散的人口变量连续化，用微分方程代替差分方程，用生成数据序列代替原始时间数据序列，弱化原始数据序列的随机性，从而预测未来数值。GM(1，1) 为一阶微分方程，模型所需数据量少、计算简便，适用于对人口增长进行预测，而且可以改善数据的随机性。因此只选取各地市 2013—2017 年城镇常住人口统计数据作为样本，构建各地市人口预测 GM(1，1) 模型，并预测结果，最终预测结果如表 5-4-1 所示。预测结果通过 Matlab 软件编程计算得出。

各地市城镇常住人口预测结果 1（单位：万人）　　　　　　　　表 5-4-1

地区 \ 年份	2018	2019	2020	2021	2022
铜川	54.78	55.28	55.78	56.28	56.8
宝鸡	202.98	209.12	215.44	221.95	228.67
渭南	237.03	249.16	261.92	275.33	289.42
延安	142.76	148.01	153.45	159.09	164.94
汉中	205.75	238.2	275.78	319.28	369.64
榆林	200.76	205.69	210.74	215.91	221.21
安康	130.28	134.95	139.8	144.81	150.01
商洛	112.53	113.56	114.59	115.63	116.69
杨凌	13.97	14.59	15.24	15.92	16.63
韩城	40.2	40.31	40.43	40.55	40.67

2. 回归模型

回归分析是指对具有相关关系的变量之间的数量变化规律进行测定，人口规模的变化是多种因素相互影响的结果，单一模型只能模拟人口在某个时段的变化发展。因此，对人口发展趋势进行预测时，要根据人口发展过程，综合采用多种回归模型。本书中，采用的回归方法主要有：线性模型法、对数函数模型法、指数函数模型法以及多项式函数模型法。假设时间为 x，城镇常住人口为 y。用 excel 做回归，根据回归结果的拟合度进行选择，选择拟合度最大的模型为最终的拟合模型。以宝鸡市拟合结果为例，最终选取的回归模型为多项式函数模型，回归方程表达式为 $y=0.1241x^2+4.1911x+161.6$，拟合度为 0.9981（表 5-4-2，表 5-4-3）。

宝鸡市城镇常住人口回归模型预测 　　　　　　　　表 5-4-2

回归模型	回归方程	拟合度
线性回归	$y=5.1838x+160.11$	0.9964
指数函数回归	$y=161e^{0.0287x}$	0.998
对数函数回归	$y=15.596\ln(x)+161.86$	0.9064
多项式函数回归	$y=0.1241x^2+4.1911x+161.6$	0.9981

各地市城镇常住人口预测结果 2（单位：万人）　　　　表 5-4-3

地区　　年份	2018	2019	2020	2021	2022
铜川	55.45	55.45	55.45	55.45	55.45
宝鸡	203.07	209.37	215.92	222.72	229.76
渭南	238.38	251.18	264.67	278.88	293.85
延安	115.11	115.71	116.31	116.91	117.52
汉中	207.98	207.98	207.98	207.98	207.98
榆林	198.16	200.37	201.91	202.78	202.99
安康	131.94	138.04	144.63	151.70	159.26
商洛	124.67	124.67	124.67	124.67	124.67
杨凌	13.84	14.36	14.87	15.38	15.90
韩城	40.23	40.36	40.48	40.61	40.74

3. 马尔萨斯人口模型及灰色 Verhulst 模型

（1）常住人口预测

马尔萨斯人口模型是由英国人口学家马尔萨斯（T. Malthus）根据英国人口统计资料，在 1798 年提出的著名的人口模型。该模型的基本假设是：人口的增长率是常数，随着时间的增加，人口按指数规律增长，计算公式为：

$$y=x_0(1+r)^k \tag{5-1}$$

式中，x_0 代表初始年份人口数，r 代表年增长率，k 代表预测年限。

根据西安市和咸阳市 2011—2017 年城镇常住人口数据，采用高、中、低 3 个方案预测其 2018—2022 年的常住人口数量。其中，高方案采用的人口自然增长率取 2011—2017 年的最高值，低方案采用 2011—2017 年人口自然增长率的最低值，中方案采用 2011—

2017 年人口自然增长率的平均值。

以 2011 年为基期，根据马尔萨斯人口模型，可以得到西安市 2008—2017 年总人口的高、中、低 3 种不同方案的预测值及相对误差表，见表 5-4-4。

基于马尔萨斯模型的西安市常住人口预测值检验（单位：万人）　　　表 5-4-4

年份	实际统计值	高方案	相对误差	中方案	相对误差	低方案	相对误差
2008	837.52	836.52	1.00	834.59	2.93	834.03	3.49
2009	843.46	842.54	0.92	838.66	4.80	837.53	5.93
2010	847.41	848.61	—1.20	842.75	4.66	841.05	6.36
2011	851.34	854.72	—3.38	846.86	4.48	844.58	6.76
2012	855.29	860.87	—5.58	850.99	4.30	848.13	7.16
2013	858.81	867.07	—8.26	855.14	3.67	851.69	7.12
2014	862.75	873.31	—10.56	859.31	3.44	855.27	7.48
2015	870.56	879.60	—9.04	863.50	7.06	858.86	11.70
2016	883.21	885.94	—2.73	867.72	15.49	862.47	20.74
2017	961.67	892.31	69.36	871.95	89.72	866.09	95.58
平均误差			3.05		14.05		17.23

将上述 3 种方案的预测值与西安市 2008—2017 年实际人口统计数据进行比较分析发现：低方案、中方案和高方案平均误差人数为分别为 17.23 万、14.05 万以及 3.05 万人，由此可知最接近实际统计数据的为高方案，预测结果也比较适中。正常情况下应以 2007 年数据为基准并采用高方案来预测西安市 2018-2022 年人口增长情况，但因为受 2017 年西安市户籍新政的影响，西安市 2017 年人口数突增，因此选择以 2017 年数据为基准，中方案来预测今后 5 年的数据。此外，咸阳市 2017 年数据突降，因此也选择以 2017 年人口数为基准进行预测，见表 5-4-5。

西安市和咸阳市常住人口预测结果（单位：万人）　　　表 5-4-5

年份 地区	2018	2019	2020	2021	2022
西安	966.36	971.07	975.81	980.57	985.35
咸阳	439.45	441.31	443.18	445.05	446.93

（2）城镇化率预测

灰色 Verhulst 模型主要用来描述具有饱和状态的过程，即 S 形过程，就人口城镇化率来说，其理论最大值是 1，且到后期人口城镇化率增长会越来越慢，故可采用 Verhulst 模型对其进行预测。通过预测可得西安市和咸阳市城镇化率预测值，如表 5-4-6 所示。

西安市和咸阳市城镇化率预测结果（单位：%）　　　表 5-4-6

年份 地区	2018	2019	2020	2021	2022
西安	74.1035	74.1969	74.2644	74.3132	74.3484
咸阳	51.0342	51.2233	51.3567	51.4507	51.5168

（3）城镇常住人口预测（表 5-4-7）

西安市与咸阳市城镇常住人口预测结果（单位：万人）　　　　表 5-4-7

地区 \ 年份	2018	2019	2020	2021	2022
西安	716.11	720.50	724.68	728.69	732.59
咸阳	224.27	226.05	227.60	228.98	230.25

由于组合预测模型相对于单一模型更加稳定性，因此对模型的预测值按比例进行组合，最终得到预测值，根据三种方法的模型得出最后的预测结果，见表 5-4-8。

陕西省各地市城镇常住人口预测总结果（单位：万人）　　　　表 5-4-8

地区 \ 年份	2018	2019	2020	2021	2022
西安	716.11	720.50	724.68	728.69	732.59
铜川	55.12	55.37	55.62	55.87	56.13
宝鸡	203.03	209.25	215.68	222.34	229.22
咸阳	224.27	226.05	227.60	228.98	230.25
渭南	237.71	250.17	263.30	277.11	291.64
延安	128.94	131.86	134.88	138.00	141.23
汉中	206.87	223.09	241.88	263.63	288.81
榆林	199.46	203.03	206.33	209.35	212.10
安康	131.11	136.50	142.22	148.26	154.64
商洛	118.60	119.12	119.63	120.15	120.68
杨凌	13.91	14.48	15.06	15.65	16.27
韩城	40.22	40.34	40.46	40.58	40.71
陕西	2275.35	2329.73	2387.31	2448.59	2514.24

陕西省人民政府印发的《陕西省人口发展规划（2016—2030 年）》中对陕西省的人口进行了长期规划，做出了如表 5-4-9 所示的预期发展目标：

预期发展目标　　　　表 5-4-9

领域	主要指标	单位	2015 年	2020 年	2030 年
人口总量	总人口	万人	3792	3900	4000
	总和生育率		1.6	1.8	1.8
人口结构	出生人口性别比		109.4	<109	趋于平衡
人口素质	人均期望寿命	岁	75.7	76.7	78.5
	主要劳动年龄人口平均受教育年限	年	12.93	13.15	—
	婴儿死亡率	%	6.75	≤6	≤4
	孕产妇死亡率	/10 万	14.5	≤14	≤11.3
人口分布	常住人口城镇化率	%	53.9	60	70
	户籍人口城镇化率	%	39	45	—

数据来源：《陕西省人口发展规划（2016—2030 年）》

根据《陕西省人口发展规划（2016—2030年）》可知，陕西省规划2020年总人口为3900万人，常住人口城镇化率为60％，因此城镇常住人口将达2340万人。根据本书的预测结果显示陕西省2020年城镇常住人口预计将达2387.31万，与此规划预期误差仅为2％，且规划中并未考虑到2017年西安市采取的人才新政，因此导致规划值偏小于预测值。故此预测结果可采纳。

从预测结果可知，西安市人口还是将处于相对较高的增长状态，其他地市人口则将继续平稳增长，但以上数据是在理论基础上得到的，也没有考虑到人口政策等因素的影响，具体还需结合实践经验予以修正。

（二）陕西省住房保障收入线预测

住房保障收入线是一定时期、某一地区用于判断申请者能否得到保障性住房的一个最低的收入标准，是对住房保障对象的一种收入限制，科学划分收入线是制定政策的基础工作。陕西省住房保障相关规定：公共租赁住房保障对象为城镇低收入、中等偏下收入家庭。根据《陕西省城市低收入家庭认定实施办法》（陕民发〔2009〕57号）的规定，中等偏下收入家庭收入线按照当地城镇居民家庭人均可支配收入的80％以下确定。

为更好地了解未来公共租赁住房的覆盖情况，首先要对未来公共租赁住房的保障对象进行收入线预测。而灰色预测是一种对含有不确定因素的系统进行预测的方法。灰色预测通过鉴别系统因素之间发展趋势的相异程度，即进行关联分析，并对原始数据进行生成处理来寻找系统变动的规律，生成有较强规律性的数据序列，然后建立相应的微分方程模型，从而预测事物未来发展趋势的状况。

因此采用灰色预测来对陕西省及各地市城镇居民家庭人均可支配收入进行预测。表5-4-10为陕西省及各地市2011—2017年城镇居民人均可支配收入，预测得到表5-4-11陕西省及各地市2018—2022年城镇居民人均可支配收入，再根据计算规定以预测所得城镇居民人均可支配收入的80％为中等偏下收入家庭收入线如表5-4-12所示。

陕西省及各地市2011—2017年城镇居民人均可支配收入（单位：元） 表5-4-10

地区	2011	2012	2013	2014	2015	2016	2017
陕西	18245	20734	22346	24366	26420	28440	30810
西安	25981	29982	33100	36100	33188	35630	38536
宝鸡	22337	25777	28509	31560	29475	31730	34351
咸阳	22224	25758	28488	31530	29425	31662	34246
铜川	18775	27594	29560	27237	24495	27594	29928
渭南	18768	21808	24164	26725	25472	27485	29808
延安	21188	24748	27643	30588	33127	30693	33168
榆林	20721	24140	26820	29655	27765	29781	32153
汉中	17019	19827	22167	24605	23625	25595	27812
安康	17365	20300	22533	25011	27191	25962	28158
商洛	17344	19998	22257	24727	23509	25468	27647
杨凌	25999	29294	33007	36008	38907	35510	36512
韩城	22285	24717	27414	30406	32930	35663	32420

陕西省及各地市 2018—2022 年城镇居民人均可支配收入（单位：元）　　表 5-4-11

地区	2018	2019	2020	2021	2022
陕西	33360.69	36115.90	39098.67	42327.78	45823.57
西安	39394.54	40970.33	42609.14	44313.52	46086.07
宝鸡	35568.48	37295.49	39106.35	41005.14	42996.12
咸阳	35452.57	37155.68	38940.61	40811.28	42771.83
铜川	28048.88	28139.45	28230.31	28321.46	28412.90
渭南	31105.85	32814.28	34616.55	36517.80	38523.48
延安	35562.54	37373.43	39276.53	41276.54	43378.40
榆林	33351.33	34957.11	36640.20	38404.33	40253.40
汉中	29218.95	30977.54	32841.98	34818.63	36914.25
安康	30308.56	32119.62	34038.90	36072.86	38228.35
商洛	28921.14	30569.13	32311.03	34152.19	36098.26
杨凌	39548.84	41018.37	42542.50	44123.27	45762.77
韩城	37424.29	39698.53	42110.96	44670.00	47384.54

陕西省及各地市 2018—2022 年中等偏下家庭收入线（单位：元）　　表 5-4-12

地区	2018	2019	2020	2021	2022
陕西	24648.00	26688.55	28892.72	31278.93	33862.22
西安	30828.80	31515.63	32776.26	34087.32	35450.81
宝鸡	27480.80	28454.78	29836.39	31285.08	32804.11
咸阳	27396.80	28362.05	29724.54	31152.49	32649.03
铜川	23942.40	22439.11	22511.56	22584.25	22657.17
渭南	23846.40	24884.68	26251.43	27693.24	29214.24
延安	26534.40	28450.03	29898.74	31421.22	33021.23
榆林	25722.40	26681.07	27965.69	29312.16	30723.47
汉中	22249.60	23375.16	24782.03	26273.58	27854.90
安康	22526.40	24246.85	25695.70	27231.12	28858.28
商洛	22117.60	23136.91	24455.31	25848.82	27321.75
杨凌	29209.60	31639.08	32814.70	34034.00	35298.61
韩城	25936.00	29939.43	31758.82	33688.77	35736.00

数据来源：陕西省及各地市统计公报（西咸新区数据缺失，暂未计算）。

五、陕西省各市公共租赁住房保障面理论估计

该部分拟运用陕西省及各区县 2018—2022 年城镇居民人均收入数据及基尼系数，构建城镇居民收入分布曲线，刻画陕西省及各区县城镇居民收入分布情况，进而结合应保人群收入线预测数据，计算应保人群占总人群比重，最后给出陕西省未来 5 年应保人群数量。

（一）收入分布曲线

收入分布曲线刻画了居民收入和对应收入的居民数量之间的函数关系，其自变量是居民收入，因变量是居民数量。通过收入分布曲线，可以计算给定居民收入 x 所对应的居民数量

y，进而通过积分，计算一定收入以下所对应的居民数量占居民总数的比重。通过查阅文献，发现对数收入分布曲线能够很好地反映居民实际收入分布情况，如徐建国（2000 年）以中国 4800 户家庭作为分析对象的研究验证了人均收入分布在 5‰ 的显著水平下服从对数正态分布曲线。因此，该部分收入分布曲线拟采用对数形式，对数正态分布曲线如式（5-2）所示。

$$y(x) = \frac{1}{\sqrt{2\pi}\sigma x} e^{-\frac{1}{2\sigma^2}(\log x - u)^2} \tag{5-2}$$

式中，u——收入中位数的对数值；

　　　σ——方差，表示收入差距离散程度的参数；

　　　x——陕西省各区县城镇居民收入；

　　　$y(x)$——表示收入为 x 的城镇居民对应的人数。

收入的算术平均 α 可以表示为 $\alpha = \exp\left(u + \frac{1}{2}\sigma^2\right)$，即平均收入取决于 u 和 σ 两个参数。

表示收入差距的基尼系数 G 可以表示为 $G = 2F\left(\frac{\sigma}{\sqrt{2}} \mid 0, 1\right) - 1$，即基尼系数 G 由 σ 一个参数决定。这里，$F\left(\frac{\sigma}{\sqrt{2}} \mid 0, 1\right)$ 表示标准正态分布曲线的概率密度累积到 $\frac{\sigma}{\sqrt{2}}$ 时候的值。对数正态分布曲线中确定平均收入和基尼系数，根据对数正态分布曲线即可以测算出个收入水平构成人数占总体人数的比例。

基尼系数采用国家统计局出版的《中国国情国力》中给出的基尼系数如表 5-5-1 所示，收入分布曲线的预测如表 5-5-2 所示。

2011—2016 年基尼系数　　　　　　　　　　　　　　　表 5-5-1

年份	2012	2013	2014	2015	2016
基尼系数	0.474	0.473	0.469	0.462	0.465

应用灰色预测得到 2017—2022 年基尼系数如下：

$\{0.460, 0.456, 0.453, 0.450, 0.447, 0.444\}$。

2018—2022 年收入曲线　　　　　　　　　　　　　　　表 5-5-2

年份	G	$F\left(\frac{\sigma}{\sqrt{2}} \mid 0, 1\right)$	x	σ	α	u
2018	0.456	0.728	0.600782	0.849632	34019	10.074
2019	0.453	0.7265	0.600272	0.848911	37260	10.165
2020	0.450	0.725	0.590858	0.835597	40809	10.268
2021	0.447	0.7235	0.590363	0.834897	44697	10.359
2022	0.444	0.722	0.58102	0.821684	48955	10.461

注：G—基尼系数；x—表示标准正态分布曲线的概率密度累积到 $\frac{\sigma}{\sqrt{2}}$ 时对应的 x 值；α—表示 2018—2022 年陕西省城镇居民人均可支配收入。

根据表 5-5-2，可知 2018 年收入分布曲线为：

$$y(x) = \frac{1}{0.850\sqrt{2\pi x}}e^{-\frac{1}{1.444}(\log x - 10.074)^2} \tag{5-3}$$

2019 年的收入分布曲线为：

$$y(x) = \frac{1}{0.849\sqrt{2\pi x}}e^{-\frac{1}{1.441}(\log x - 10.165)^2} \tag{5-4}$$

2020 年的收入分布曲线为：

$$y(x) = \frac{1}{0.836\sqrt{2\pi x}}e^{-\frac{1}{1.396}(\log x - 10.268)^2} \tag{5-5}$$

2021 年的收入分布曲线为：

$$y(x) = \frac{1}{0.835\sqrt{2\pi x}}e^{-\frac{1}{1.394}(\log x - 10.359)^2} \tag{5-6}$$

2022 年的收入分布曲线为：

$$y(x) = \frac{1}{0.822\sqrt{2\pi x}}e^{-\frac{1}{1.350}(\log x - 10.461)^2} \tag{5-7}$$

（二）确定应保收入以下人口比重

结合公租房保障人群收入预测部分，见表 5-4-12，确定应保收入以下人口比重。以 2018 年为例，2018 年收入曲线如下：

$$y(x) = \frac{1}{0.850\sqrt{2\pi x}}e^{-\frac{1}{1.444}(\log x - 10.074)^2} \tag{5-8}$$

求积分 $w = \int_0^a y(x)\mathrm{d}x$ 和 $\nu = \int_0^{+\infty} y(x)\mathrm{d}x$，$\frac{w}{\nu}$ 即应保人群占常住人口的比例，2019—2022 年计算过程同 2018 年，计算结果如表 5-5-3 所示。

2018—2022 年应保人群占常住人口比例　　　　　　表 5-5-3

地区	2018	2019	2020	2021	2022
西安	31.54%	30.39%	28.98%	27.78%	26.30%
宝鸡	29.23%	28.24%	26.96%	25.94%	24.62%
咸阳	29.16%	28.15%	26.86%	25.82%	24.49%
铜川	23.69%	21.65%	19.27%	17.30%	15.02%
渭南	26.12%	25.24%	24.05%	23.17%	21.97%
延安	29.23%	28.28%	27.06%	26.09%	24.83%
榆林	27.75%	26.73%	25.41%	24.37%	23.02%
汉中	24.65%	23.89%	22.80%	22.04%	20.95%
安康	25.51%	24.74%	23.65%	22.88%	21.79%
商洛	24.41%	23.58%	22.42%	21.59%	20.42%
杨凌	31.63%	30.42%	22.42%	27.68%	27.63%
韩城	30.39%	29.67%	28.71%	27.97%	26.97%
全省	27.75%	27.49%	26.96%	26.69%	26.16%

（三）确定应保障人口数量

陕西省全省覆盖保障人群理论值如表 5-5-3 所示，结合表 5-4-8 人口预测，可得到陕西省各区域未来 5 年应保障人数（包括货币化补贴和实物保障），如表 5-5-4 所示。

2018—2022 年应保障人口数量（单位：万人）　　　　　　　　　　表 5-5-4

地区	2018	2019	2020	2021	2022
西安	225.86	218.96	210.01	202.43	192.67
宝鸡	59.35	59.08	58.15	57.66	56.42
咸阳	65.39	63.62	61.13	59.12	56.39
铜川	13.06	11.98	10.72	9.66	8.43
渭南	62.08	63.14	63.32	64.21	64.06
延安	37.69	37.29	36.50	36.00	35.07
榆林	55.34	54.26	52.43	51.02	48.83
汉中	50.99	53.30	55.15	58.10	60.49
安康	33.45	33.77	33.64	33.92	33.69
商洛	28.95	28.08	26.82	25.93	24.64
杨凌	4.40	4.40	3.38	4.33	4.50
韩城	12.22	11.97	11.61	11.35	10.98
陕西	631.41	640.44	643.50	653.53	657.73

六、陕西省未来公共租赁住房发展的对策建议

（一）以需求为导向，合理建设、分配公租房

加强对公租房保障对象的调研工作，切实了解受惠群众的真实需求，按照租赁者的需要规划未来公租房套型、面积、位置、社区配置等建设内容。

进一步规范公租房分配机制，严格审核申请人条件，实现公租房"上网"，提高申请、审核、办理效率。同时常态化开展联合专项巡查检查，严厉查处违反住房保障政策法规相关规定从事违规经营的行为，促进公共租赁住房管理的规范化、公正化，维护住房保障制度运行的良好秩序，确保安居房真正让有需要的群众"安居"。

（二）把控公租房建设节奏，优化建设时序

严格控制新建项目的开工，对于位于城市建成区内部、租赁市场前景良好、切实解决群众迫切需求的项目积极推进；对于位于城市边缘、租赁前景不好、配套建设落后的项目予以缓建。保证在建项目按时按要求顺利完工，做到合理安排、分批分期建设。

进一步优化公租房建设时序，分步实施，逐步推进。为解决公租房建设总量偏大、债务风险较大、空置现象较重的问题，应本着实事求是的原则，适当控制公租房建设节奏。根据城市建设与拓展进程、产业发展步伐、市民对公租房租赁的实际市场需求来推进公租房建设。

（三）完善公租房配套设施建设，提高居住品质

加快公共租赁住房社区外部的交通设施建设，大力建设公租房区域公共交通网络，增加公交车辆配置、加密高峰班次、优化发班线路、增开区间线路等，为公租房居民提供快捷成本相对低廉的出行条件，缓解公租房居民公共交通出行困难的问题。完善公租房区域市政以及公共配套设施、生活服务设施。提早布局学校、医院等公共服务设施，配置农贸市场、超市、药房、银行、邮政、电信、餐饮以及文化、休闲、娱乐设施，尽快改变公租房居民生活不便的现象。

提高公共租赁住房社区内部配套设施质量，物业服务水平。公租房属于保障性住房，由于缺乏市场资金投入，配套设施不健全，居民看病难，缺乏休闲运动场所。同时虽然物业收费较低但物业管理标准不能降低，公租房作为国有资产，对物业管理还具有保值增值的要求，因此公租房必须提升服务管理水平。应按照市场化方式，根据公租房小区的建设规模，公开招标选聘相应资质等级的物业服务企业。应重点推进公租房小区管理的标准化、规范化建设，探索建立公租房小区机构设置、人员配置、岗位配置、管理业务、服务形象、服务质量等方面的标准，切实提升公租房小区物业管理水平。

（四）改革申请审核办法，深化精细化管理

结合中省公租房"一网通办"试点活动，健全全省住房保障信息共享平台，完善公租房配租管理、租金代缴等后续管理服务平台和住房保障家庭动态监管平台，推进部门信息数据共享协查，将"多部门、多材料、多次跑"的串联审核管理模式转变为一窗受理、一表通用、后台并联的审核模式，通过公租房申请"掌上办""指尖办"和大数据比对，优化提升住房保障政务服务效能。

根据实际情况，及时调整中等偏下收入住房困难家庭、外来务工人员、环卫、新就业大学生等群体的准入门槛，做到精准保障。加速项目确权工作，明晰各方资产占比，确保国有资产完整。继续在规模以上小区开展"和谐社区·幸福家园"达标创建活动，完善小区配套建设，提升居民的获得感、幸福感。健全退出机制，及时清退不符合保障标准的承租家庭，对腾退的房源进行公示和重新配置，确保公平善用。

第六篇
2020 年全国及陕西省房地产市场资讯

2020 年 1 月房地产市场动态

一、全国房地产重要资讯盘点

（一）国务院发布文件，探索高品质城市治理方式

1 月 17 日，国务院办公厅印发《关于支持国家级新区深化改革创新加快推动高质量发展的指导意见》，本次出台的意见中，对房地产方面也有一定的描述。主要体现在要探索高品质城市治理方式。坚持房子是用来住的、不是用来炒的定位，落实职住平衡要求，严禁大规模无序房地产开发，支持合理自住需求，坚决遏制投机炒房行为。支持有条件的新区创新生态环境管理制度，推动开展气候投融资工作，提高生态环境质量。

（二）国资委：要求央企不得为规避主业监管，通过参股开展商业房地产业务

1 月 20 日，国务院国资委印发《关于中央企业加强参股管理有关事项的通知》。该通知指出，要规范参股投资。严格执行国有资产投资监督管理有关规定，坚持聚焦主业，严控非主业投资。不得为规避主业监管要求，通过参股等方式开展中央企业投资项目负面清单规定的商业性房地产等禁止类业务。

（三）国税总局明确国有农用地出租等增值税政策

1 月 22 日，国税总局明确国有农用地出租等增值税政策，纳税人将国有农用地出租给农业生产者用于农业生产，免征增值税。房地产开发企业中的一般纳税人购入未完工的房地产老项目继续开发后，以自己名义立项销售的不动产，属于房地产老项目，可以选择适用简易计税方法按照 5% 的征收率计算缴纳增值税。

（四）中国银保监会加强疫情防控金融支持

1 月 26 日，银保监会发布《关于加强银行业保险业金融服务配合做好新型冠状病毒感染的肺炎疫情防控工作的通知》，通知指出，对受疫情影响暂时失去收入来源的人群，要在信贷政策上予以适当倾斜，灵活调整住房按揭、信用卡等个人信贷还款安排，合理延后还款期限。

（五）中房协：倡议房企暂停售楼处销售活动

1 月 26 日，中国房地产业协会向会员单位并全行业发出倡议，内容如下：
（1）房地产开发企业应暂时停止售楼处销售活动，待疫情过后再行恢复。
（2）房地产相关项目物业管理企业，积极配合政府部门和社区行政管理机构要求，充

分做好预防标识、人员登记、消毒杀菌、后勤服务等工作。

（3）经营租赁、长租公寓的企业，切实做好出租房屋消毒防护措施、密切掌握租户健康状态、保持室内外卫生整洁等工作。

二、陕西省内房地产重要资讯

（一）西安发布加强公租房运营服务管理的指导意见

1月10日，西安市住房和城乡建设局印发《关于加强西安市公共租赁住房运营服务管理的指导意见》。文件明确：以市本级公租房为试点，将原综合服务管理事项划分为运营管理、物业服务两部分，由专业企业承接并提供服务。在租金标准、运营管理、维修管理、退出管理、绩效评价、监督管理等方面提出相应要求，并从2020年1月起正式施行。其中，政府购买服务内容暂按《西安市市本级公共租赁住房运营管理服务目录（试行）》执行，主要包括入住管理、退出及续租管理、房屋使用巡查、房屋承接接收、房屋维修养护、租金管理、综合管理等七大项82个子项。

（二）建筑市场领域2019年度重大欠薪违法行为和列入欠薪"黑名单"建筑业企业的通报

2020年1月6日和1月13日，省根治拖欠农民工工资工作领导小组对外发布了《关于公布陕西省2019年度重大劳动保障违法行为的公告》《陕西省2019年度拖欠农民工工资"黑名单"》，对所涉及的相关存在重大欠薪违法行为和列入欠薪"黑名单"建筑业企业（人）进行通报。通报中所涉及的有拖欠农民工工资行为的建筑业企业及相关人员自通报之日起，记入不良记录1次，有效期1年；有效期内停止在全省的招标投标活动，停止办理企业资质升级、增项等业务。通报中所涉及的省外建筑业企业，清除出陕西市场。通知要求各级住房城乡建设主管部门要在前期欠薪隐患梳理排查的基础上，扎实落实保障农民工工资支付的制度，进一步加强检查巡查力度，对每一个在建项目农民工工资支付情况进行再排查，做到不漏死角、不留盲区，发现一起、处置一起、销号一起。确保党中央、省根治拖欠农民工工资工作领导小组的相关要求真正落到实处。

（三）建筑业企业"稳增长、扩投资、促发展"十条措施

1月21日，西安市住房和城乡建设局关于落实省住房和城乡建设厅《进一步促进建筑业企业"稳增长、扩投资、促发展"十条措施》有关事项的通知。文件在优化资质审批、支持企业拓展业务范围、优化招标投标管理、推行工程总承包和全过程工程咨询服务、优化工程项目审批、推广发展装配式建筑、改进冬防期涉土作业监管、完善建筑劳务用工制度、强化事中事后监管、支持企业做大做强和走出去发展等十个方面对省住房和城乡建设厅有关措施予以落实，对建筑业企业在减少项目审批等待、提升企业资质效能、创新发展方式、积极拓展新市场有一定促进。

（四）2019 年装配式建筑发展情况

1 月 19 日，陕西省住房和城乡建设厅发布关于 2019 年装配式建筑发展情况的通报。通报对装配式建筑的发展情况进行介绍，分析了当前存在的问题，最后，对下一步工作提出了要求。要求各地市充分认识发展装配式建筑是新发展理念和高质量发展的要求，是陕西省经济社会发展的需要，不断提高装配式建筑发展水平，并及时报送、报告本地区装配式建筑工作进展情况；加强总结分析，及时报送经验做法，省厅将编发供各城市学习借鉴。

（五）优化建筑施工企业安全生产许可证管理工作

1 月 20 日，陕西省住房和城乡建设厅就建筑施工企业安全生产许可证管理有关事项进行通知。通知优化《安全生产许可证》新办申报条件，强化《安全生产许可证》日常监管，细化企业《安全生产许可证》延期工作。

2020 年 2 月房地产市场动态

一、全国房地产重要资讯盘点

（一）财政部：优化对受疫情影响企业的融资担保服务

2月2日，财政部发布通知，优化对受疫情影响企业的融资担保服务。鼓励金融机构对疫情防控重点保障企业和受疫情影响较大的小微企业提供信用贷款支持，各级政府性融资担保、再担保机构应当提高业务办理效率，取消反担保要求，降低担保和再担保费率，帮助企业与金融机构对接，争取尽快放贷、不抽贷、不压贷、不断贷。国家融资担保基金对于受疫情影响严重地区的政府性融资担保、再担保机构，减半收取再担保费。

（二）政策发力，多地涉房政策松绑，"房住不炒"基调未变

2月12日，包括无锡、西安、南昌、上海、浙江在内的多个省市，相继推出了各类涉房支持政策，从暂缓土地出让金、暂缓贷款偿付等多个维度，给予了房地产企业极大的关怀和支持。至此，全国超过10省市出台各类涉房地产行业政策。此前，已有承德、嘉兴、天津等近10个省市出台疫情期的"涉房"财政支持政策，或调整土地价款缴付方式和期限，或优化审批服务、调整履约监管等，力度不一。具体来看，相较于西安、无锡为代表的二线、三线城市而言，一线城市楼市政策整体较审慎，以释放正面预期为主。以上海为例，其政策主要涉及缓缴或分期缴纳土地出让金；同样为一线楼市的深圳，它的"涉房"政策主要着力点在支持困难企业和因新冠肺炎住院治疗或隔离人员降低公积金缴存比例或缓缴公积金，力度并不大。以西安、武汉、杭州等为代表的明星二线城市目前政策整体力度不敌无锡，多涉及土地出让金或住房公积金缓缴、开竣工时间顺延等，以帮扶为主，稳定楼市预期。这与二线楼市受返乡置业潮停摆影响不大有直接关系。

（三）多省市允许土地出让金延期缴纳、顺延开竣工时间

近期，受疫情影响，上海、浙江、天津、四川、南京、西安、苏州、南昌、无锡、三亚、烟台、沈阳等省市出台了允许房地产开发企业延期或分期缴纳土地款的政策。同时也在开竣工时间、延迟规划期等方面适当放宽。

上海市规划和自然资源局于2月11日印发《关于全力应对疫情支持服务企业发展的若干土地利用政策》，提出"受疫情影响，未能按土地出让合同约定缴付土地价款和交付土地的，不作为违约行为，不计滞纳金和违约金，受让人可以向出让人申请延期缴付或分期缴付，疫情解除后签订补充出让合同调整土地价款缴付方式和期限，交地时间相应顺延。"以上提及的其他省市均对此出台了相应的政策。

（四）国务院常务会议：决定阶段性减免企业社保费和实施企业缓缴住房公积金政策

2月20日，国务院应对新型冠状病毒感染肺炎疫情联防联控机制定新闻发布会上，住房和城乡建设部副部长倪虹表示：①企业可按规定，申请在2020年6月30日前缓缴住房公积金，缓交不影响职工正常提取和申请住房公积金贷款。②一线医护人员、疫情防控人员、因疫情隔离或暂时受疫情影响的职工等，在6月30日前公积金贷款不能正常还款的，不作逾期处理；此外，职工可合理提高住房房租提取额度。③对疫情较严重的地区和企业，在与职工充分协商前提下，可在6月30日前决定自愿缴存公积金的比例。

对目前存在租房困难的新市民，可申请提高住房公积金租房提取额度，灵活安排提取时间。同时，为了给企业纾解困难，企业缓缴可连续计算缴存时间，不影响职工提取和申请住房公积金贷款。

（五）苏州：两部门发文放宽房地产项目预售要求

2月19日，苏州市自然资源和规划局印发《关于做好土地出让相关工作有效应对疫情的通知》，其中：住宅（商住）地块不统一要求设置竣工预售许可调整价，超过市场指导价的，不统一要求项目工程结构封顶后申请预售许可；进入一次报价的，不统一要求工程竣工验收后申请预售许可。已成交须工程结构封顶或竣工验收后预售、销售的住宅（商住）用地，开发企业预售、销售的时间节点可适当提前。

2月28日，苏州市住房城乡建设局印发《关于应对疫情保障房地产市场平稳健康发展的通知》，指出：对2020年1月24日前土地已成交并已进入实质性启动阶段的房地产项目，因突发疫情影响其前期规划、施工手续、工程进度等情况的，申请预售时原形象进度要求调整为按投资额计算，申请预售部分完成25%以上投资即可。其中对土地成交价格超过市场指导价须工程结构封顶或竣工验收后预（销）售的项目，申请预售时间节点可适当提前。分期销售项目每期申请预售面积由不低于3万m²的要求，调整为高层、小高层商品房不少于2万m²，多层商品房不少于1万m²。

二、陕西省内房地产重要资讯

（一）疫情防控期间农村危房改造工作

2月3日，陕西省住房和城乡建设厅发布通知，通知提到，为全面落实省委省政府应对新型冠状病毒感染肺炎疫情防控工作有关要求，对疫情防控期间农村危房改造脱贫攻坚有关工作进行通知。要求统筹推进农村危房改造脱贫攻坚工作，坚持不懈抓好工作落实，做到思想不乱、精力不散、工作不断，要认真研究、制定、落实建档立卡贫困户住房安全有保障措施，确保实现剩余贫困人口住房安全，巩固脱贫攻坚成果。要结合各县区"一查一补两落实"工作情况，加强与扶贫部门衔接，对排查发现问题，健全问题台账，研究问题整改和巩固成果防返贫的措施。

（二）西安市住房公积金发布应对疫情支持企业发展政策措施

2月9日，受疫情影响未能正常缴存住房公积金的企业和职工，可待疫情结束后缴存，因疫情造成的延期缴存，不超过3个月的，可视为正常缴存，贷款权益不受影响。同时，职工提取住房公积金，因受疫情影响无法办理而超期的，提取业务所需的相关资料期限可顺延3个月。对参加疫情防控的一线工作者，因感染新型肺炎住院治疗或隔离人员、疫情防控需要隔离观察人员以及受疫情影响暂时失去收入来源人员，在疫情期间不能正常偿还住房公积金贷款的，贷款暂不转逾期、不计收罚息且不影响个人征信。

（三）西安：疫情防控期可分期缴土地出让价款，允许变更缴纳期限

2月12日，西安市自然资源和规划局发布通知，提道：疫情防控期间，新出让土地原则上可按起始价的20％确定竞买保证金，出让合同签订后1个月内缴纳土地出让价款的50％，用地单位出具承诺书后，余款可按合同约定分期缴纳，缴款期限最长不超过1年。

（四）西安发改委：房价申报实行"一网通"服务，鼓励线上售房

2月13日，西安市发改委发布《西安市发展和改革委员会关于疫情防控期间商品住房价格申报有关事项的通知》。通知表示，商品住房价格申报受理实行"一网通"服务，鼓励企业开展"网上看房""线上售房"，完善企业网上售房明码标价、"一套一标"价格公示制度。各房地产开发企业应自觉强化企业自律，规范销售及价格行为，净化市场环境。

（五）住建行业坚决打赢新冠肺炎疫情防控阻击战 稳企业稳民生稳发展二十二条措施的通知

2月15日，陕西省住房和城乡建设厅发布通知，为统筹做好新冠肺炎疫情防控和住建行业各项工作，确保打赢疫情阻击战，努力实现住建行业全年各项目标任务，现提出住建行业坚决打赢新冠肺炎疫情防控阻击战稳企业稳民生稳发展二十二条措施。通知要求，各地要贯彻因城施策、因企施策精神，制定房地产企业复产复工方案，适当增加对企业的定向支持。从信贷支持、融资政策倾斜、适当减免税费或酌情调整缴纳期限等方面给予支持。适当优化开发报批报建等相关审批流程，对受疫情影响项目延迟交付的，可适当减免违约金；加大对物业企业扶持力度。

2020 年 3 月房地产市场动态

一、全国房地产重要资讯盘点

（一）国务院：决定赋予省级人民政府更大用地自主权

3 月 1 日，国务院公布《国务院关于授权和委托用地审批权的决定》（国发〔2020〕4 号），进一步深化"放管服"改革，改革土地管理制度，赋予省级人民政府更大用地自主权。决定主要内容如下：①将国务院可以授权的永久基本农田以外的农用地转为建设用地审批事项授权各省、自治区、直辖市人民政府批准。②试点将永久基本农田转为建设用地和国务院批准土地征收审批事项委托部分省、自治区、直辖市人民政府批准。首批试点省份为北京、天津、上海、江苏、浙江、安徽、广东、重庆，试点期限为 1 年。

（二）最高法：不动产续封"网上办、掌上办、预约办"

3 月 3 日，最高人民法院、自然资源部、中国银保监会联合印发《关于疫情防控期间做好不动产续封和银行存款续冻工作的通知》。通知要求，具备条件的地区应大力推进"互联网＋不动产登记"，积极向人民法院延伸服务端口，实现不动产查封登记续封"网上办、掌上办、预约办"，最大限度减少人员聚集。不具备条件的地区应积极创新工作方式，通过热线电话、工作传真、微信截图、邮寄交换等方式畅通办理渠道，结合相关材料和信息，及时准确续封。

（三）自然资源部：同步下放用地审批权

3 月 6 日，自然资源部印发《关于贯彻落实〈国务院关于授权和委托用地审批权的决定〉的通知》，通知明确：对应国务院授权和委托的用地审批权，将自然资源部的用地预审权同步下放省级自然资源主管部门，将先行用地批准权委托给试点省份省级自然资源主管部门。

（四）海南：坚持全域限售，实行现房销售

3 月 7 日，海南省委办公厅、省政府办公厅印发了《关于建立房地产市场平稳健康发展城市主体责任制的通知》，创新提出发展安居型商品住房，对在海南省已拥有 2 套及以上住房的本省户籍和常住居民家庭（含夫妻双方及未成年子女），停止向其销售安居型商品住房和市场化商品住房，并规定新出让土地建设的商品住房实行现房销售制度。分析指出，海南此举是以壮士断腕的决心调整产业结构，破除经济发展对房地产的依赖。

（五）国家统计局：发布1—2月国民经济运行情况，重申房地产政策

3月16日上午，国务院新闻办公室举行新闻发布会，国家统计局有关人士介绍2020年1—2月国民经济运行情况，并答记者问。据介绍，1—2月，全国固定资产投资（不含农户）33323亿元，同比下降24.5％。分领域看，基础设施投资同比下降30.3％，制造业投资下降31.5％，房地产开发投资下降16.3％。全国商品房销售面积8475万m²，下降39.9％；商品房销售额8203亿元，下降35.9％。在回答记者提问时，发言人表示：第一，房住不炒的定位没有改变。这些年我们不断加强和完善房地产调控政策，实施因城施策的政策，强化或者落实地方城市主体责任。这几年房地产市场总体平稳，这样一种局面已经基本形成，特别是稳地价、稳预期、稳房价的局面已经初步形成。第二，房地产的发展政策还是要按照推动高质量发展的要求，不把房地产作为短期刺激政策，这也是明确的。

二、陕西省内房地产重要资讯

（一）城镇老旧小区改造项目疫情防控和开复工工作

3月6日，为深入贯彻党中央、国务院有关新冠肺炎疫情防控决策部署，全面落实《陕西省人民政府关于坚决打赢疫情防控阻击战促进经济平稳健康发展的意见》精神，在严密做好疫情防控的同时，认真做好城镇老旧小区改造项目有序开工复工工作，通过开展室内排水系统改造，加强老旧小区公共给排水管网改造，加大老旧小区公共设施改造力度以及完善城镇老旧小区应急管理制度来确保完成年度建设目标任务，促进全省经济社会平稳健康发展。

（二）保障性安居工程项目疫情防控和开复工工作

3月12日，陕西省住房和城乡建设厅在疫情防控措施到位的基础上，有序推动保障性安居工程项目开复工。对涉及保障民生必需的公租房收尾项目和亟需回迁安置的棚户区改造项目，严格落实防疫措施的前提下，尽快开复工。暂时不能开工的项目，要实施备工备料和完善相关手续。对列入今年计划的棚户区改造项目，要加快办理各类手续，具备开工条件的抓紧组织开工，暂不具备开工条件的要做好前期工作，确保项目有序推进。按照省厅相关要求继续坚持开工复工项目日报制度，按照棚改计划及公租房、棚改续建项目台账紧盯项目新开工、复工情况，并按照时间节点及时报送。

（三）规范和加强地热能建筑供热系统建设管理工作

3月16日，陕西省住房和城乡建设厅发布规范和加强地热能建筑供热系统建设管理工作，促进地热能供热健康发展的通知。通知指出，要把推进地热能建筑供热作为贯彻落实习近平生态文明思想的重要举措，节能减排、治污减霾的有效途径，坚持政策引导、市场主导、因地制宜、技术多元、资源开发与环境保护并重的原则。力争到2021年底前，关中地区城镇新增地热能供热面积2200万m²，占新建筑供热的比例达到20％以上。在热

电联产覆盖不到的区域优先发展地热能供暖，采用多能组合供热的技术方法开发利用地热能，进一步提升地热能开发利用的经济效益。

（四）西安自然资源和规划局：优化不动产登记婚姻关系审查

3月25日，为深化"放管服"改革，精简证明材料，切实方便办事群众，依据《中华人民共和国物权法》《不动产登记暂行条例》《不动产登记暂行条例实施细则》等相关法律法规，对西安市不动产登记婚姻关系审查进行优化，并且自2020年5月1日起在西安市行政区域范围内执行。

（五）通知部署2020年住房保障工作

3月25日，为深入贯彻落实习近平总书记关于住房城乡建设工作的重要批示精神，认真落实省委、省政府决策部署和全省住房城乡建设工作会议精神，陕西省住房和城乡建设厅就2020年住房保障工作进行部署，要求统筹兼顾，有序推进棚户区改造，精准施策；加快推进续建项目进度；完善政策，进一步推动精准保障；健全机制，防范化解棚改债务风险；紧盯目标，完成"和谐社区·幸福家园"达标；提升服务，全面开通"一网通办"；科学谋划，高质量编制"十四五"规划。落实住房保障城市主体责任，全面评估总结"十三五"时期本地区住房保障的成效经验，分析研究"十四五"时期住房保障需求和目标任务，按照"量力而行、尽力而为"的原则，注重加强住房保障体系建设，突出兜底保障作用，提升保障水平和保障能力，科学编制城镇住房保障"十四五"规划，合理确定发展目标和具体指标，指导和推动住房保障工作高质量发展。

2020 年 4 月房地产市场动态

一、全国房地产重要资讯盘点

（一）国税局、银保监会：加大税银合作，支持小微企业

4 月 7 日，央视新闻，国家税务总局、银保监会今天联合印发通知，要在已实施"银税互动"支持政策框架下，针对疫情期间小微企业更加迫切的资金需求，加大税收信用贷款支持力度，努力帮助小微企业复工复产渡过难关。根据通知，各省税务机关加强与银保监部门和银行业金融机构的协作，及时梳理受疫情影响较大行业的小微企业名单，依法推送企业授权的相关纳税信息，帮助银行主动对接企业需求、精准提供金融服务。

（二）国家发展改革委：推进基础设施领域不动产投资信托基金

4 月 30 日，中国证监会、国家发展改革委联合发布《关于推进基础设施领域不动产投资信托基金（REITs）试点相关工作的通知》，并出台配套指引。这标志着境内基础设施领域公募 REITs 试点正式起步。此次推进基础设施领域 REITs 试点也意味着公募 REITs 试点的正式起步，可以看到的是，此次聚焦的重点主要是交通设施、市政设施、产业园区等基础设施，并没有往房地产方向去走，但是从基础设施这个类型的投资开始，可以打通众多投资人参与真正的证券市场的产品，对未来商业地产的发展有一个先行、践行的作用。

（三）中共中央政治局召开会议：首次提出"六保"

4 月 17 日，中共中央政治局召开会议，分析国内外新冠肺炎疫情防控形势，研究部署抓紧抓实抓细常态化疫情防控工作；分析研究当前经济形势，部署当前经济工作。习近平主持会议。货币政策方面，政治局会议年内首次提出"降息"，这意味着货币政策发力空间加大。中信证券指出，会议在提出"降息"的同时强调"房住不炒"，映射出宏观政策组合更深层次的变化——从"土地＋财政"走向"货币＋财政"，显示这一轮稳增长并非强刺激，不会重走刺激地产的老路。

（四）住房和城乡建设部：印发《全国房屋网签备案业务数据标准》

4 月 26 日，住房和城乡建设部办公厅出台印发《全国房屋网签备案业务数据标准》的通知，要求优化升级房屋网签备案信息系统，推动房屋网签备案数据共享共用。确保房屋网签备案服务不停止，数据采集不中断，并在数据共享应用时做好保密和脱敏处理。同时，积极拓展互联网移动端房屋网签备案业务，逐步实现"互联网大厅"模式，提高政务服务质量。

（五）国家发展改革委印发《2020年新型城镇化建设和城乡融合发展重点任务》

4月9日文件发布，其中提出：提高农业转移人口市民化质量。督促城区常住人口300万以下城市全面取消落户限制；推动城区常住人口300万以上城市基本取消重点人群落户限制；促进农业转移人口等非户籍人口在城市便捷落户；推动城镇基本公共服务覆盖未落户常住人口；大力提升农业转移人口就业能力；加大"人地钱挂钩"配套政策的激励力度；优化城镇化空间格局。

二、陕西省内房地产重要资讯

（一）西安开通重大项目施工许可"绿色通道"

4月7日，市住房和城乡建设局获悉，为推动重大项目建设，市政务大厅住建窗口开通重大项目施工许可"绿色通道"，推进重大项目早落地、早建设、早投入使用。对基本符合法定办理条件的重大项目，实行"告知承诺＋容缺办理"，容缺审核申请材料，帮助和指导企业补正申请材料，对质量安全措施到位的，容缺办理了施工许可证。对已经取得建设工程规划许可证但缺少其他法定申请材料的重大项目，核发了附有"在取得该建筑工程用地批准手续、依法征收既有房屋、依法确定施工企业和监理单位、施工图设计文件已按规定审查合格、工程质量安全保证措施到位、建设资金已经落实后方可开工"条件的"临时施工复函"。

同时，对未取得建设工程规划许可证的重大项目，考虑到未取得建设工程规划许可证的建筑为违法建筑，其施工合同为无效合同，不能保障建设单位和施工企业的合法权益，在审查后一次性告知补正内容，要求建设单位尽快办理规划许可等手续，并跟踪提供咨询辅导服务。

（二）省住房和城乡建设厅印发优化营商环境、加强招标投标监管十项措施

4月14日，为贯彻落实省委省政府加快推进放管服改革、优化提升营商环境的有关精神，进一步加强工程招标投标活动监管，近日，省住房和城乡建设厅印发通知，对陕西省房屋建筑和市政设施工程招标投标活动提出十项意见。

通知提出强化项目招标人主体责任，工程建设项目招标投标活动由招标人依法组织负责，自主选择与项目相适应的资格审查方式和评标办法；简化招标投标环节，节约招标成本，压缩招标时间，依法公开招标的工程项目，在满足项目立项招标必备条件下，建设单位可依据审核通过的规划初步方案或审核意见等材料办理项目施工发包手续；全面实施电子招标投标，加快招标信息采集，加强数据互通互享。

（三）西安市加强住宅专项维修资金续筹

为加强西安市住宅专项维修资金的续筹工作，建立长效的管理机制，确保房屋保修期满后的维修和更新、改造资金落实，近日，市住房和城乡建设局就西安市住宅专项维修资

金续筹工作作出要求。市住房和城乡建设局要求，各区、县住房和城乡建设局，各开发区住建管理部门要做到政策宣传进小区，及时张贴续筹公告；对于已成立业主大会的小区，由业主委员会组织续筹业主，协商讨论并确定维修资金的续筹标准，业主按照协商讨论的维修资金标准续筹维修资金；开发建设单位、物业服务企业配合做好续筹业主维修资金信息核实、资料上报等工作。

（四）支持鼓励建筑企业对外市场拓展奖励开始申报

为贯彻落实陕西省人民政府《关于大力发展"三个经济"若干政策通知》（陕政发〔2019〕1号）精神，推动陕西建筑业高质量发展，加快枢纽经济、门户经济、流动经济发展，近日，省住房和城乡建设厅、省财政厅联合印发通知，启动支持鼓励建筑企业对外市场拓展奖励申报，对2019年度符合条件的建设工程企业进行奖励。按照通知，在陕西省行政区域内注册的具有独立法人资格、取得《建筑业企业资质证书》或《工程勘察资质证书》《工程设计资质证书》《工程监理资质证书》《工程造价咨询企业资质证书》、纳入国家联网直报库（建筑业、勘察、设计）和省住房和城乡建设厅月度统计快报、依法纳税的建设工程企业均可自主申报。

（五）陕西省出台推进城市建设高质量发展举措

4月26日，为巩固全省脱离实际造景造湖专项治理成果，推动全省城市建设高质量发展，省住房和城乡建设厅日前联合7部门发出通知，就相关工作提出具体发展意见。通知明确，各地、各部门要加快转变城市发展方式，全面提升城市发展质量要把"补短板、惠民生"作为出发点和落脚点。把生态修复、城市修补作为切入，要突出城市绿地系统规划对城市景观建设的引领作用；通知强调，要坚持源头管控，严格项目立项审批，合理确定投资规模；要坚守法规底线，严格建设用地管理，切实将违法行为发现在初始阶段、解决在萌芽状态；要统筹生态环境保护工作，统筹优化区域水资源配置，落实"三线一单"要求；要统筹做好"山水林田湖草"生态系统建设，做好城乡绿化工作。

2020 年 5 月房地产市场动态

一、全国房地产重要资讯盘点

（一）国务院：发布西部大开发新政，深化要素市场化配置改革

5 月 17 日，中共中央、国务院发布《中共中央 国务院关于新时代推进西部大开发形成新格局的指导意见》，意见指出，探索集体荒漠土地市场化路径，设定土地用途，鼓励个人申领使用权；鼓励重庆、成都、西安等加快建设国际门户枢纽城市，提高昆明、南宁、乌鲁木齐、兰州、呼和浩特等省会（首府）城市面向毗邻国家的次区域合作支撑能力。

（二）国务院：发布《关于新时代加快完善社会主义市场经济体制的意见》

5 月 18 日意见发布，其中强调：构建完善的要素市场化配置体制机制，尤其是土地制度和户籍制度改革，会形成新时期市场化改革的新动力源。同时，最大限度减少政府对市场资源的直接配置和对微观经济活动的直接干预，也有利于进一步促进经济释放活力。对于房地产市场，一方面，中央继续建立健全城乡统一的建设用地市场，推进农村集体经营性建设用地入市，有利于盘活闲置土地资源，调节土地供应节奏；另一方面，意见将"稳步实施"房地产税调整为"稳妥实施"，表明房地产税会继续推进，但不会太快。在当前经济下行压力加大的形势下，若征收房地产税或将挤压居民的消费空间，且对楼市的稳定性也会带来一定冲击。

（三）两会：住宅建设用地使用权期限届满，自动续期

5 月 25 日，两会期间习近平主席签署了第 45 号主席令，颁布了《民法典》。《民法典》明确：住宅建设用地使用权期限届满的，自动续期，续期费用的缴纳或者减免，依照法律、行政法规的规定办理，即明确了住宅建设用地使用权期限届满，自动续期。此次政策的公布，首先对于住宅到期续费做了明确的政策引导。其次，住宅产权到期后的自动续期，极有可能与房地产税有关，通过缴纳房地产税的方式，实现住宅用地使用权 70 年期后续期的衔接安排。

（四）两会重申"房住不炒"，因城施策，促进房地产市场平稳健康发展

5 月 21-22 日，全国政协第十三届三次会议和第十三届全国人民代表大会第三次会议相继召开，会议提出，因为全球疫情和经贸形势不确定性很大，我国发展面临一些难以预料的影响因素，因此不设定全年经济增速具体目标，有利于引导各方面集中精力抓好"六

稳""六保"。积极的财政政策要更加积极有为，稳健的货币政策要更加灵活适度，加大宏观政策实施力度，着力稳企业保就业，强化对稳企业的金融支持。

（五）国家发展改革委：2020年完成1亿非户籍人口在城市落户目标

5月24日，国家发展改革委副主任在新闻发布会上表示，2020年要推动完成1亿非户籍人口在城市落户的目标。此次发布的政策主要目的是进一步消除户籍制度对人口流动的限制，鼓励引导农民自愿、有偿地退出宅基地，进入城市户籍。并在此基础上扩大投资，促进传统消费跟新兴消费，增加并扩大内需；核心用意是利用人口的红利推动服务业发展和部分城市房地产市场的新动能。

二、陕西省内房地产重要资讯

（一）陕西除西安外全面取消城镇落户限制

5月20日，省发改委印发《2020年推动关中平原城市群和新型城镇化发展重点工作任务》。全省（除西安市外）全面取消城镇落户限制，凡在常住地工作即可办理落户，积极探索城市群内户口通迁。推动西安市优化和完善落户政策，加大高端人才引进落户力度。妥善做好进城搬迁群众落户工作，推动其尽快融入城镇、有序实现市民化。积极推进建档立卡农村贫困人口落户。探索实施农村籍大学生"来去自由"的落户政策，探索符合条件的返乡就业创业人员在原籍地或就业创业地落户办法，到2020年全省常住人口城镇化率超过60%，户籍人口城镇化率比上年度有所提升。该项重点工作任务的责任单位为省公安厅等。

（二）西安市住房和城乡建设局：发布《西安市易地集中配建公共租赁住房实施细则》（征求意见稿）

5月27日，西安市住房和城乡建设局官方网站发布了一篇关于《西安市易地集中配建公共租赁住房实施细则》（征求意见稿）征求意见的通告。征求意见稿提出，本市新城区、碑林区、莲湖区、雁塔区、未央区、灞桥区、长安区、临潼区、高陵区、阎良区、鄠邑区、蓝田县、周至县、高新区、经开区、曲江新区、浐灞生态区、航天基地、国际港务区、航空基地、西咸新区范围内新出让的住宅用地（含与商业设定为共用宗的），不再实物配建公租房，改由受让人按宗地出让住宅部分起始价的10%，缴纳集中配建公租房建设资金；对宗地使用性质由非住宅调整为住宅的，受让人按新规划条件下宗地住宅部分起始价的10%缴纳配建资金。

对宗地规划指标进行调整的，如原宗地已落实配建公租房任务（含原宗地出让时无需配建公租房的），受让人现按新旧规划条件下宗地住宅部分起始价差额的10%补缴配建资金；如原宗地未落实配建公租房任务，受让人现按新规划条件下宗地住宅部分起始价的10%缴纳配建资金。

对宗地受让人已签订国有建设用地使用权出让合同但未与市住建局签订实物配建公租房建设合同的，经申请也可按本细则规定缴纳配建资金。

（三）陕西韩城深入贯彻落实《保障农民工工资支付条例》

5月15日，为全面贯彻落实党中央、省、市根治欠薪工作要求，扎实做好建设项目农民工实名制管理工作，保障贯彻落实好《保障农民工工资支付条例》，近日，陕西省韩城市住房和城乡建设局建管科深入20个项目工地，就如何落实《保障农民工工资支付条例》进行宣传指导，对建筑领域的分账管理、工资专户、总包代发、农民工实名制、维权告示等保障农民工工资支付制度体系以及违反条例要承担的相应法律责任等方面内容进行了详细的解读，并就做好韩城市工程建设项目落实农民工工资支付"八项制度"的工作提出了具体要求。

（四）韩城市住建局：节能减排，促进建筑绿色发展

5月15日，为进一步推进韩城市装配式建筑及绿色建筑发展，近期，韩城市住建局墙改办分别在通盛书香城、绿地DK-2、三立逸家、海燕栖熙里、城南锦绣等项目工地召开推广使用装配式及绿色建筑座谈会。会议宣贯了绿色建筑、装配式建筑的现发展趋势及强制性标准要求。一是大力推动我市绿色建筑试点示范项目建设，发挥示范项目的引领作用；二是按照适用、经济、安全、绿色、美观的要求，坚持市场主导、政府推动、典型示范、重点推进的原则，全面提升韩城市建筑产业科技含量，不断提高装配式建筑在新建建筑中的比例；三是全面推广应用绿色建材和绿色建造技术，推进绿色建筑发展，建设环境友好型和资源节约型社会，实现可持续发展。

（五）西安市住建局组织召开全市物业管理工作推进会

为持续推进西安市物业管理水平提升，西安市住建局组织各区县、开发区物业管理部门召开全市物业管理工作推进会。会议主要安排了2020年度全市物业管理重点工作，传达了全市5G系统建设与产业发展工作推进会精神，通报了各区县、开发区物业企业信用信息录入情况，部署了迎接住建部房地产市场监管司物业管理调研有关工作。

会议重点研究了《关于进一步做好全市物业管理工作的意见》（征求意见稿），对意见中开展"红色物业"、物业企业信用管理、物业市场专项整治等5类20余项具体工作进行了现场讨论，研究了推进任务落实的工作思路和办法措施。

（六）省住房和城乡建设厅组织召开汉中历史文化名城保护规划编制工作推进会

5月29日，省住房和城乡建设厅党组成员、副厅长刘浩主持召开汉中市历史文化名城保护规划编制推进会。汉中市汇报了历史文化名城保护规划编制情况，专家发表了意见和建议，进一步理清了编制思路，为提升规划编制层次奠定了基础。

会议要求，要进一步凝练定位。编制单位理清市域与名城规划层次，重点对历史文化名城价值特色进行挖掘，以历史文化名城为核心，构建汉中历史文化名城、名镇、名村、街区保护体系。要加大保护工作力度。要遵循全面评估、积极保护、整体改造的思路，突出民族风格和地域特色，把保护优秀民族建筑、乡土建筑等文化遗产作为当地城镇化发展战略的重要内容，保护好自然、历史、文化环境。

2020 年 6 月房地产市场动态

一、全国房地产重要资讯盘点

（一）自然资源部、国家税务总局、中国银保监会关于协同推进"互联网＋不动产登记"方便企业和群众办事的意见

6 月 19 日，自然资源部、国家税务总局、中国银保监会三部门联合印发《关于协同推进"互联网＋不动产登记"方便企业和群众办事的意见》（自然资发〔2020〕83 号），提出了加快建立集成统一的网上"一窗受理"平台，推进登记纳税有机衔接，实现不动产登记和申报纳税等网上受理审核，推广使用电子证照及电子材料，全面实施预告登记，深化登记金融协同，向金融机构、房地产开发企业、房屋经纪机构、法院等延伸服务网点，加快不动产登记信息网上查询等 9 点要求。同时，要求年底前全国地级及以上城市和具备条件的县市全面实施"互联网＋不动产登记"，所有市县力争实现"一窗受理、并行办理"全覆盖，抵押登记业务办理时间力争全部压缩至 5 个工作日以内。

（二）多地出台住房公积金缴存基数调整方案

截至 6 月 22 日，已有泉州、桂林、吉林、重庆、乌鲁木齐、哈尔滨、南昌等 25 个城市发布了住房公积金缴存调整方案。提升公积金缴存基数上限是各地调整的主要方向。目前，广东惠州的公积金基数上限最高，达到 24951 元。这意味着，在广东惠州月工资超过 25000 元的员工，公积金最高可以缴纳 5988.24 元。在公积金缴存基数上限调整涨幅方面，各地差异较为明显。从已经公布调整方案的城市来看，上限增长区间在 1000～2000 元的城市居多。另外，有两座城市上限调整幅度超过 3000 元，分别是泰州与昆明。

此次缴存基数上限调整，对于收入水平已经超过公积金缴存基数上限的人群影响更大。原因在于，这部分人群虽然收入水平较高，但公积金仍只能按照公积金缴存基数上限数额进行缴纳，对于收入未超过公积金缴存基数上限的人，若自身上一年工资水平未发生变化，那么缴存额度不会发生改变。更高的（公积金缴存）上限意味着公司在住房公积金储蓄方面会花费更多的资金，这也会为企业带来一定负担。

（三）各地出台购房补贴优惠政策

在房地产市场走势"回暖"的同时，与房地产有关的政策措施受到市场的高度关注，特别是在疫情对我国经济发展产生冲击的情况下，一些地方政府部门出台的"抢人大战"政策，向引进人才给予了数额不菲的购房补贴受到市场的热议。

截至 6 月 14 日，全国已有超过百城发布了人才政策，超过 80 个城市发布了购房优惠补贴政策。其中仅 6 月前 10 天，就有广州、南京、衢州、南宁、长春等共计 14 城发布购房补贴政策。比如杭州在此轮"抢人大战"中明确，对 A 类顶尖人才给予最高 800 万元的购房补贴；对 B、C、D 类人才也分别给予 200 万元、150 万元、100 万元购房补贴。

（四）国务院常务会议召开，中央加大定向调控力度

6 月 17 日，国务院总理李克强主持召开国务院常务会议，部署引导金融机构进一步向企业合理让利，助力稳住经济基本盘。会议要求加快降费政策落地见效，为市场主体减负。地方政府人才引进政策频出，稳定区域房地产市场。会议强调：积极的财政政策要更加积极有为，稳健的货币政策要更加灵活适度，保持流动性合理充裕，促进金融与实体经济良性循环，全力支持做好"六稳""六保"工作。

（五）加快地方政府专项债券发行使用的措施

会议强调，要坚决落实"积极的财政政策要更加积极有为"要求，适当提高赤字率，明确发出积极信号。增加政府投资，对冲经济下行压力。加大减税降费力度，对冲企业经营困难。加大转移支付力度，对冲基层"三保"压力。坚决落实减税降费政策，盘活存量资金资源资产，加强预算执行管理，确保财政政策和资金尽快见到实效，发挥好稳定经济增长的关键作用。此次国务院常务会议同时明确了专项债资金不得用于 4 个领域，即土地储备、房地产相关领域、置换债务、可完全商业化运作的产业项目。该要求的用意相当明确，主要是要着眼补短板、惠民生、增后劲，进一步扩大有效投资。但针对政府层面仍然会考虑地方土地储备、棚户区改造等合理资金需求。

二、陕西省内房地产重要资讯

（一）西安市住宅专项维修资金可网上交存，切实方便市民群众

近日，西安市 15 家银行正式开通住宅专项维修资金线上交存业务，真正实现"让数据多跑路，让群众少跑路"的信息化服务，市民通过网上银行、手机银行 App、微信小程序或者微信公众号，就可以轻松交存住宅专项维修资金了，还可选择邮寄票据。据悉，为了向市民提供便捷、高效的住宅专项维修资金交存渠道，西安市住建局在疫情期间开通了维修资金线上交存业务，将维修资金交存模式由传统的线下单一模式转变为线下线上相结合的模式。截至 6 月 9 日，西安市共有民生银行等 15 家银行正式开通住宅专项维修资金线上交存业务，支持城六区、开发区的购房业主进行线上交存。

（二）省住房和城乡建设厅组织召开全省建筑业企业上半年经济分析座谈会

为深入分析研究上半年建筑业发展状况，积极稳妥帮助企业复工复产达产，6 月 23 日，省住房和城乡建设厅组织召开重点建筑业企业上半年经济分析座谈会，听取意见建

议，协调解决当前存在的问题和困难，并对下半年全省建筑业发展形势、目标进行分析研判，推动陕西省建筑业持续稳定发展。

会议指出，2020年以来，受新冠肺炎疫情影响，陕西省建筑业企业都不同程度受到了冲击，但各企业积极妥善应对，不仅圆满完成陕西省抗击疫情相关应急工程项目，自3月以来，全面开始复工复产，并助力国家"六稳""六保"政策落实。会议要求，各企业要坚定发展信心，紧紧抓住国家扩大投资、实施减税降费和出台各项抗疫帮扶措施的有利机遇，认真研究政策，克服短期困难，加紧项目施工，促进项目落地，带动经济发展。同时，各企业要做好产业发展相关数据的上报工作，做到应报尽报、认真规范，为省政府出台政策措施提供翔实依据，并积极扩大省内投资份额，为陕西经济社会高质量发展贡献住建行业力量。

（三）省住房和城乡建设厅联合省级相关部门赴西安市开展住房租赁中介乱象专项整治督查

6月11日，省住房和城乡建设厅联合省公安厅、发改委、市场监管局、银保监局、网信办，对西安市住房租赁中介乱象专项整治工作开展情况进行专项督导检查。此次督查重点围绕贯彻省纪委《巩固和深化漠视侵害群众利益问题专项整治工作方案》、住房和城乡建设部等六部委《关于整顿规范住房租赁市场秩序的意见》落实情况、典型案例查处、部门联合查处机制建立、住房租赁中介长效机制建立等情况展开。督查采取召开座谈会、赴住房租赁中介企业实地查看等形式进行。

（四）安康市调整规范重大疾病提取住房公积金政策

为防止和杜绝因重大疾病骗提住房公积金行为，切实维护缴存职工合法权益，体现人道精神和人性关爱，安康市住房公积金中心已于6月1日起调整规范重大疾病提取住房公积金政策。根据新政策，缴存职工因身患重大疾病申请提取个人住房公积金时，新增缴存单位证明要件。在提供住院病案首页、重症诊断证明、个人承担医疗费用票据、提取人身份证（提取配偶公积金的需提供结婚证；提取直系亲属公积金的需提供关系证明）、一类银行卡基础上，需缴存单位出具职工身患重大疾病证明。另外，在办理过程中，实行内审复核，申请提取金额在3万元（含3万）以下的，由管理部直接审核办理，3万元以上提交市住房公积金经办中心内控稽核科复核通过后方可办理。

（五）平利县住建局强力推进建设工程质量安全工作

2020年6月15日，平利县住建局召开建设工程安全生产推进会议，学习习近平总书记关于安全生产工作重要指示批示，传达安康市住建局建设工程安全生产工作推进会精神，安排部署建设工程安全生产半年执法大检查和下半年全县建设工程质量安全管理工作，确保建设工程安全生产形势持续稳定向好。

会议强调：要围绕重点抓手，全面落实安全生产工作任务，依法依规严厉打击"无证"违法违规建设行为，落实建设单位首要责任；重点查处无资质施工、从业人员无证上岗和塔吊、吊篮、施工电梯等工程机械"带病"作业，消除建设工程安全隐患，组织企业开展全员安全生产大培训，发挥安全培训在减少和预防事故伤害上的"护身符"作用；要针对夏季高温、大风、强降雨等特点，落实好"三保四口五临边"安全防范措施，确保安全应对措施得力。

2020 年 7 月房地产市场动态

一、全国房地产重要资讯盘点

（一）加强房屋网签备案信息共享提升公共服务水平

7 月 2 日，为进一步加强房屋网签备案信息共享，提升公共服务水平，促进房地产市场平稳健康发展。住房和城乡建设部、最高人民法院、公安部、人民银行、国家税务总局、银行保险监督管理委员会，做出如下通知：加快推进系统对接信息共享，优化住房商业贷款办理服务，完善住房公积金贷款和提取服务，优化住房商业贷款办理服务，完善住房公积金贷款和提取服务，优化房屋交易纳税申报服务，提升流动人口管理服务水平，提高司法案件执行效率，全面提高房屋交易网签数据质量，抓好信息共享组织落实。

（二）广东省提出因地制宜发展共有产权住房指导意见

7 月 12 日，广东省住房和城乡建设厅等六部门发布《关于因地制宜发展共有产权住房的指导意见》，从共有产权住房建设管理、分配管理、供给管理等方面，对共有产权的发展给予了明确指导意见及政策支持。指导意见同时明确，供应对象为城镇无房家庭；并提出，共有产权住房按市场价销售，保障对象出多少钱就占多少产权比例，不存在优惠价，承购人的产权份额则为销售价格（即承购人实际出的钱）占评估价格（即房屋通过评估确定实际值的钱）的比例。

（三）全国公租房管理信息系统在青海省上线运行

7 月 1 日，全国公租房管理信息系统在西宁市试运行，并实现了数据联网。该系统将解决全国各地住房保障信息系统标准不一、数据不联网等问题，实现对公租房的科学、规范管理。全国公租房管理信息系统上线后，能实现公租房申请审核、分配、轮候、租金收缴、租赁补贴发放以及后续运营管理等全流程办理，依托系统实现"网上申请、网上管房"的工作目标，全面提升各单位的工作效率，为住房保障对象提供便利，打通服务群众"最后一公里"。

（四）深圳升级限购标准，抑制炒房投机行为

7 月 15 日，深圳市调整商品住房限购年限，购房需落户满 3 年并提供连续 36 个月及以上的社保或个税证明，夫妻离异 3 年以内，拥有住房套数按照离异前家庭套数计算；已有 1 套住房的，购买非普通住宅，首付八成起；个人住房转让增值税征免年限由 2 年调整到 5 年。

（五）中央政治局会议，住房不炒仍是基本

7月30日，中共中央政治局召开会议，研究了"十四五"规划的相关问题。此次会议对房地产继续明确定调，即要坚持房住不炒，进一步使得后续房地产发展的方向不偏离、调控力度不放松，其有助于下半年各市场参与主体更好把握市场政策走向。要坚持房子是用来住的、不是用来炒的定位，促进房地产市场平稳健康发展。

二、陕西省内房地产重要资讯

（一）汉中市公积金中心上线住房公积金电子档案系统

7月27日，汉中市住房公积金电子档案系统正式上线并顺利运行。汉中市住房公积金管理中心上线使用的电子档案系统，旨在维护住房公积金业务档案真实、完整和安全，实现数据信息共享。该系统对当前的公积金业务档案管理现状进行了升级改造，建立了独立的电子档案管理系统和数字认证体系，将该中心所有档案进行统一管理，实现公积金归集、提取等业务无纸化办公，会计档案固化和财务档案数字化管理，为缴存职工提供优质、便捷、可信的住房公积金信息化服务。

（二）陕西省开展"美好幸福小区"建设示范（试点）活动

7月14日，为示范引领全省城镇老旧小区改造工作，实现政府与群众决策共谋、发展共建、建设共管、效果共评、成果共享的目标，陕西省住房和城乡建设厅联合省财政厅在全省城镇老旧小区改造中开展"美好幸福小区"建设示范（试点）活动，并发出通知，从2020年起，每年在全省各地开展城镇老旧小区改造的小区中选择一批环境整洁、设施完善、绿色生态、安全有序、管理规范、和谐宜居的"美好幸福小区"，起到示范引领全省城镇老旧小区改造工作的作用。通知明确，"美好幸福小区"试点工作实行省、市、县分级包抓的方式，省上从市上推荐对象中确定试点对象。各市（区）原则上每年至少选择3个老旧小区进行申报。省住房和城乡建设厅将联合省财政厅根据《陕西省"美好幸福小区"建设示范标准（试行）》进行评估，对评估通过的小区认定为"陕西省美好幸福小区"，并对所在县（市、区）在相关政策和资金上予以支持和倾斜。

（三）陕西省印发老旧小区改造工作实施要点，将打造一批改造示范样板小区

7月14日，陕西省住房和城乡建设厅、发改委、财政厅联合印发《2020年全省城镇老旧小区改造工作实施要点》，积极落实城镇老旧小区改造工作，努力实现改造后的小区道路平整、设施配套、干净整洁、安全有序、管理规范、和谐宜居的目标，让老居民享受"新生活"。具体工作实施要点包括：摸排梳理城镇老旧小区逐年进行改造；要打造城镇老旧小区改造示范样板；防止"惠民工程"变成"形象工程"。

（四）西安市成功入围住房租赁市场发展试点城市

7月24日，国家两部委公示了2020年中央财政支持住房租赁市场发展试点入围城市名单，17个申报城市的试点方案经专家初审和现场竞争性答辩两轮激烈角逐，最终西安等8个城市脱颖而出，成功入围"第二批中央财政支持住房租赁市场发展试点城市"，试点城市将获得连续3年共24亿元中央财政资金支持。

2020 年 8 月房地产市场动态

一、全国房地产重要资讯盘点

（一）住房城乡建设部、人民银行联合召开房地产企业座谈会

8 月 20 日，住房城乡建设部、人民银行在北京召开重点房地产企业座谈会，会议对进一步落实房地产长效机制、完善住房租赁市场金融支持政策体系、加快形成"租购并举"住房制度等进行了研究。会议认为，坚持房子是用来住的、不是用来炒的定位，坚持不将房地产作为短期刺激经济的手段，落实城市主体责任，稳低价、稳房价、稳预期，保持房地产调控政策的连续性、稳定性，稳妥实施房地产长效机制，房地产市场保持了平稳健康发展。

（二）住房和城乡建设部强调：落实城市主体责任，确保实现稳地价、稳房价、稳预期目标

8 月 26 日，住房和城乡建设部在北京召开部分城市房地产工作会商会，贯彻落实党中央、国务院关于房地产市场平稳健康发展决策部署，分析当前房地产市场形势，研究落实城市主体责任，稳妥实施房地产长效机制有关工作。会议指出，落实省级监控和指导责任，加强对辖区内城市房地产市场监测和评价考核，及时发现新情况、新问题，加大指导力度，指导城市采取针对性措施，确保城市主体责任落到实处。

（三）海南、安徽等地调整住房公积金政策

8 月 18 日，海南省住房公积金管理局发布《关于调整住房公积金个人住房贷款业务有关规定的通知》。通知规定，提高住房公积金个人住房贷款最高额度，购买新建自住房，贷款最高额度为 100 万元；购买二手自住住房，最低首付款比例为 40％。

8 月 3 日，安徽省阜阳市住房公积金管理中心发布关于落实住房和城乡建设部等国家部委有关住房公积金贷款政策的通知，通知规定，停止向购买第 3 套及以上住房的职工受理和发放住房公积金贷款。

8 月 10 日，安徽芜湖市进一步规范住房公积金使用政策，第二次申请住房公积金个人贷款购买普通自住住房的，最低首付比例为 30％，贷款利率不得低于同期首次住房公积金个人贷款利率的 1.1 倍。

（四）各地政府放宽人才政策

8 月 25 日，吉林市全面取消城市租房落户对缴纳社保年限以及投亲落户的限制，大中

专院校毕业生、国民教育同等学历人员及留学归国人员、技术技能人才不受稳定就业、稳定住所等条件限制。8月10日，广州市白云区人力资源和社会保障局发布关于印发《广州市白云区落实广州市人才绿卡行政审核事权实施办法（暂行）》的通知，8月12日，荔湾区也公布了落实广州市人才绿卡制度的通知。两则通知均扩充两区人才申领广州市人才绿卡条件，每年有合法住所，可申领广州市人才绿卡。

（五）南京调整土拍新规

8月18日，南京发布2020年第9号土地出让公告，公告中明确指出，涉宅地块达到最高限价后，将不再竞争人才房面积，而是改为通过现场摇号方式确定竞得人，同时严格开发资质要求、提高竞买资金要求、严格竞买资金审查、限制竞买地块数量。

二、陕西省内房地产重要资讯

（一）西咸新区发布住宅配套幼儿园、社区综合服务用房交付标准

8月22日，陕西省西咸新区开发建设管理委员会办公室印发《西咸新区住宅项目配套幼儿园、社区综合服务用房交付标准》的通知，住宅项目配套建设的幼儿园和社区综合服务用房应满足国家、行业相关规范和《西咸新区规划建设品质标准》中相关建设要求，在完成建筑、场地、基础设施、绿化等工程基础上，实现全装修后进行移交。

（二）西安拟出台商品房销售信息公示管理新规

8月28日，为进一步规范商品房销售行为，保障购房人合法权益，营造公开透明、规范有序的房地产市场发展环境，市住建局研究起草了《西安市商品房销售信息公示管理规定（征求意见稿）》，并公开征求社会各界意见建议。重点内容包括：开发商和经纪机构售房必须公示车位配比、绿地率和全装修内容等；公示可能产生废气、辐射、噪声、烟尘污染等影响的不利因素；房地产开发企业一律无权承诺教育资源配套等不确定因素；房屋销售时景观不得先建后拆，精装修标准与实体样板间一致；公示物业服务信息、相关政策文件、项目信息互联网查询渠道、投诉途径等。

（三）西安市印发《西安市住房租赁资金监督管理实施意见（试行）》

8月7日，西安市住房和城乡建设局、西安市金融工作局、中国人民银行西安分行营业管理部联合下发《西安市住房租赁资金监督管理实施意见（试行）》，自10月1日起，针对"托管式"租赁企业提出要求加强监管。

（四）西安市公布《西安市2020年建设用地供应计划》

8月10日，西安市自然资源和规划局公布《西安市2020年建设用地供应计划》，2020年度西安市拟供应建设用地475宗，总规模3.8187万亩。从土地用途来看：2020年计划供应经营性用地规模2.7907万亩，其中居住用地、商业用地及工矿仓储用地的规模分别

为 1.3398 万亩、0.5195 万亩、0.9314 万亩，分别占经营性用地 48.01%、18.62%、33.37%。分区域来看：2020 年建设用地供应计划中，高陵区、高新区供应规模最大居于第一档，在 6000 亩上下；临潼区、浐灞生态区、长安区、国际港务区、灞桥区居于第二档，供地规模在 2500～3500 亩；蓝田县、经开区、航天基地、航空基地、周至县居于第三档，工地规模在 1000～1700 亩。

（五）西安拟出台商品房销售公示新规，房企无权承诺教育配套资源

为进一步规范商品房销售行为，保障购房人合法权益，营造公开透明、规范有序的房地产市场发展环境。西安市住建局研究起草并于 8 月 28 日发布了《西安市商品房销售信息公示管理规定（征求意见稿）》，并公开征求社会各界意见建议。征求意见稿指出，按照西安市加快建立房地产市场调控"四个闭环"和"五化"管理体系的工作要求，就商品房销售信息公示内容、期限、要求等事项作出规定。除明码标价等，还须标示不利因素，如可能产生废气、辐射、噪声、烟尘污染等影响的不利因素以及项目不确定因素，如教育资源等。

2020年9月房地产市场动态

一、全国房地产重要资讯盘点

（一）住房和城乡建设部发布《住房租赁条例（征求意见稿）》

9月7日，住房和城乡建设部发布通知，就《住房租赁条例（征求意见稿）》向社会公开征求意见，条例征求意见稿从出租人与承租人、租赁企业、经济活动、扶持措施等多方面对租赁市场的秩序进行规范，旨在促进住房租赁市场健康发展。

（二）福州市首次确定租赁住房用地基准地价

9月22日，福州市人民政府办公厅印发执行《2019年福州市四城区基准地价更新成果》。为加快住房租赁市场发展，更新成果首次确定了福州市租赁住房用地基准地价。租赁住房用地基准地价参照住宅用地基准地价的50%确定，住宅用地基准地价基本保持稳定，商服用地基准地价下调约5%，社会事业项目用地基准地价降幅约20%。住宅用地基准地价的稳定，将对福州市实现稳地价、稳房价、稳预期发挥重要作用。

（三）合肥公积金实行三级预警

9月1日合肥市住房公积金管理委员会办公室发布《合肥市住房公积金资金流动性风险预警管理办法》，通过对住房公积金的业务和资金运行情况进行系统分析、预测和评价，根据预先设置的预警值，采取对应的措施对相关环节进行管理。确定警戒标准的主要指标为个贷率、资金净流量、收益率和收益承载量等，通过对以上指标的分析判断，确定三级预警等级，即一级预警、二级预警、三级预警。根据三级预警采取不同的措施，个人公积金贷款上限调节系数在0.8~1.2区间浮动，按照目前个人公积金最高可贷款45万元，个人公积金贷款上限也将在36万~54万元区间浮动。

（四）加强住房租赁市场管理，成都9部门联合出新规

9月19日，成都市9个部门联合出台《关于进一步加强住房租赁市场管理的通知》，进一步加强租赁市场管理，保护当事人合法权益。通知提出，在本市行政区域内通过委托经营、转租方式从事住房租赁经营的企业开展业务前，应在驻蓉商业银行中开立全市唯一的住房租赁资金监管账户，并在报送开业信息时提供监管账户信息。

（五）太原市人才购房不受限购政策限制

9月22日，太原市发布《关于推进人才购房"放管服效"改革有关事项的通知》。指

出符合《中共太原市委办公厅太原市人民政府办公厅关于放宽人才户口迁入政策的通知》适用对象规定的人才购房，可购二套房，享受本市城镇居民购房待遇，不受相关限购政策限制。

（六）沈阳出台楼市新政，二套房首付比例提高到50%

9月6日，沈阳市房产局、沈阳市自然资源局等9部门联合发布《关于进一步促进我市房地产市场稳定健康发展的通知》。严格住房用地出让溢价率管控。房地产开发企业竞配建、竞自持部分不计入商品住房开发建设成本。严格执行个人购买首套商品住房首付比例不低于30%规定，第二套商品住房首付比例提高到50%。首付款须一次性支付，禁止分期支付和"首付贷"。将个人住房转让增值税免征年限由2年调整到5年。

二、陕西省内房地产重要资讯

（一）榆林市住建局开展专项治理行动

9月1日至15日，榆林"百姓问政"平台累计收到5大类问政帖文2938条，其中有效帖文2246条。12345便民服务热线同期共接到市民来电7766件，形成有效工单6372件。半个月来，"百姓问政"平台和12345便民服务热线共收到网民反映城区房地产市场相关问题近百条。榆林市住建局工作人员表示，近期该局已对中心城区65个在建在售项目、72家房地产中介机构开展全面巡查检查。其中，查处违规预售项目2个，行政罚款13万元，下达整改通知书35份，约谈开发企业负责人12名，处理房地产投诉411件。

（二）西安市老旧小区改造工作推进会暨线缆落地专项工作联席会召开

西安市老旧小区改造办于9月16日下午召开了全市老旧小区改造工作推进会暨线网落地专项工作联席会。首先，会议传达了各级领导对西安市老旧小区改造工作的批示、批示精神。同时提出，各区县、开发区住建部门在老旧小区改造工作中，一是要吃透党中央、省、市相关改造政策，充分尊重居民意愿。二是加大推进力度保证工程进度，加强督促监管狠抓工程质量安全。三是注重文明施工，加强日常巡查。四是加大正面宣传，创造良好改造工作氛围。

（三）陕西：省住房和城乡建设厅召开全省房地产工作座谈会

9月21日，省住房和城乡建设厅在西安召开全省房地产工作座谈会，贯彻落实党中央、国务院关于房地产市场平稳健康发展决策部署、分析当前房地产市场形势，进一步推进落实全省房屋网签备案全国联网工作，稳妥实施房地产长效机制有关工作，省住房和城乡建设厅任勇副厅长参加会议并讲话。会议指出，要全面贯彻落实党中央、国务院决策部署，重视房地产市场监测分析，及时发现新情况、新问题，切实履行好房地产调控主体责任，确保房地产市场平稳健康发展。

（四）陕西：省住房和城乡建设厅召开绿色建筑创建行动推进会

9月21日，省住房和城乡建设厅在西安召开绿色建筑创建行动推进会，会议学习解读了《陕西省绿色建筑创建行动实施方案》，并对创建行动进行具体安排部署，省住房和城乡建设厅总工程师付涛同志参加会议并讲话。会议要求，要以新建建筑提升性能品质为着力点，推进城镇建筑工程执行绿色建筑标准，城镇绿色建筑占新建建筑的比例，2020年达到50％，2021年达到55％，2022年达到60％。

（五）韩城住建局召开装配式建筑宣贯会助力绿色建筑产业发展

9月25日，韩城市住建局组织召开了2020年装配式建筑宣贯会议。会议主题为安全文明施工暨装配式施工现场观摩会，市住建局墙改办、建工处、建管科，以及各建设、施工、监理单位负责人等人员参加会议。会议对韩城市恒大御景半岛项目装配式建筑工作开展情况进行肯定，并对近年来关于装配式建筑发展的政策法规进行了解读。并强调各企业应该严格按照审查合格后的建筑节能、绿色建筑、装配式建筑设计文件进行组织施工。住建局在今后工作中，将加强检查日常监管，启动问责机制。

2020 年 10 月房地产市场动态

一、全国房地产重要资讯盘点

（一）山东：绿色社区创建行动实施方案出炉，推动既有住宅节能改造

10 月 9 日，山东省住房和城乡建设厅发布《山东省绿色社区创建行动实施方案》。方案提出，绿色社区创建行动以城市社区居民委员会所辖空间区域为创建对象。到 2021 年年底，全省 30％以上的城市社区参与创建行动并达到创建要求，到 2022 年年底，全省 60％以上的城市社区参与创建行动并达到创建要求，基本实现社区人居环境整洁、舒适、安全、美丽的目标。

（二）合肥出台多项措施规范住房租赁市场

10 月 10 日，安徽省合肥市印发《关于加快发展和规范合肥市住房租赁市场的通知》，明确进一步发展和规范住房租赁市场，加快建立租购并举的住房制度。通知自 2020 年 11 月 12 日起正式实施，有效期 3 年。根据通知，承租人可以根据租赁平台备案信息办理居住证，按照合肥市住房租赁试点有关政策享有义务教育、就业、卫生和计划生育等基本公共服务。对本市无住房且租住商品住房的承租人，单身职工每年提取住房公积金支付房租的限额提高至 1.2 万元，已婚职工夫妻双方每年提取住房公积金支付房租的限额合计提高至 2.4 万元。

（三）河北省开展建筑市场专项检查

为进一步规范建筑市场秩序，打赢扫黑除恶、行业治乱收官战，河北省住房和城乡建设厅印发通知，10 月 12 日至 11 月 20 日，在全省开展建筑市场专项监督检查，重点对扫黑除恶、行业治乱和建筑市场专项整治工作开展情况进行检查。专项监督检查中，省住房和城乡建设厅派出 9 个检查组赴各地开展检查，采取听取行业主管部门及相关企业工作汇报、查阅相关资料、实地核查在建工程项目的方式进行。对工作开展不力、政策法规落实不到位的，予以通报批评；对监管不力导致违法违规问题较多、检查结果排名靠后的，约谈有关部门主要负责人。

（四）武汉：住房公积金开始实施流动性风险管理

10 月 22 日起，武汉住房公积金管理中心首次出台暂行办法，对武汉住房公积金流动性实施风险管理：如若公积金流动性过剩，即个贷率在 85％以下时，实施积极宽松的住房公积金贷款和提取政策，加大对购房缴存职工的支持力度；若公积金流动性不足，即个贷

率超过 85％，实施"分级预警，适度调控，保障刚需"住房公积金贷款和提取政策，分三个级别实施相应措施。

（五）石家庄市区 2020 年第二批公共保障房公开摇号分配

10 月 23 日上午，石家庄公开摇号分配市区 2020 年第二批公共保障房。最终，有 2988 户家庭配租成功。本次摇号共分配房源 33 个小区 3130 套。分配结果将在 10 月 24 日的石家庄日报、石家庄市住房和城乡建设局官方网站、石家庄市保障性住房管理中心微信公众平台及各区政府网站进行公示，公示期 10 天。公示期满后将陆续办理入住手续。

二、陕西省内房地产重要资讯

（一）西安市住建局组织召开住房租赁网签备案和资金监管工作推进会

10 月 13 日，西安市住建局租赁处召集住房租赁中介乱象整治专班 7 部门联合召开住房租赁网签备案和资金监管工作推进会。会议首先由该局租赁处处长王文江对西安市今年疫情以来住房租赁方面所做的工作做了简要说明，对全市近期疑似出现经营异常的个别住房租赁企业情况做了通报，要求各单位依职能对该企业做调查，对于发现的问题及时汇报专班办公室。会议介绍了西安市住房租赁试点工作进展情况和政策出台情况。租赁处樊超对西安市住房租赁服务平台具体功能做了介绍，王文江宣读了近期草拟的《关于推动我市住房租赁网签备案和资金监管工作的通知》。

（二）安康市调整规范住房公积金提取政策

根据陕西省住房和城乡建设厅《关于规范住房公积金提取政策的通知》要求，安康市对住房公积金提取政策进行相应调整，从 10 月 14 日起暂停将缴存职工装修自住住房、缴纳维修资金和物业管理费纳入公积金提取范围，同时暂停购买车库提取政策。据悉，此次调整规范住房公积金提取政策，目的是全面贯彻《住房公积金管理条例》，严格落实省厅通知要求，确保公积金现行提取政策与条例保持一致。

（三）西安老旧小区房屋维修资金补建方案出台

10 月 23 日，西安市住房和城乡建设局出台西安老旧小区房屋维修资金补建工作方案，旨在构建西安市老旧小区共用部位、共用设施设备的维修保障机制，提高老旧小区的宜居水平。方案明确：2010 年以前建成的商品住宅、公有住房已出售但未建立维修资金的小区应当补建维修资金。补建标准可参照西安市 2010 年之前的维修资金交存标准·多层住宅按照购房款的 2％交存；高层住宅按照购房款的 3％交存。也可按照以下规定补建：成立业主大会的，维修资金交存标准由业主大会讨论决定；未成立业主大会的，由全体业主讨论决定。

（四）陕西 146 万贫困户住房安全有保障

10 月 27 日，省政府新闻办公室举行新闻发布会，省住房和城乡建设厅总工程师付涛、农村危房改造工作办公室负责人张珂介绍全省脱贫攻坚住房安全保障工作情况。围绕贫困户住房安全保障工作，陕西省出台《关于加强和完善建档立卡贫困户等重点对象农村危房改造若干问题的通知》，制定《陕西省农村危房改造脱贫工作方案》等文件，明确了政策依据、具体任务、工作计划和保障措施。

（五）陕西：截至 10 月底全省棚户区改造新开工 1.68 万套

为确保年度目标任务圆满完成，10 月 29 日，省住房和城乡建设厅召开全省保障性安居工程三季度工作视频会，通报前三季度全省保障性安居工程建设进展情况，分析当前形势，查找存在问题，研究进一步推进措施。会议指出，截至 10 月底，全省棚户区改造新开工 1.68 万套，已完成年度开工计划。棚改基本建成 1.1279 万套，发放租赁补贴 3.9876 万户，均已经超额完成年度计划，全省保障性安居工程完成投资 155.71 亿元。

2020 年 11 月房地产市场动态

一、全国房地产重要资讯盘点

（一）上海中心推行在线申办公租房租赁提取业务

11 月 4 日，为方便公共租赁住房承租职工办理住房公积金租赁提取业务，上海市公积金管理中心会同市住房保障中心建立公租房租赁合同网签备案信息共享机制，优化公租房租赁提取住房公积金业务流程，实现缴存职工足不出户在线申办，真正做到"数据多跑路、职工少跑腿"。缴存职工申请公租房租赁提取住房公积金，可在线查询办理进程，还可以通过短信及时接收审核结果。审核通过后，住房公积金在租赁合同有效期内按月转入本人银行账户，不需要缴存职工多次往返办理业务。

（二）沈阳举办新型建筑工业化技术交流会

11 月 10 日，由沈阳市城乡建设局主办的以"智能建造、引领品质生活"为主题的"新型建筑工业化技术交流会暨万科首府未来城示范项目观摩活动"在辽宁大厦举行。该活动旨在围绕建筑业高质量发展总体目标，推进新型建筑工业化发展，加快产业转型升级。沈阳从 2009 年开始推动以装配式建筑为主的现代建筑产业发展，近 10 年来，沈阳已经形成了完整的配套政策和技术标准体系。

（三）重庆出新规加强住房租赁资金监管

11 月 10 日，重庆市住房和城乡建设委员会与重庆市地方金融监督管理局等部门联合发布《关于实施住房租赁资金监管加强住房租赁企业合规经营的通知》，要求住房租赁企业应在主城中心城区范围内的商业银行开立唯一的住房租赁资金监管账户，该账户不得支取现金，不得归集其他性质的资金。

（四）广东绿色建筑发展步入法制轨道

11 月 27 日，广东省第十三届人大常委会第二十六次会议表决通过了《广东省绿色建筑条例》，将于 2021 年 1 月 1 日起施行。据悉，这是广东省推进绿色建筑高质量发展、提高人居环境质量、首次制定的地方性法规，标志着广东省绿色建筑发展工作步入法制轨道。据了解，广东省住房和城乡建设厅从 2018 年开始组织起草条例（草案），历时三年，充分调研论证、组织立法听证、反复征求意见，经省政府常务会议审议及省人大常委会会议先后三次审议通过。

二、陕西省内房地产重要资讯

（一）安康市住房公积金经办中心调研高新区房企风险评估工作

11 月 2 日，安康市住房公积金经办中心主任孙廉军、副主任方巍带领业务科、高新管理部负责人，到高新区部分房地产开发企业调研风险评估工作。在中梁宸院楼盘展示厅，孙廉军一行详细了解了梁盛基业公司的整体规划、房屋销售和企业经营现状，逐一查看了房屋准入的证件。在工地现场，孙廉军一行查看了房屋形象进度和封顶情况，并就企业发展和日常经营、缴纳税费、缴纳土地出让金等进行了全面了解。

（二）西安拟组建国有住房租赁公司，计划三年新增租赁房超 12 万套

11 月 17 日，西安市政府发布《西安市住房租赁试点工作实施方案》，其中提出，引导"先租后买"的住房消费观，多渠道增加租赁房源，并按房价收入比、租金收入比等住房支付能力衡量指标，来确定租金价格指数合理区间。在增加租赁住房市场供应方面，计划 2020 年至 2022 年新增高品质租赁住房不低于 12 万套（间），其中新建、改建租赁住房共计不低于 6 万套（间），盘活存量住房不低于 6 万套（间）。

（三）西安市住房租赁全面推行合同网签备案和资金监管

为维护租赁当事人合法权益，促进住房租赁市场平稳健康发展，11 月 17 日西安市住建局等六部门联合发布《推动我市住房租赁网签备案和资金监管相关工作的通知》，将全面对住房租赁合同实行网签备案管理与资金监督管理。一是明确市场主体登记要求。二是明确住房租赁合同网签备案和资金监管。三是规范住房租赁行为。四是加大对违规发布信息的处罚力度。

（四）渭南市数字城管平台建设按下"快进键"

通过 288 个 360 度全景摄像头，在数字城管指挥大厅的巨型电子屏上，渭南市大荔城区市容动态一览无余，接到系统指令，城管队员迅速出动，处置违规行为。通过数字城市管理平台，大荔城管部门实现了"一屏观天下，一网管全城"。11 月 12 日，渭南市全市数字城管建设联网工作推进会暨数字城管系统使用操作培训会在大荔县召开，渭南市数字城管平台建设及联网工作按下"快进键"。

（五）商洛市召开农村房屋安全隐患排查整治工作培训会

11 月 19 日，商洛市农村房屋安全隐患排查整治工作领导小组办公室联合联通公司，组织市直 13 个成员单位、县区住建局、高新区管委会相关负责人和工作人员召开了商洛市农村房屋安全隐患排查整治工作培训会。会议进一步明确了商洛市农村房屋安全隐患排查整治工作的时间节点和基本原则，强调全面完成用于营业性自建房的摸底、排查工作是 2020 年工作的重中之重，同时要因地制宜、压茬推进重点排查整治和全面排查整治工作同时进行。会议要求各县区住建局切实履行好牵头责任，做好部门之间的协调工作，促使

全市农村房屋安全隐患排查整治工作有序推进。

（六）安康市发放公积金贷款 12.3 亿元

据最新统计数据，截至 2020 年 11 月 30 日，安康市发放公积金贷款 12.3 亿元，超额完成年度目标任务 23%，个贷率达到 85.23%，逾期率控制在 0.22‰，公积金归集、增值收益等其他刚性业务指标也均超额完成 10 个百分点以上，资金继续保持高效运转势头，为护航"六稳""六保"提供了支持。

2020 年 12 月房地产市场动态

一、全国房地产重要资讯盘点

（一）兰州西宁推动住房公积金共建共享

12 月 2 日，兰州住房公积金管理中心与西宁住房公积金管理中心在兰州签订《推动兰西城市群建设住房公积金合作备忘录》，进一步加强交流，打破行政区域壁垒，深化两地住房公积金领域战略合作关系，强化公共服务共建共享，推动两地住房公积金事业健康有序发展。

（二）吉林 2021 年计划改造 1623 个老旧小区

12 月 8 日，吉林省政府召开《吉林省城镇老旧小区改造工作实施意见》新闻发布会，宣布 2021 年全省 1623 个老旧小区改造任务已经上报申请纳入全国年度改造计划，涉及 7130 栋楼房、面积 3205 万 ㎡、居民 39 万户。目前，全省各市县正积极开展城镇老旧小区改造工作各项前期准备工作。

（三）南京进一步加强住房租赁市场监管

12 月 12 日，南京市住房保障和房产局、市发展和改革委员会等 8 部门联合下发《关于进一步加强全市住房租赁市场监管规范市场秩序的通知》（以下简称《通知》），明确规定承租人向住房租赁机构支付租金周期超过 3 个月的，住房租赁机构应将收取的租金、押金和利用"租金贷"获得的资金存入监管账户。

（四）郑州公租房优先保障一线岗位住房困难职工

12 月 17 日，河南省郑州市发布的《关于调整公共租赁住房申请条件和审核程序等有关问题的通知》要求，审批公租房时将优先保障在环卫等一线岗位工作的住房困难职工，同时对新就业大学生和引进人才降低准入门槛。通知规定，郑州市公租房申请条件由原来保障范围宽泛不设限制，调整为本市市区户籍和在郑州市稳定就业的非本市市区户籍中等偏下收入住房困难家庭，优先保障在环卫等一线岗位工作的住房困难职工以及其他应优先保障的住房困难对象。同时，新就业大学生（全日制本科及以上毕业未满 3 年，就业单位为其缴纳养老保险）及引进人才在申请公租房时，不受户籍年限、养老保险缴纳时限和年龄限制。

（五）四川超 60 万户困难群众住进公租房

截至 12 月 31 日，四川已有 60.7 万户困难群众住进了公租房，累计近 37.8 万户困难群众领取了租赁补贴。据了解，四川省住房和城乡建设厅建立了保障性住房房源和保障对象清单，通过住房保障系统精准筛查、智能推荐、自动匹配，对接保障对象身份状况、就业、家庭人口变化等不同需求，实现"人—房"精准匹配、一套一档。

二、陕西省内房地产重要资讯

(一) 西安楼市调控再加力调整购买第二套住房的商业贷款首付比例

为深入贯彻落实"房子是用来住的、不是用来炒的"定位精神，保障支持自住需求，促进西安市房地产市场平稳健康发展，经市政府审定同意，12月1日，西安市住房和城乡建设局、市金融工作局、住房公积金管理中心、市自然资源和规划局联合下发了《关于进一步加强房地产市场调控的通知》。新政在二套房首付比例方面进行了细化，购买第二套住房面积在144m² 以上的，商业贷款首付比例变化较大。

(二) 韩城市住建局组织开展物业小区消防从业人员培训

12月2日，韩城市住建局物业办邀请消防安全培训专家，在韩城市委党校开展为期两天的物业小区消防从业人员培训。本次培训共有全市39家物业服务企业126人参加。在培训会上，消防专家通过真实案例分析和法律法规宣传，阐述了物业小区消防工作的重要性，明确了物业从业人员消防工作责任和义务。又通过消防知识讲解，教会其如何在日常工作中做好防火工作，如何加强消防监管以及发生火灾如何处置等消防基本常识。最后，专家现场指导演示了消防器材的正确操作与使用，部分参训人员也亲自进行了操作，提高了消防器材使用能力。

(三) 西安市住建局举办国有土地上房屋征收评估专题研讨会

为进一步规范全市国有土地上房屋征收评估行为，促进征收补偿工作依法有序开展，12月7日，西安市住建局举办2020年度西安市国有土地上房屋征收评估专题研讨会。会议重申征收评估规范化监管的重要意义，指出存在的问题，并明确了房屋征收评估工作需要接续改进的4个方面；通报了西安市2020年度国有土地上房屋征收评估工作情况，并就规范性操作流程进行详细讲解；并就评估行业应把握的几个问题和解决途径进行交流发言。

(四) 西安市住建局召开房地产开发企业座谈会贯彻落实"房住不炒"精神

12月8日下午，省委常委、西安市委书记王浩到西安市住房和城乡建设局督导检查迎十四运加强城市规划建设管理工作，听取有关工作汇报，研究部署迎十四运重点项目建设、"三改一通一落地"，并就房地产市场调控提出相关要求。会上，首先由张彦庆传达学习了王浩书记重要讲话精神。同时，对开发企业提出：希望开发企业理性宣传，正确引导购房群众；要求开发企业严格落实《关于禁止将房屋销售与学区、学校相关联的通知》；房地产开发企业要坚持贯彻落实"房住不炒"定位精神，并严格执行全市房地产市场相关调控政策等五点要求。

（五）西安市住建局与中国建筑科学研究院开展工作交流

12 月 23 日，西安市住建局副局长贾强带领该局节能处人员与中国建筑科学研究院有限公司（以下简称"中国建研院"）刘辉博士一行就超低能耗建筑、建筑碳减排等相关工作的现状及发展进行研讨交流。会上，中国建研院就超低能耗建筑的相关政策、项目开展和标准认证等内容进行了介绍，双方针对西安市下一步如何规划、推广超低能耗建筑进行了深入探讨。目前，西安市超低能耗建筑发展已经起步，建成了全省第一个示范项目。

附录1　陕西省各地级市租赁房源微观描述

西安市租赁房源统计信息表　　　　　　　　　　　　　　　　　　附表 1-1

序号	指标	特点描述
		通过对西安市链家房产租赁网站 166687 套房产的调查分析
1	租赁形式	房源租赁形式为整租的占比最多，为 95.20%，共计 158685 套
		租赁形式为合租的房源占比为 4.54%，共计 7575 套，其余房源租赁形式暂不确定
2	户型结构	二室一厅一卫，占比为 14.52%，共计 24198 套
		二室二厅一卫，占比为 9.38%，共 15638 套
		一室一厅一卫，占比为 7.56%；共计 12594 套
		三室二厅二卫，占比 6.07%，共计 10123 套
		其余户型占比均在 5% 以下
3	房屋面积	50~90m² 的占比为 40.07%，共 66789 套
		90~110m² 的占比为 19.05%，共计 31761 套
		50m² 以下的房屋占比为 19.60%，共 32268 套
		110m² 以上的房屋占比为 21.28%，35469 套
4	房源附近公共设施完善程度	大多数租赁房源周围有购物、餐饮、学校、公交地铁、医院等附属设施。各房源配套设施占比情况较为均衡，占比均约为 14.35%
		此外，除部分租赁房源外，多数房源周边设计较为完善，教育资源、娱乐休闲场所、大型商店购物市场、医疗资源较为丰富，约占租赁房源总量的 90%
5	租赁住房配套设计情况	除部分房屋相关配套信息未体现外，该部分房源占比约为 40%
		其余大多数房源均配有洗衣机、空间、电视、冰箱、热水器、天然气、暖气等房源配套设计，从租赁房源总体来看，房源配套设施较为完善
		此外，大多数房源安装有电梯，安装有电梯的房源占比约为 68%，未安装电梯的房源占比约为 32%
6	房源入住情况	经调查分析计算知大约 93% 的房源可以随时入住，多数房源可在 11 月中旬前入住
7	房源朝向情况	房源朝向占比最多的是向南朝向，占比为 35.6%；其次为南北朝向，占比约为 27%
		房源向北、向东，以及其他朝向的房源占比较少
8	租客看房情况	绝大多数房源看房需要提前预约，需要预约看房的房源占比约为 94.6%，共计 124903 套房源
		一般下班可看的房源占比为 2.2%，共计 3006 套
		随时可看的房源占比约为 2.1%，共计 2854 套
9	租客付款方式选择	房源租赁付款方式中，需半年的租赁房源占比最多，为 55.97%，共计 73848 套
		需咨询的房源占比次之，为 27.94%，共计 36866 套
		年付的房源占比为 12.62%，共计 16649 套，其余付款方式包括季付、月付、双月付等，占比不到 4%

续表

通过对西安市链家房产租赁网站 166687 套房产的调查分析		
序号	指标	特点描述
10	租期	房源租期除近乎 1/3 的房源数据缺失外，房源租期有效信息中占比最多的房源租期在 1 年以内，占比为 42.98%，2 年内为 15.59%，3 年之内为 9.52%

注：数据来源自链家住房租赁网，下同。

宝鸡市租赁房源统计信息表   附表 1-2

通过对宝鸡市链家房产租赁网站 18473 套房产的调查分析		
序号	指标	特点描述
1	租赁形式	房源租赁形式已知的均为整租，为 99.28%，共计 18339 套
		未知（房源租赁形式暂不确定）租赁形式的房源占比较低，占比 0.72%，共计 133 套
2	户型结构为二室一厅一卫为主	二室一厅一卫，占比为 26.72%，共计 4935 套
		二室二厅一卫次之，占比为 23.57%，共计 4354 套
		一室一厅一卫，占比为 7.50%，共计 1386 套
		三室二厅二卫，占比为 7.09%，共计 1309 套
		其余户型占比均在 5% 以下
3	房屋面积多集中在 50~110m²	50m² 以下的房屋占比为 8.03%，共 1484 套
		50~90m² 的占比为 38.04%，共计 7028 套
		90~110m² 的占比为 27.21%，共 5026 套
		110m² 以上的房屋占比为 26.71%，共 4935 套
4	房源附近公共设施完善程度	大多数租赁房源周围有购物、餐饮、学校、公交地铁、医院等附属设施。各房源配套设施占比情况较为均衡，占比均约为 14.2%
		此外，除部分租赁房源外，多数房源周边设计较为完善，教育资源、娱乐休闲场所、大型商店购物市场、医疗资源较为丰富，约占租赁房源总量的 90%
5	租赁住房配套设计情况	大部分房源未包含相关配套设施，该部分房源占比约为 71.5%
		仅有少数房源配有洗衣机、空间、电视、冰箱、热水器、天然气、暖气等配套设计，从租赁房源总体来看，房源配套设施并不完善
		此外，大多数房源也未安装电梯，安装有电梯的房源占比为 37%，未安装电梯的房源占比为 63%
6	房源入住情况	经调查分析，大约 98% 的房源可以随时入住，多数房源可在 11 月中旬前入住
7	房源朝向情况	房源朝向占比最多的是南北朝向，占比为 53.39%，共计 9863 套
		其次为向南朝向，占比为 27.77%
		房源向北、向东，以及其他朝向的房源占比较少，均低于 5%
8	租客看房情况	绝大多数房源看房需要提前预约，需要预约看房的房源占比约为 96%，共计 17724 套房源
		一般下班可看的房源占比为 3.6%，共计 665 套
		只能周末看房的房源占比约为 0.34%，共计 63 套
9	租客付款方式选择	房源租赁付款方式中，需咨询的租赁房源占比最多，为 86.40%，共计 15960 套
		需半年付的房源占比次之，为 8.98%，共计 1659 套
		年付的房源占比为 2.96%，共计 546 套，其余付款方式包括季付、月付，占比不到 2%

汉中市租赁房源统计信息表

附表 1-3

通过对汉中市链家房产租赁网站 11270 套房产的调查分析

序号	指标	特点描述
1	租赁形式	房源租赁形式已知的均为整租，为 99.69%，共计 11235 套
		未知（房源租赁形式暂不确定）租赁形式的房源和合租的占比均较低，占比分别为 0.19% 和 0.12%，共计 35 套
2	户型结构为二室一厅一卫为主	二室二厅一卫，占比为 18.14%，共计 2044 套
		二室一厅一卫，占比为 16.40%，共 1848 套
		三室二厅二卫，占比为 14.53%，共计 1638 套
		三室二厅一卫，占比为 8.39%，共计 945 套
		其余户型占比均在 5% 以下
3	房屋面积多集中在 50～110m²	50m² 以下的房屋占比 4.10%，共计 462 套
		50～90m² 的占比为 29.63%，共计 3339 套
		90～110m² 的占比为 29.94%，共 3374 套
		110m² 以上的房屋占比 36.34%，共计 4095 套
4	房源附近公共设施完善程度	租赁房源周围有购物、餐饮、学校、公交地铁、医院等附属设施。各房源配套设施占比情况较为均衡，占比均约为 14.2%
		多数租赁房源周边设计较为完善，教育资源、娱乐休闲场所、大型商店购物市场、医疗资源较为丰富
5	租赁住房配套设计情况	用水情况：除约占 43% 的房源暂无数据外，有 56% 的房源显示用的是居民用水，约 1% 的房源用的是商业用水
		用电情况：除约占 41% 的房源暂无数据外，有 58% 的房源显示用的是居民用电，约 1% 的房源用的是商业用电
		燃气情况：近 75% 的房源装有燃气，4% 的房源未装有燃气，其余房源暂无数据
		供暖情况：统计结果表明，约 72% 的房源为自供暖方式，集中供暖的房源约占 7%，其余房源供暖方式暂无数据
		此外，仅有少数房源配有洗衣机、空间、电视、冰箱、热水器、天然气、暖气等配套设计，从租赁房源总体来看，房源配套设施并不完善。近 91% 房源并未显示有无车位。显示有车位的房源中，需要租用车位的房源占比 4.66%，共 525 套；免费使用的房源占比 4.47%，共 504 套
		此外，大多数房源也未安装电梯，安装有电梯的房源约占 40%，未安装电梯的房源约占 60%
6	房源入住情况	经调查分析，大约 98% 的房源可以随时入住，多数房源可在 11 月中旬前入住
7	房源朝向情况	房源朝向占比最多的是南北朝向，占比为 55.59%，共计 6265 套
		其次为向南朝向，占比为 28.94%。房源向北、向东，以及其他朝向的房源占比较少，均低于 5%
8	租客看房情况	绝大多数房源看房需要提前预约，需要预约看房的房源占比约为 97%，共计 10934 套房源
		一般下班可看的房源占比为 2.4%，共计 273 套
		只能周末看房的房源占比约为 0.31%，共计 35 套

续表

通过对汉中市链家房产租赁网站 11270 套房产的调查分析		
序号	指标	特点描述
9	租客付款方式选择	房源租赁付款方式中，需咨询的租赁房源占比最多，为 59.50%，共计 6706 套
		需年付的房源占比次之，为 38.14%，共计 4298 套
		其余付款方式包括半年付、季付、月付，占比不到 2%
10	租期	约 52.55% 的租赁房源无租期数据，共计 5922 套
		1 年以内的房源占比次之，为 41.49%，共计 4676 套
		2 年以内的房源占比为 3.98%，共计 448 套
		租期在 3 年以内、3 年以上、1～3 年的房源占比均低于 1%

咸阳市租赁房源统计信息表 附表 1-4

通过对咸阳市链家房产租赁网站 166687 套房产的调查分析		
序号	指标	特点描述
1	租赁形式	房源租赁形式已知的均为整租，为 99.58%，共计 16554 套
		未知（房源租赁形式暂不确定）租赁形式的房源占比较低，占比为 0.42%，共 70 套
2	户型结构为二室一厅一卫为主	二室一厅一卫，占比为 17.69%，共计 2940 套
		二室二厅一卫，占比为 16.25%，共 2702 套
		三室二厅二卫，占比为 11.35%，共计 1886 套
		三室二厅一卫，占比为 6.92%，共计 1150 套
		其余户型占比均在 5% 以下
3	房屋面积多集中在 50～110m²	50m² 以下的房屋占比为 7.22%，共 1200 套
		50～90m² 的占比为 32.23%，共计 5358 套
		90～110m² 的占比为 27.88%，共 4634 套
		110m² 以上的房屋占比为 32.68%，共 5432 套
4	房源附近公共设施完善程度	租赁房源周围有购物、餐饮、学校、公交地铁、医院等附属设施。各房源配套设施占比情况较为均衡，占比约为 14.2%
		多数租赁房源周边设计较为完善，教育资源、娱乐休闲场所、大型商店购物市场、医疗资源较为丰富
5	租赁住房配套设计情况	从租赁房源总体来看，房源配套设施并不完善。用水情况：除约占 30% 的房源暂无数据外，有 64.44% 的房源显示用的是居民用水，约 5.26% 的房源用的是商业用水
		用电情况：除约占 30% 的房源暂无数据外，有 63.3% 的房源显示用的是居民用电，约 6.53% 的房源用的是商业用电
		燃气情况：近 78.65% 的房源装有燃气，5.73% 的房源未装有燃气，其余房源暂无数据
		供暖情况：统计结果表明，约 12.48% 的房源为自供暖方式，集中供暖的房源约占 72.5%，其余房源供暖方式暂无数据
		此外，仅有少数房源配有洗衣机、空间、电视、冰箱、热水器、天然气、暖气等配套设计，多数房源未有相关配套设施
		近 91% 房源并未显示有无车位，显示有车位的房源中，需要租用车位的房源占比 4.66%，共 525 套
		免费使用的房源占比 4.47%，共 504 套。此外，大多房源也未安装电梯，安装有电梯的房源约 52%，未安装电梯的房源约 48%

续表

序号	指标	特点描述
6	房源入住情况	经调查分析计算知大约93%的房源可以随时入住,多数房源可在11月中旬前入住
7	房源朝向情况	房源朝向占比最多的是南北朝向,占比为44.91%,共计7466套;其次为向南朝向,占比为34.52%
		房源向北、向东,以及其他朝向的房源占比较少,均低于5%
8	租客看房情况	绝大多数房源看房需要提前预约,需要预约看房的房源占比约为97.71%,共计16243套房源
		一般下班可看的房源占比为1.56%,共计259套
		只能周末看房的房源占比约为0.52%,共计87套
9	租客付款方式选择	房源租赁付款方式中,半年付的租赁房源占比最多,为44.86%,共计7457套
		需年付的房源占比次之,为26.91%,共计4473套
		其余付款方式包括需咨询、季付、月付、双月付,占比不到2%
10	租期	房源租期除近乎1/3的房源数据缺失外,房源租期有效信息中占比最多的房源租期在1年以内,占比为42.98%
		2年内为15.59%
		3年之内为9.52%

渭南市租赁房源统计信息表　　　　　　　　　　附表1-5

通过对渭南市房天下租赁网站238套房产的调查分析

序号	指标	特点描述
1	租赁形式	房源租赁形式均为整租,共计238套
2	户型结构	一室一厅一卫和三室二厅二卫,占比均为23.53%,共计112套
		二室二厅一卫,占比为22.69%,共54套
		二室一厅一卫,占比为9.24%,共计22套
		三室二厅一卫,占比为7.56%,共计18套
		其余户型占比均在3%以下
3	房屋面积多集中在50～110m²	50m²以下的房屋占比为7.14%,共17套
		50～90m²的占比为28.57%,共计68套
		90～110m²的占比为26.43%,共63套
		110m²以上的房屋占比为37.82%,共计90套
4	房源附近公共设施完善程度	租赁房源周围有购物、餐饮、学校、公交地铁、医院等附属设施。各房源配套设施占比情况较为均衡,占比均约为14.2%
		多数租赁房源周边设计较为完善,教育资源、娱乐休闲场所、大型商店购物市场、医疗资源较为丰富

续表

通过对渭南市房天下租赁网站 238 套房产的调查分析

序号	指标	特点描述
5	租赁住房配套设计情况	从租赁房源总体来看，房源配套设施并不完善。用水情况：除约占 30％的房源暂无数据外，有 64.44％的房源显示用的是居民用水，约 5.26％的房源用的是商业用水
		用电情况：除约占 30％的房源暂无数据外，有 63.3％的房源显示用的是居民用电，约 6.53％的房源用的是商业用电
		燃气情况：近 78.65％的房源装有燃气，5.73％的房源未装有燃气，其余房源暂无数据
		供暖情况：统计结果表明，约 12.48％的房源为自供暖方式，集中供暖的房源约占 72.5％，其余房源供暖方式暂无数据
		此外，仅有少数房源配有洗衣机、空间、电视、冰箱、热水器、天然气、暖气等配套设计，多数房源未有相关配套设施
		近 91％房源并未显示有无车位，显示有车位的房源中，需要租用车位的房源占比 4.66％
		免费使用的房源占比 4.47％。此外，大多数房源也未安装电梯，安装有电梯的房源约占 52％，未安装电梯的房源约占 48％
6	房源入住情况	经调查分析计算知大约 93％的房源可以随时入住，多数房源可在 11 月中旬前入住
7	房源朝向情况	房源朝向占比最多的是南北朝向，占比为 43.70％，共计 104 套；其次为向南朝向，占比为 37.82％，共计 90 套
		房源向北、向东，以及其他朝向的房源占比较少，均低于 6％
8	楼层	租赁房源中高层的有 99 套，占比 41.60％
		中层的有 90 套，占比 37.82％
		低层的房源共计 49 套，占比 20.59％
9	装修样式	房源装修样式中，精装修的房源有 140 套，占比 58.82％
		简装修的房源有 84 套，占比 35.29％
		其余装修样式包括豪华装修、中装修、不限、毛坯、简单装修等，占比均不到 3％
10	销售人员所属机构	部分房源（占比为 5.04％，共计 12 套）暂无数据
		经纪机构为 21 世纪不动产的房源占比最多，为 62.61％，共 149 套
		经纪机构为经纪公司的房源占比次之，为 31.93％，共 76 套
		经纪机构为陕西欣荣发营销策划有限公司的房源只有 1 套
11	房源亮点	大多数房源都有亮点，区位、交通、设施、环境等较好

榆林市租赁房源统计信息表　　　　　　　　　　　　　　　　附表 1-6

序号	指标	特点描述
通过对榆林市房天下租赁网站 13 套房产的调查分析		
1	租赁形式	房源租赁形式均为整租
2	户型结构	一室一厅一卫，占比为 53.85%，共计 7 套
		二室一厅一卫和三室二厅二卫，占比均为 15.38%，共 4 套
		三室二厅一卫和九室三厅四卫，占比均为 7.69%，共计 2 套
3	房屋面积多集中在 50～110m²	50～90m² 以下的房屋占比为 54.55%，共 6 套
		90～110m² 的占比为 18.18%，共 2 套
		110m² 以上的房屋占比为 27.27%，共 3 套
4	房源附近公共设施完善程度	租赁房源周围有购物、餐饮、学校、公交地铁、医院等附属设施。各房源配套设施占比情况较为均衡，占比均约为 14.2%
		多数租赁房源周边设计较为完善，教育资源、娱乐休闲场所、大型商店购物市场、医疗资源较为丰富
5	房源朝向情况	房源朝向占比最多的是南北朝向，占比为 53.85%，共计 7 套；其次为向南朝向，占比为 30.77%，共计 4 套
		房源向东，以及东南朝向的房源各有 1 套，占比均为 7.69
6	楼层	租赁房源中高层的有 10 套，占比 76.92%
		中层的有 1 套，占比 7.69%
		低层的房源共计 2 套，占比 15.38%
7	装修样式	房源装修样式中，精装修的房源有 8 套，占比 61.54%
		简装修的房源有 2 套，占比 15.38%
		其余装修样式包括豪华装修、不限、简单装修等，占比均为 7.69%
8	房源亮点	大多数房源都有亮点，区位、交通、设施、环境等较好。约占 60% 的房源配套设施较好，配有床、宽带、暖气、冰箱、热水器等设备

延安市租赁房源统计信息表　　　　　　　　　　　　　　　　附表 1-7

序号	指标	特点描述
通过对延安市房天下租赁网站 8 套房产的调查分析		
1	租赁形式	房源租赁形式均为整租
2	户型结构	三室二厅二卫，占比为 50%，共计 4 套
		三室二厅一卫，占比为 25%，共 2 套
		二室二厅一卫和二室一厅一卫，占比均为 12.50%，共计 2 套
3	房屋面积多集中在 50～110m²	50～90m² 的占比为 12.50%，共计 1 套
		90～110m² 的占比为 12.50%，共 1 套
		110m² 以上的房屋占比为 75.00%，共 6 套
4	房源朝向情况	房源朝向占比最多的是向南朝向，占比为 50%，共计 4 套
		其次为南北朝向，占比为 37.50%，共计 3 套
		向东朝向的房源只有 1 套，占比 12.50%
5	楼层	租赁房源中高层的有 6 套，占比 75%
		中层和低层的各有 1 套，占比均为 12.5%

续表

通过对延安市房天下租赁网站 8 套房产的调查分析		
序号	指标	特点描述
6	装修样式	房源装修样式中，精装修的房源有 3 套，占比 33.33%
		简装修和中等装修的房源各有 2 套，占比均为 22.22%
		其余为简单装修样式，占比为 11.11%
7	房源亮点	多数房源亮点为独卫，南北通透等。约占 62.5% 的房源配套设施较好，配有床、宽带、暖气、箱、洗衣机、热水器、沙发、衣柜等设备

西安市住房租赁市场规模现状　　　　　　　　　　附表 1-8

基本情况	常住人口	1020 万人
	租赁人口	80.4 万人
	近 3 年净流入人口	137 万人
	存量住房	470 万套
	租赁住房	50 万套
	合计	
租赁人口	其中：新就业大学生	15.9 万人
	外来务工人员	65.1 万人
	本市市民	
	其他	
	合计	50 万套/间
租赁住房	其中：宿舍	
	一居室	6.8 万套
	两居室	15.4 万套
	其他	27.8 万套

注：租赁人口和租赁住房分类数量可根据掌握情况选填，试点期间应逐步摸清住房租赁市场底数。

附录 2　西安市各区住房租金表

碑林区各小区住房租金［2019 年 8 月，单位：元/(月·m²)］　　附表 2-1

小区名称	租金	小区名称	租金	小区名称	租金
北火巷小区	18.82	金茂晓苑	34.88	铁路局小区	28.11
常春藤东区	32.87	金色城市	38.67	铁一局后村小区	28.57
常春藤花园	36.19	金仕雅筑	39.17	旺园大厦	28.85
超英长乐家园	22.57	金叶长乐居	28.52	西安电信互助路小区	49.57
城南鑫苑	52.70	景寓学府	32.14	西安公馆	47.36
城市之光西区	37.18	九锦台	46.51	西安热工研究院家属院	24.11
大话南门	47.92	凯旋城	32.31	西彩新苑	40.50
大洋时代国际	36.76	兰蒂斯城	35.63	西关新苑	36.91
帝标大厦	39.82	乐居场小区	27.28	西荷花园	33.85
帝源豪庭大厦	54.24	乐居都会	24.15	西雅图翡翠城	31.28
东方星苑	30.47	骊马豪城	38.47	新旅城	36.48
东泰城市之光	37.90	绿地乐和城	41.02	新庆馨苑	26.10
东窑坊	38.03	曼城国际	32.34	新兴名园	22.13
飞天花园小区	24.03	摩登 Com	33.07	兴庆宫	34.79
翡翠明珠	44.78	南门国际	42.43	兴庆御园	31.01
高山流水星币传说	37.20	南门望城	45.16	学府首座	32.67
古迹岭小区	35.23	南沙世纪花园	27.00	学院山	34.66
哈佛印象	36.04	仁厚庄园	31.26	冶金家属院	24.90
海星未来城	38.60	荣城	35.74	伊顿公馆	38.31
合能朱阙	68.20	瑞鑫摩天城	36.41	怡兰星空	33.57
和平花园	53.45	陕安朱雀佳苑	43.26	云峰大厦	26.94
恒兴文艺广场	51.43	陕西电力科学研究院	22.61	长安大街 3 号	41.62
宏信国际花园	51.52	陕西省体育局家属院	23.41	长安壹栋	43.64
红缨花园	42.37	陕西省友谊医院东住宅小区	30.32	长安壹品	30.30
华豪丽晶	35.36	尚城公馆	38.61	长乐大厦	27.85
华龙佳园	25.90	尚书房	37.20	长乐坊小区	31.16
华龙太乙城	29.70	盛龙广场太白苑	37.89	中国通信建设第二工程局中院住宅区	27.50
华陆经九路小区	27.17	世贸大厦	25.78	中行振兴路小区	33.41
祭台小区	39.83	太白星座	34.10	中交一公院家属院	29.56
建行家属院	30.88	泰华世纪新城	37.22	自由自宅	31.41
建苑家园	36.81	天伦盛世小区	39.25	尊域嘉	41.09
金丰大厦	38.78	天伦御城龙脉刘家庄小区	33.97		

灞桥区各小区住宅租金［2019 年 8 月，单位：元/(月·m²)］　　　附表 2-2

小区名称	租金	小区名称	租金	小区名称	租金
巴黎大厦	7.46	华阳玲珑苑	23.44	铁建水岸雅苑	48.00
灞柳良居	10.37	骞柳小区	9.79	湾流	24.37
灞桥园丁花苑	10.44	金裕青青家园	14.34	湾流天悦	12.75
灞业大境	11.90	锦城四季	18.15	万合世家	8.62
半坡国际广场	14.06	凯森福景美地	17.31	万象湾	10.26
草南兴善社区	14.82	科达东御兰汀	18.97	西航花园	14.26
浐灞半岛	19.61	揽盛金广厦	24.21	香江湾	17.48
浐灞新城	25.56	丽水花都	22.35	阳光时代小区	22.39
辰宇世纪城	25.96	林河春天	21.34	一印社区	26.28
翠屏湾	25.05	龙湖香醍国际社区	24.80	御锦城 V 青年	11.27
电力新坊西院	20.13	龙湖香醍天宸	6.65	御锦城九珑湾	43.11
东城国际	22.14	龙湖香醍西岸	7.67	御锦城乔治 de 公园	17.83
东城橱景	18.88	龙腾万都汇	9.21	御锦城萨拉曼卡	23.56
东城新市	25.25	陆港金海岸	11.04	御锦城时代 ICON	27.57
东城新一家	35.10	罗马嘉园	11.84	御锦城原香	27.89
东方罗马花园	25.55	美佳苑	12.26	御锦城云禧	31.04
东江花园	21.09	穆将王	15.26	御锦城智慧树	34.59
纺星一区	20.54	普华浅水湾	16.61	长乐府	32.49
枫林九溪	24.32	普华熙岸	25.86	长乐壹号	33.53
富力白鹭湾	27.22	沁水新城	19.56	长力小区	31.49
高科麓湾国际社区	24.27	庆华北区	19.22	臻园阳光	34.37
高科绿水东城	25.89	荣德棕榈湾	20.99	振业泊岸	35.81
观澜天下	27.74	三府湾天悦小区	20.29	振业泊公馆	36.02
冠昌金域湾畔	25.81	尚东国际城	20.21	振业泊墅	35.82
国际幸福城	30.93	韶雨水韵星城	26.08	中建尚城	43.50
合能十里锦绣	28.59	世园大公馆	21.07	中铁缤纷新城	38.15
恒大绿洲	28.54	水岸东方	23.48	中铁琉森水岸	44.52
恒大御景	23.08	檀香园	25.72	中铁缇香郡	41.66
华丰园小区	23.07	桃源漫步	26.41	紫郡观澜	41.59
华清园	20.44	腾业国王镇	26.29	紫薇花园洲	52.62
华夏世纪广场	35.80	天悦东都	41.49		

莲湖区各小区住宅租金［2019 年 8 月，单位：元/(月·m²)］　　　附表 2-3

小区名称	租金	小区名称	租金	小区名称	租金
95518 住宅小区	33.27	捷瑞公园首府	38.03	天朗莱茵小城	24.52
TIGER 国际公寓	45.32	金辉 C 园	34.08	天兴都市花园	25.03
安定坊小区	31.41	金辉天鹅湾	29.26	桐芳巷社区	21.76
八家巷小区	21.26	金辉优步花园	23.22	万科金色悦城	25.10
白家口丽苑小区	24.16	金隆住宅小区	18.45	伟基大厦	50.16
白鹭湾小区	38.90	金仕大厦小区	38.27	蔚蓝观园	41.44
百益雅苑	19.74	锦绣华庭	28.94	蔚蓝花城	26.02

续表

小区名称	租金	小区名称	租金	小区名称	租金
博文苑	19.12	景都	34.01	梧桐坊	32.91
晨光御苑	29.43	君悦华府	18.77	物资局小区家属院	24.41
城市新苑二期	21.84	开元住宅	27.37	西安市公安局莲湖分局家属院	23.15
春晓华苑	24.82	空电院家属院	32.83	西北一路	24.24
春晓馨苑	29.68	昆明大厦	43.01	西城芳洲	45.48
萃园小区	26.67	兰空桃园小区	32.71	西举院巷	24.89
达成馨苑	33.33	黎明风和庭院	23.61	西开桃园西区	25.21
大明宫寓	32.20	莲湖区双仁府	42.09	西控花园	34.28
大唐世家	28.42	林化厂家属院	41.48	西市东桃园社区	45.39
大兴九臻	31.63	林业厅住宅区	26.42	西市佳园	42.92
大兴御景园	33.68	龙湖MOCO国际	44.37	西桃园世纪大厦	48.85
鼎诚馥桂园	27.98	龙湖水晶郦城	27.52	西桃园小区	29.88
东尚观湖	22.65	龙毓尚庭	22.47	西仪一零一小区	25.18
豆芽坑小区	34.05	民航社区	26.98	西整桃园小区	43.56
翡丽城	32.53	民航医院家属院	36.75	香槟城	34.08
丰禾小区	20.76	南小巷	26.15	香米园西巷	26.53
丰庆四季	16.19	宁合世嘉	34.53	小白杨社区	27.20
丰盛园	22.87	柠檬宫舍	34.24	鑫苑大都汇	29.01
沣景新苑	34.92	仟福珑邸小区	36.02	旭弘同德国际	36.51
芙蓉新天地	64.68	秦岭国际文化大厦	38.06	旭景名园	26.21
高新左岸	29.57	荣民宫园美寓	56.92	旭景新港	27.16
公园国际	50.27	融创天朗蘭园	45.27	雅逸花园	29.82
公园天下	42.35	融创天朗臻园	25.81	雅逸新城	29.41
宫园壹号一期	40.34	三民汉风苑	36.33	雅卓花園	28.28
广仁小区	23.27	陕安丰登小区	29.98	亿润锦悦汇	32.39
汉城壹号	24.76	上城小区	47.26	逸园小区	39.12
汉都故里	33.25	上和城	27.16	迎春小区	24.06
翰林新苑	30.55	尚邦25时区	48.72	友谊花园	36.29
浩林方里	34.31	省体育局劳南小区	37.66	羽源欣居	23.49
和基听城	42.50	省直机关丰园小区	30.92	御笔城市广场	30.84
恒大翡翠华庭	36.62	时代佳园	32.24	御笔华章小区	40.11
恒天国际城	33.87	世纪锦绣	21.19	御溪书院	34.22
宏府鹍翔九天	28.13	世新家园	44.19	御溪望城	34.14
宏林名座	29.53	首秀小区	33.65	御园温泉小区	26.41
宏林尚品	24.98	送变电社区	20.61	悦泰利贞大厦	25.92
华府西城港湾	24.23	太奥广场	37.99	张家庄	21.41
华府御城	32.41	太空花园小区	32.63	长兴园湖曲	31.47
皇族名居	37.63	唐都温泉花园	31.93	中天雅苑	29.14
嘉天SMART	49.94	天健望湖大观	27.02	紫玉华园	39.35
嘉园小区	17.83	天朗大兴郡	31.81	自由际	24.32
建大洋房	36.36				

新城区各小区住宅租金 [2019年8月，单位：元/（月·m²）] 附表 2-4

小区名称	租金	小区名称	租金	小区名称	租金
80年代	61.12	华旗东郡	14.81	天彩大厦	27.36
八府庄小区	48.85	华清佳苑	17.25	天伦佐治公馆	16.73
八府庄园小区	27.11	华清路职工住宅	16.74	天时新苑	14.36
白桦林明天	32.62	华清幸福里	18.94	铁路信号厂小区	16.87
白马世纪广场	40.75	华清学府城	20.49	万国金色家园	18.83
保亿风景大院	21.52	华山十七街坊	25.15	万华园琳苑小区	19.01
铂廷	16.70	华山幸福嘉苑	23.03	西安胡家庙铁路小区	19.12
彩云郡	17.42	黄河温泉小区	24.96	西北电力设计小区	20.72
东安叁城	17.42	黄河住宅东区	25.98	西部京闽茶城	20.64
东岸阳光	19.97	家天下	24.84	西铁工程家园	21.78
东城桃园	19.28	金花公寓	25.89	西铁华清住宅小区	20.71
东方社区	22.40	金康雅苑	25.77	西铁物资供应段高层小区	19.52
东金花园	20.48	金茂紫庭	25.17	西苑花园	24.13
东尚小区	22.01	九街坊小区	29.78	咸宁湾	22.43
东新城市花园	23.49	开元高科新村	32.73	新东尚	24.90
东旭小区	26.45	开元商住小区	35.43	新兴骏景园	37.61
二府庄小区	23.31	克拉上城	26.33	信步闲庭	52.46
福邸铭门	23.62	立丰国际公寓	36.60	雅苑东方	46.20
公园南路	25.35	龙记帝景湾	39.51	元丰怡家	50.09
宫园壹号	27.78	秦川社区	23.78	长兴园	16.87
韩森寨二十八街坊	26.59	三府湾天润佳苑	24.60	中天锦庭	21.98
翰骊国际	31.75	陕送东苑	18.81	紫落澜庭	35.40
和润坊	32.73	陕西钢厂家属院	18.00	紫铭小区	42.29
恒大嘉里公馆	36.52	上和郡	21.93	紫薇东进	42.33
恒基碧翠锦华	30.63	世纪华城	23.49	紫昕花庭	41.86
恒天华茂星座	30.48	水泥制管厂家属院	21.96	钻石星座小区	46.32
华东万悦城	13.67	唐韵三坊	27.83		

未央区各小区住宅租金 [2019年8月，单位：元/（月·m²）] 附表 2-5

小区名称	租金	小区名称	租金	小区名称	租金
EE康城	24.07	华远海蓝城	26.29	台北湾	29.64
EE新城	28.95	华远锦悦	27.09	泰和居	22.78
爱菊欣园	38.14	华远君城	23.20	泰和御景豪庭	23.20
安诚御花苑	23.27	华洲城领誉	45.87	谭家花苑	23.22
奥达文景观园	14.94	华洲城天峰	30.14	唐宫尚品	28.84
八水上筑	25.84	华洲城熙悦都	27.83	唐樾六和坊	20.57
白桦林间	28.17	汇林U家公馆	20.67	天朗蔚蓝东庭	22.23
白桦林居小区	31.40	汇林华城	23.11	天朗御湖	30.03
百花村社区	27.25	汇通太古城	28.42	天香心苑	29.56
百花家园	31.36	佳家sport	28.15	天伊阁小区	35.55
百花园	29.41	佳馨花园	25.87	桐树湾	29.41

续表

小区名称	租金	小区名称	租金	小区名称	租金
保利金香槟	29.37	杰信花园	29.75	万华园丽景华都	25.49
保利拉菲公馆	23.31	金府广场	21.89	万华园上观苑	26.17
保利心语花园	15.70	金科天籁城	29.93	万华园住宅小区	23.36
北岸	30.01	金旅城	29.00	万科金域东郡	30.78
北城国际小区	27.54	金桥国际	44.03	万科金域华府	36.12
北康社区海璟新天	27.60	金桥太阳岛	24.28	万科荣华金域名城	34.24
北李社区	28.79	金仕华城	25.38	万科幸福里	22.19
碧桂园凤凰城	21.00	金业观湖大第	26.23	渭河家苑	15.55
碧桂园嘉誉	26.61	金叶新城	30.51	蔚蓝人家	20.74
碧桂园天玺	21.99	金源皇家园林	25.32	魏玛公馆	29.90
碧玺华庭	29.30	金源御景华府	29.77	文景家园	32.55
曹家庙社区	38.65	锦绣天下	15.85	文景路小区	24.74
草滩佳苑	26.45	锦园君逸	27.68	文景小区西区	19.06
浐灞1号	24.36	锦园新世纪	29.11	文景雅苑	22.21
浐灞半岛	18.20	菁华名门	27.37	西安深国投中心	56.78
浐灞新都汇	22.78	九如御	27.38	西安印象	23.30
辰宫双河湾	10.04	巨威大秦郡	21.43	西岸国际花园	20.98
陈家堡	13.66	开元第一城	25.33	西旅逸都	37.08
城市锦上	23.15	凯旋大厦	32.43	西瑞北国之春	26.75
城市星钻	27.21	康乐园小区	22.34	西铁大明宫小区	22.54
创鸿果粒城	35.84	炕底寨	32.69	先锋花园	34.04
慈云宏景	22.85	昆明时光	27.41	香缤国际城	15.17
大明宫万达公寓	47.75	蓝光公园华府	18.82	香克林小镇	30.09
大明宫逸居	36.05	蓝天大厦	29.80	香榭丽都小区	29.45
电信小区（未央）	31.72	蓝天华庭	29.76	香樟园	27.75
鼎新公寓	28.30	浪琴湾	33.53	祥和居	32.63
鼎新花园	22.50	梨园公馆	24.02	欣心家园	19.73
鼎正大都城	30.49	丽舍春天	40.40	新房绿色家园	20.85
鼎正中央领郡	28.25	利君未来城	18.99	新福兴纽约城	26.80
东方雅苑	20.32	林邑	20.72	新界	30.99
东晋桃源缙福源	19.51	麟凤·沁苑	28.25	新世纪大厦	28.42
东新小区	28.23	麟凤尊汇	23.90	新欣城	26.66
贰号大院	31.68	龙府北郡	21.86	星舍SOHO	34.82
方新北区	21.44	龙湖枫香庭	30.63	星雨华府	18.29
芳馨园	28.13	龙湖源著	17.13	兴乐园	32.02
风景御园	54.41	龙记国会山	22.71	兴隆园	25.94
枫韵润园	26.21	龙泉花园（未央）	25.42	兴隆苑	21.40
凤城九号	32.48	龙祥御湖	19.98	兴盛园	27.26
凤城明珠	29.83	珑印台	26.99	旭景崇盛园	23.19
凤城尚街	27.76	隆源国际城	19.64	旭景清园	22.22
凤城庭院	33.63	陆亚花园	25.07	旭景兴园	26.77

续表

小区名称	租金	小区名称	租金	小区名称	租金
凤城一号	35.44	绿地香树花城	24.84	玄武新城	25.29
凤凰新城	34.62	煤机花园	22.53	雅荷城市花园	23.96
凤鸣华府一期	28.10	美都香城	22.70	雅荷春天	33.44
凤苑新居	24.01	名京九合院	34.99	雅荷电信花园	32.39
福安花园	19.50	名流水晶宫	26.51	雅荷南李鑫苑	29.62
福宝园	33.10	明丰阿基米德	19.40	雅荷四季城	28.22
富苑阳光	26.44	明能苑小区	21.75	雅荷智能家园	28.91
刚佳小区	29.79	明珠花园	25.33	雅荷中环大厦	28.58
高山流水幸福快车	30.03	南何社区	20.00	雅荷紫金阳光	25.69
高新水晶卡芭拉	33.85	欧罗巴小镇	17.59	亚冠大厦	27.94
宫园中央	30.60	欧亚大厦	28.14	盐西社区	25.14
古都西苑温泉小区	12.94	欧亚国际	47.65	阳光台365	22.15
光明小区（未央）	16.94	启航佳苑	33.22	阳光新地	17.98
广丰花园	29.14	乾唐华府	25.28	怡臻花园	17.06
国金华府	46.78	乔布斯公馆	27.80	颐和郡	29.19
海璟国际	30.60	沁园春小区	17.44	颐馨花园	29.80
海璟蓝寓	34.99	青门口花园	29.33	银池花香丽舍	34.68
海璟暖暖的宅	26.22	荣城名苑	20.55	银池丽舍云端	39.89
海璟时代	30.98	荣德棕榈阳光	21.85	银池品智天下	37.02
海璟新天地	34.17	荣华北经城	27.02	银凯家园	26.92
海璟印象城	22.99	荣民宫园美岸	36.69	银象花园	24.55
海伦春天	23.49	荣民宫园中央	37.55	英皇之都	29.93
海荣豪佳花园	28.19	荣民天玺	35.09	枣园安居小区	21.44
海荣名城	30.64	瑞景华庭	27.13	张千户社区	29.60
海荣雅庭花园	31.46	瑞泰卡地亚	27.19	长安易居	22.10
海荣盐东小区	31.82	润沣国际	35.59	长和上尚郡	28.71
海棠花园	29.80	赛高国际	37.73	长乐东苑	29.22
韩家湾社区	19.97	赛高街区	49.17	长庆和兴园	18.47
汉城湖畔	22.66	赛高商务港	42.97	长庆恒立苑住宅小区	7.44
汉都新苑	17.81	三丰中心思想	26.96	长庆湖滨花园	14.24
航天常青苑	26.19	陕西信托住宅小区	29.39	长庆未央湖花园	12.32
豪顿国际	27.11	陕重社区	21.76	长实小区	36.83
浩华北郡	20.27	上东大道	24.22	贞观首府	27.42
浩华香颂国际城	23.27	上林苑	23.27	祯祥宝库	29.44
合力佳苑	15.89	尚豪家园	27.18	中城国际新岛	35.22
和平春天	29.49	尚品雅苑	34.32	中登城市花园	36.14
恒大帝景	24.91	省直机关明园小区	26.26	中登家园	26.98
恒大江湾	19.46	盛龙南苑	29.73	中登文景时代	27.81
恒大名都	23.32	盛世一品	34.95	中国铁建西派国际	25.18
红光嘉苑	23.05	时代明丰苑	27.47	中海开元壹号	24.38
红旗社区	16.79	世茂都	34.53	中海昆明路九号	24.31

小区名称	租金	小区名称	租金	小区名称	租金
红星美凯城	26.15	世融嘉城	31.95	中海悦墅	39.64
宏途星城	23.58	世融嘉境	29.92	中建开元城	24.30
后卫馨佳苑	25.00	世融嘉轩	25.96	珠江新城南区摩卡小镇	22.08
湖畔嘉园	18.59	市政馨苑	50.14	紫郡华宸	29.22
华机住宅小区	25.47	首创国际城	29.34	紫薇风尚	34.95
华润二十四城	27.30	首创漫香郡	26.53	紫薇锦程	32.93
华宇凤凰城	25.71	双威理想城	37.19	紫薇开元盛景	29.49
华宇时间城	18.44	双子座公寓	29.47	紫薇希望城	27.35
华远辰悦	15.46	斯惟小区	31.53	自然界云栖	13.08
华远枫悦	22.45	孙家湾新村	27.41	左岸骏景	16.50

雁塔区各小区住宅租金 [2019年8月，单位：元/(月·m²)]　　　附表2-6

小区名称	租金	小区名称	租金	小区名称	租金
CLASS国际公馆	43.38	亮丽家园	32.42	铁设院小区	21.02
CROSS万象汇	36.77	领先时代广场	41.62	瓦胡同	43.37
MINI国度	38.19	龙城铭园	34.07	瓦胡同小区	38.59
爱西华庭	34.85	龙城四季	45.74	万达天樾	30.17
安馨园小区	34.09	龙湖紫都城	35.26	万达西安ONE	78.62
澳城大厦	37.64	龙记观澜国际	44.59	万国花园	22.00
八一小区	32.13	罗马景福城	50.81	万家灯火	47.88
保利爱尚里	34.76	罗曼公社	30.72	万科城市之光	28.28
保利曲江春天里	22.90	绿地国际花都	42.28	万科东方传奇	31.64
北沈新世纪	32.60	绿地曲江名城	24.12	万科翡翠天誉	32.84
铂悦	48.65	绿地与湖	14.40	万科高新华府	36.75
茶张馨苑	42.27	满堂悦MOMA	33.51	万科金域国际	85.40
朝阳花园	39.95	美立方	35.97	万科金域曲江	37.46
城市风景夏日景色	32.59	美丽的院子	41.16	万科新地城	37.64
城市皇冠	38.72	美寓华庭	41.12	万象春天	44.77
春临小区	21.15	美苑楼尚	74.25	万象国际公寓	38.25
大丰真境	27.69	梦想城	38.75	旺园小区	39.02
大华阳光曼哈顿	37.10	縻家桥小区	32.14	望庭国际	39.45
丹枫国际	47.30	米罗蓝山	35.29	伟业公馆	24.06
电子花园	29.05	名城天下	23.53	我爱我家	32.99
东八里村	39.03	明德8英里	38.28	梧桐朗座	33.15
东八里小区	36.12	明德广厦	41.67	五湖名邸	26.50
东等幸福新城	18.93	明德华园大厦	45.29	五建雅苑	30.74
东方绿洲	21.68	铭城16号	40.19	西安大都荟	45.14
东方米兰	38.05	铭城国际社区	30.04	西安高新漳浒寨，雷家寨安置楼	39.51
东方星家园	21.43	缪家寨	28.89	西安木塔寨南村安置楼	34.30
东仪小区	25.99	牡丹庄园	42.99	西安绕城分公司小区	42.68

续表

小区名称	租金	小区名称	租金	小区名称	租金
都市印象	37.48	木塔·永和坊	37.49	西安卫光电工厂小区	31.97
方舟国际	46.87	木塔寨北村安置小区	36.25	西北小区	43.66
丰景佳园	33.60	拿铁城	36.19	西沣馨苑	29.24
风度天城	36.26	南方星座	27.95	西港雅苑	37.23
枫林华府	30.01	南飞鸿广场	47.88	西何小区	33.49
枫林绿洲	38.57	南飞鸿十年城	27.69	西京社区	29.06
枫叶高层小区	33.57	南沈新苑	30.00	西旅国际中心	52.17
枫叶苑	31.49	南窑村新家园	40.10	香山红叶	40.47
枫韵蓝湾	31.82	农林壹号	31.81	香榭兰岛	59.71
芙蓉小区	30.66	暖山西安	20.09	响塘德苑	36.11
复地优尚国际	35.00	苹果城	31.41	响塘文苑	46.38
高科花园	28.06	旗远锦樾	44.32	象牙宫寓	39.16
高科尚都	35.81	启航029	33.33	橡树街区	49.70
高科新花园	32.03	千户社区	21.78	橡树星座	42.09
高山流水和城	32.67	巧克力公寓	28.76	小寨华都	48.08
高速太白锦苑	34.90	秦锦苑	31.65	欣景苑	29.21
高新第五季	27.90	曲江·圣卡纳	29.90	新开门村	27.98
高新枫尚	44.86	曲江6号	46.47	新科大厦	32.74
高新枫叶新都市	33.58	曲江MINI公馆	34.16	新科花园	30.58
高新领域	46.49	曲江八水小区	44.50	新乐城	39.83
高新水晶城	47.32	曲江城市花园	25.86	新西蓝	37.86
高新水晶岛	40.70	曲江春晓苑	27.29	鑫宇住宅小区	29.02
高新银座	39.01	曲江风景线	44.18	旭景碧泽园	39.39
高新尊寓	56.90	曲江观邸	34.69	雅居乐御宾府	31.59
国宾中央区	58.20	曲江观唐	23.81	雁鸣小区	40.96
海德堡PARK	34.24	曲江国风世家	31.88	羊头镇	22.48
海亮新英里	31.13	曲江海天华庭	30.64	阳光城翡丽曲江	20.62
海伦国际	33.84	曲江汉华城	32.95	阳光城丽兹公馆	24.99
汉华城甜心广场	86.33	曲江华府	27.67	阳光丽都	41.70
航天科工二一〇所生活一区	31.73	曲江华著中城	36.22	阳光小区沁园社区	21.38
郝佳城市花园	34.63	曲江金水湾	39.86	阳光小区湘园社区	22.13
恒大城	26.84	曲江兰亭	28.43	阳阳国际广场	37.75
恒大国际公寓	39.28	曲江林语	24.78	杨家村小区	41.02
恒大阳光馨苑	27.10	曲江龙邸	28.55	一品·美道	50.69
恒瑞佳园	34.78	曲江美好时光	22.96	怡景苑	21.00
红枫林	33.74	曲江明珠	22.17	怡兴大厦	43.04
宏府麒麟山	29.79	曲江南苑	38.82	易道郡玫瑰公馆	40.17
后村嘉园	44.68	曲江千林郡	31.66	易和蓝钻	42.85
花溪湾	25.23	曲江紫汀苑	23.98	逸翠园	42.73
华城泊郡	41.01	群贤道九號	39.30	银领花园	24.88
华城国际小区	38.65	群星汇	31.37	永和璞玉	48.05

续表

小区名称	租金	小区名称	租金	小区名称	租金
华城万象	34.84	日化小区	39.46	邮电大学杏园小区家属院	37.42
华鼎国际	53.93	榕青无界	30.87	裕昌太阳城	26.88
华府新桃园	40.42	融创天朗珑府	39.36	元谷	45.02
华侨城天鹅堡	28.61	融创天朗融公馆	20.90	云顶园	41.92
皇家花园	32.92	融侨城	36.53	漳浒寨雷家寨安置楼	46.31
黄渠头小区	42.37	融侨馨苑	31.32	长丰园	42.82
汇成天玺	41.08	融尚中央住区	44.82	长庆坊玺岸	56.87
机关小区	26.92	萨菲尔名邸	36.99	长延居	38.43
建邦华庭	39.49	三迪枫丹	22.35	丈八一号	51.64
江林三期	26.06	三兴鑫园	33.65	招商依云曲江	23.74
江林新城	38.72	三兴园	40.26	正荣彩虹谷	31.04
交大曲江新村	24.30	尚品格蓝	40.41	质检小区	26.20
捷瑞新时代	31.48	尚品国际	43.57	中国铁建国际城	27.67
金地褐石公馆	25.43	尚品花都	34.12	中国铁建瑞园	37.01
金地湖城大境天境	40.78	尚品美地城	35.71	中国铁建万科翡翠国际	27.77
金地南湖艺境	19.05	尚中心	46.60	中国铁建梧桐苑	26.92
金地西沣公元	26.94	省直机关三爻小区	45.08	中海碧林湾	30.13
金地翔悦天下	32.14	圣都大厦	40.55	中海城	38.23
金光园小区	30.62	晟方佳苑	34.26	中海东郡	35.79
金辉公园里	15.90	盛世华庭	38.26	中海观园	28.53
金辉世界城	24.42	石桥欣苑	35.15	中海凯旋门	27.58
金辉悦府	36.66	时代风尚小区	38.36	中海熙岸	31.98
金泰假日花城	32.16	世纪颐园	42.80	中海紫御华府	44.92
金泰新理城	29.77	世家星城	35.09	中航工业自控所生活一区	33.37
金业缇香山	28.88	仕嘉公寓	39.73	中航华府	32.86
金叶家园	32.47	数字生活	35.46	中华世纪城	38.96
金域牟嘉	30.51	太白花园	36.29	中环国际城	28.45
锦业时代	53.54	太白里小区	33.58	中建国熙台	26.50
锦园曲江龙邸	26.78	太白小区	33.33	中建群贤汇	35.54
景天佳苑	40.39	泰祥花园	29.45	中天花园	36.62
九鼎城	46.12	唐延九珺	45.79	中铁缤纷南郡	34.83
九形道	39.37	唐延鑫苑	33.92	中铁尚都城	25.80
卡布奇诺公馆	31.01	唐园小区	33.30	中冶一曲江山	23.87
凯森福景雅苑	36.21	糖果SOHO	40.14	朱雀公馆	39.95
凯悦华庭	49.96	天地源丹轩梓园	41.17	竹园阳光嘉苑	28.92
康桥边的院子	28.34	天地源枫林意树	38.33	紫郡长安	36.05
坤元TIME	37.53	天地源曲江香都	27.47	紫薇城市花园	35.42
昆明花园	34.81	天地源香都东岸	22.63	紫薇龙腾新世界	40.94
莱安逸珲	43.93	天朗蓝湖树	34.37	紫薇曲江意境	43.15
莱安逸境	45.98	天伦御城龙脉	38.53	紫薇尚层	32.80
兰乔圣菲	35.83	天然居	32.44	紫薇永和坊	32.20

续表

小区名称	租金	小区名称	租金	小区名称	租金
蓝山国际公寓	35.70	天坛西路杏园小区	37.50	紫薇臻品	36.01
朗郡水木兰亭	34.04	天正幸福里	26.63	紫竹大厦	45.99
利君明天	36.30	恬静园	43.41	铁设院小区	33.74
联盟新城	26.71				